強世功 著

法律人 三 部 曲

法律人的守護神

通識教育與法律教育

開明書店

目　錄

C O N T E N T S

第三部分　通識教育與法律教育

後記 / 311

第一部分

法律人與法學院

我們還沒有畢業[*]：
99 級本科生畢業紀念冊留言

這是一本紀念冊，也是一本通訊錄。

紀念冊是一件文物，它隱藏我們四年生活的全部祕密，不過這是帶着密碼的祕密，只有你才能讀出其中的意義。那天，你對我哭了，訴說你一生最大的不幸；那天，你笑着讓我請客，讓我分享你幸福的祕密；那天，你覺得這個世界就要崩潰了；那天，你覺得從此人生沒有了遺憾。還記得那一天嗎，你送給我的生日禮物，也許僅僅是一張小紙片上寫着「生日快樂」四個字。「什麼，有過這樣的事嗎？我怎麼都忘了！」是的，生活裏每天發生的事情太多，需要紀錄的大事就有幾大卷，我們的日記都快要脹破了電腦的硬盤。不過，沒有關係，只要你還記得這紀念冊的密碼，打開它，所有遺忘的東西都會在這裏重新活過來。

未來的考古學家、歷史學家、人類學家對着這本紀念冊將會一籌莫展，我們怎能不嘲笑這些學科的虛妄，他們自以為領悟了生活的祕

---

* 2003 年為北大法學院 1999 級本科畢業生的畢業紀念冊寫的前言。

002

密，他們說出一些只有他們才明白的抽象理論，其實，這與我們的生活又有什麼關係，他們怎能體會到這照片和文字背後的甜美與憂傷呢？因此，這件文物不屬於博物館，也不屬於那些考古學家們，而僅僅屬於你自己。它的這種唯一性就證明了她的永恆價值。同時，它也不是用來展覽的，而是用來記憶的，即使你在向親人展示的時候，那也是在回憶一段故事。記憶是我們唯一真實的生活，因為生活就是這樣一個MATRIX：她將不可知的未來迅速轉化為不可改變的現實，最後被記憶這個巨大的容器所收藏。記憶越清晰，意味着我們的生活越豐富，那些歷歷在目的細節，就是生命之樹上的葉子。在我們終老時，年華似水，落葉歸根，究竟什麼東西落入你生命的泥土呢？

難道我們不就是生活在這樣的記憶中嗎？這是怎樣的北大四年呢？從「流放」到草長雁飛的昌平園開始，以「隔離」於非典肆虐的燕園而結束。這仿佛是隱藏着箴言的隱喻，「流放」與「隔離」成了我們這四年生活的寫照。

「流放」是一首詩，它是主流之外的異端，異端背後的夢想。正是憑藉着詩歌想像的力量，它要塑造一個千年王國，一個詩歌的王國。我們所學的「法律」在這個國家的生活中不就處於這種流放狀態嗎？詩歌是從一個民族的喉舌中自然流淌出來的，法律的夢想也是從這個民族無序的災難中自然萌發的。在我們的心中，法律就是一首詩，就是一個夢想。我們所學的法律，絕不是我們神往的美國法學院裏所學的法律，它從一開始就不是用來在法庭上混飯吃的。在法庭上，流行的可能是金錢、關係和權力等等，法律在法庭上也同樣處於流放之中。我們所學法律就是為了一個夢想，作為一個立法者，建立正義的千年王國。還記得那個晚上，響徹昌平園上空的班歌嗎？我們曾經一起高唱：「傳承千年

的夢想」，「正義的種子在萌發生長」。

透過這夢想，我們活過了怎樣的生活？不是四年，而是千萬年，不是昌平園，而是宇宙萬千。我們與海子一起領略過周天子的雪山；我們和張五常一起度過「夜審科斯（Ronald H. Coase）」的智慧之夜；我們與托克維爾（Tocqueville），一道追問民主時代的偉大德性；我們和蘇力一起像秋菊那樣體會正義在起步時刻面臨的艱難。

然而，我們的夢想會不會因為「隔離」而折斷翅膀？「隔離」不是囚禁，而是自我籌劃的規訓，不是限制自由，而是創造自由的法則。正是在「隔離」中，我們建構一個全新的王國，一個法律的王國，並把我們自己訓練成這個王國的守護者。從進入法學院的第一天起，我們就進入了這種「隔離」狀態中。我們不再是一個普通人，而是一個「法律人」。這是一個讓我們感到由衷自豪的身份。「像法律人一樣思考問題」不就是自我規訓的開始嗎？從此，我們以全新的眼光來審視原來的世界，這個世界突然變得陌生了，變得醜陋了，原來這家伙侵犯了我的權利！我們是不是變成了一幫動不動就威脅說「小心我告你」的惡棍？

想想這「隔離」的生活，佔座上課、背誦法條、複印筆記、準備考試，日復一日，我們都要變成了法律機器上的螺絲釘，每天處在精確的籌劃、計算和運作之中。今天，除了我們的一張成績單，一張畢業證書和一張身着學士服的畢業照，在我們的紀念冊中還能留下什麼呢？這就是我們為法律付出的代價！當我們變成一個優秀的法律人的時候，我們差不多要喪失了常人對生活的感覺。

「流放」與「隔離」，「正義王國」的締造者與「法律王國」的守護者，詩意的想像與精明的計算，北大法學院的這四年就給了我們這兩種思想，兩種身份，兩種不同的力量，兩種生活方式。我們如何把它們完

美地結合在一起呢？我們還來不及思索，我們就要畢業了！

畢業了……，就像夢醒時分的喃喃細語，你必須面對殘酷的現實，一個用金錢、關係和權力構築的現實。我們是不是從此結束了「流放」的生活，一頭扎入到酒氣薰天的主流生活中？我們是不是要從「隔離」中解放出來，借用金錢和權力來發言，而不是法律來說話？總之，你似乎已經準備好了，懷揣着那張無須千辛萬苦就能得來的文憑，與法學院告別，與夢想和訓誡告別，就像與自己的青春告別一樣，迫不及待地開始在人生舞台和社會舞台上穿上永不停止的「紅舞鞋」……

這時候，這個紀念冊不就變成了一本簡單的通訊錄？上面記載着種種社會關係，都是可以兌換成金錢的人力資源。在自己的案件遇到問題的時候，翻開來找一找，哪一個是可以幫忙的法官？在開拓律師業務中，查一查誰在銀行、誰在機關。隨着時間的推移，你也許會越來越珍惜的這本通訊錄，經常修改一下工作單位和聯繫方式的變動情況。咱同學都升為院長了，還有擺不平的案子嗎？我的牌友調為局長了，法律業務肯定是咱兄弟的。偶然有一天你突發奇想，我的同屋有誰呢？數來數去，少了一個。翻開通訊錄，發現他／她的單位從來沒有修改過，他在偏僻的鄉下，早就被你遺忘了，因為你生活在主流中，生活在金錢滾動的速度中。這樣，就在我們不斷翻閱通訊錄的過程中，我們已經接近了生命的終點。

這一生是怎麼過的？這樣過值得嗎？如果有來生，我會這麼過嗎？除了掛滿金錢、身份、地位和榮譽，你的生命之樹上還有什麼樣的葉子呢？

不要忘了這是一個紀念冊，更不要忘了它的密碼：只有回憶才能讓被速度壓縮了的生活重新舒展開。正是因為回憶和紀念，你比別人活

得更長，活得更豐富。當你焦慮的時候，給他／她打個電話，就像當年對着他／她哭一樣；當你成功的時候，還是給他／她打個電話，就像當年和他／她分享你的祕密一樣。給他／她打個電話，告訴他／她你曾經暗暗地愛着他／她，今天你終於明白友情比愛情更為長久。給他／她打個電話，告訴他／她，你當年是多麼嫉妒他／她，甚至偷偷砸過他／她的箱子、撕毀過他／她的課堂筆記，今天，你請求他／她原諒，因為你了明白人性的脆弱。

　　只要你的生活保持這種豐富，只要你的生命之樹保持根深葉茂，無論經歷怎樣的邪惡與艱難，你都不會忘了流放時的夢想和隔離中的訓誡，而這種夢想和訓誡也會像陽光雨露一樣滋養你的生命之樹。這時候，你才明白，我們的夢想的詩歌王國還很遙遠，我們都還沒有畢業！

法學院的守護神 *：
2003 年法學院畢業典禮上的演講

一

今天，在經過法學樓的時候，我突然注意到了馬寅初校長的雕像。因為被壓在法學樓的屋檐下，顯得渺小而寒磣。然而，就像烏雲壓不住太陽的光芒，在這陰暗的屋檐下，我依然能感覺到馬寅初校長的豪邁氣質和巨大感染力。雕像不是死的紀念，而是活的象徵。馬寅初校長就在那裏，目光炯炯地注視我們今天要畢業的每一個學子。我突然想起，他當年面對政治意識形態批判和學生造反派的批鬥，慷慨陳辭：「老夫年過八十，明知寡不敵眾，自當單身匹馬，出來應戰，直到戰死為止，決不向專以壓制不以理說服的那種批判者們投降」。

這樣的話，我們今天聽起來，肯定有一種滄海桑田的感覺。歷史過去了，時代變了。今天，沒有人會因為提出人口危機而受到批判，《新人口論》已經從毒草變成了鮮花，變成了經典。我們所處的思想環

---

* 2003 年 7 月 2 日在北大法學院 2003 屆本科生畢業典禮上的演講，現場演講內容由於時間限制有所刪減。

境和政治社會環境已經發生了巨大的變化，就像北大的規模和校園發生的變化一樣，用今天的眼光看來，那時候的北大更像一個小小的書院，而不像一所多元開放的大學。然而，我們這種過分樂觀的進步主義信念使我們忽略了這句話的意義，儘管把這句話與它的時代割裂開來是錯誤而有害的，但真理往往都是超越具體歷史環境的。

眾所周知，從 1958 年「反右」運動以來，左傾意識形態以前所未有的力量滲透到社會的每一個角落，北大也不例外。這無疑對蔡元培校長確立的「兼容並包、思想自由」原則構成了巨大衝擊。因此 1950 年代以來北大的歷史就是思想自由與思想禁錮作鬥爭的歷史，就是真理與謬誤作鬥爭的歷史，幾代人為此付出了血的代價。然而，正是這種用生命捍衛思想自由的崇高信念奠定了北大的地位，塑造了北大的傳統，培育了北大人的尊嚴、榮譽和自豪感。馬寅初校長無疑是捍衛思想自由的一代典範。

然而，什麼是「思想自由」呢？「思想自由」是不是意味着思想盲目地生長呢？是不是意味着思想可以不受約束地向任何方向發展呢？是不是意味着教授想教什麼就教什麼，學生們想學生什麼就學什麼？是不是每個人都有權認定什麼是正當的，什麼是正確的呢？如果這樣的話，有什麼理由反對那些針對《新人口論》的政治攻擊在大學校園裏傳播呢？有什麼理由反對那些「文革」風格的大批判呢？有什麼理由反對上綱上線的誅心之論呢？有什麼理由反對學生造老師的反呢？

我們必須把「言論自由」與「思想自由」區分開來。「言論」可以不講道理，只有守住法律的界限就行了，而「思想」必須「以理說服」，必須建立在「理性」之上。馬寅初校長並不反對針對《新人口論》的各種不講道理的「言論」，但是他堅決反對在思想層面上「專以壓制不以

理說服的那種批判者們」。這意味着「思想自由」的基礎是「不自由」的，是必須加以限定和約束的。「思想自由」必須建立在「以理說服」的理性基礎上，而不是建立在「壓制」的基礎上，這是「思想自由」不可逾越的政治底線：基於理性的批評與反批評都屬於思想自由的範疇，其目的在於追求真理，追求公共理性的共識。但是，捍衛思想自由之理性基礎的鬥爭就不再屬於公共理性，而屬於絕不妥協的政治鬥爭。面對侵害「思想自由」的壓制力量，是保持沉默，是違心地附和，還是堅決地進行鬥爭，這已經不再屬於思想的範疇，而屬於政治和倫理的範疇。在此，馬寅初校長為我們樹立了榜樣。作為校長、作為學者、作為公民，他以大無畏的精神氣概，勇敢地承擔起了這些身份所賦予的社會義務和公共責任，為捍衛思想自由的理性基礎而鬥爭，雖明知寡不敵眾，依然單身匹馬，以死亡的決心應戰。馬寅初校長正是以自己的實際行動大大地推進了蔡元培校長確立的原則。大學不僅要堅持「思想自由」，而且必須以政治鬥爭的姿態來捍衛支撐思想自由的理性精神。追求真理和承擔責任是馬寅初校長為「思想自由」做出的兩個絕佳的註解，它們構成了大學精神的兩翼。

二

經過幾代人的努力，我們差不多可以說大學擺脫了左傾意識形態的全面控制，贏得思想自由的寬鬆環境。左傾主義的正統思想在大學裏已經衰落了，剩下的也是裝潢門面的形式，甚至連「法學經典原著選讀」課早已變成了論文寫作課。我們在法學課堂上和法學論文中早已將「法的本質」問題看作是一個虛構的神話，法律的階級性問題也已經被

權利本位的法理學拋棄了。這種思想自由還體現在大大壓縮必修課的數量，增加了教師自主開課的自由和學生選修課程的自由。用我們蘇力院長幾年前的話來說，「現在不是思想敢不敢自由的問題，而是如何自由的問題。」

那我們是如何自由的呢？拿出你們的成績單，我相信，今天在座的各位都已經大量地選修合同法、公司法、證券法、金融法、保險法、國際經濟法、知識產權法、網絡法和 WTO 法這樣的課程，而且許多同學還選修了經濟研究中心的雙學位。可是，你們中有多少認真選修過法制史、法律思想史、法理學、法律社會學這些課程，或者選修過哲學系、歷史系、政治學系的課程呢？為了滿足你們這種選課的自由，法學教授們也越來越傾向於開設前者這些課程，而躲避後面這些課程，比如專門研究中國法制史的教授開設了保險法的課程，專攻西方法律思想史的教授開設了英美契約法，而且這種自由發展的傾向在法學院受到了越來越多的鼓勵。這種選課和開課的自由最能體現大學的思想自由，因為在大學教育中思想自由不是通過媒體的言論表達的，而是通過講壇上的課程來表達的。這種思想自由就體現在大家常說的一句話中：我們交了錢，所以要求法學院提供我們所希望的知識。

我們的法律教育已經差不多變成了這樣一個自由交易的知識市場，但是這種思想自由在不自覺中趨向於同一個方向，大家一起自由地趨向於前面這些課程，自由地遠離後面這些課程。這是我們彼此心照不宣的祕密，因為前面的課程比起後面的課程可以獲得更多的金錢。由此看來，思想自由就像自由落體一樣，受到了外在引力的影響。今天，我們思想自由的引力已經不是政治權力，而是金錢的重力。然而，這樣的思想自由是不是真正建立在「理性」的基礎上？這樣的選課自由和開課

自由是基於馬寅初校長所捍衞的「理性」原則，還是基於他誓死反抗的非理性的「壓制」力量呢？

當然，大家都會說，追逐金錢不僅是自由的選擇，而且是基於理性的選擇。因為大家對這種自由選擇都進行過反覆的計算，理性不就是冷靜、客觀、全面的利害算計嗎？大家不僅可以用自己的親身經驗來證明這種自由選擇是基於理性的，而且還可以用一大堆新自由主義學說來證明這種思想自由的理性基礎。說到底，大家都信奉了新制度經濟學的「理性人」假定，認為理性就是在約束條件下的利益最大化的算計。這種思想正通過法律經濟學以前所未有的速度在我們法學院擴張。

如果理性就是這種利益最大化的功利計算，那麼，怎麼能說大家圍繞金錢對人生精明籌劃的自由選課和自由開課不是理性的呢？但是，倘若我們今天這種精明的籌劃和計算是理性的，我們憑什麼反對「文革」風格的大批判文章呢？憑什麼反對上綱上線的意識形態批判呢？憑什麼反對學生罷課造反呢？因為按照「理性人」的思路，這種思想也是理性的，是基於特定人生處境下的理性最大化選擇。如果把今天的北大和「文革」時期的北大相比，我們就會發現今天是赤裸裸的金錢引力影響着我們的思想自由，那時不過是政治權力引力影響着他們的思想自由，而金錢和權力不過體現了人性固有的野心，二者不過是理性選擇的不同約束條件而已。

如果說大學的理性精神可以這樣來理解的話，這是不是意味着馬寅初校長當年捍衞大學之理性精神的戰鬥不過是一場虛妄的戰爭？馬寅初校長捍衞的「大學之理性精神」究竟是什麼，與我們現在所理解的這種精明計算的理性有什麼區別呢？大學為什麼要捍衞這種特殊的「理性精神」呢？為什麼我們法學院包括整個大學越來越被金錢算計的力量所

驅使呢？這是不是馬寅初校長所希望的呢？

三

　　我們不需要在歐洲歷史上追尋大學的起源和理念。作為現代中國的第一所大學，北京大學從誕生之日起就肩負着雙重的任務：一方面是探求真理和傳播知識，因為中國傳統文化在中西衝突中的失敗使得大學必須面對現代衝擊而重新探索中國人生存的價值和意義；另一方面是培養掌握這種真理和知識的人才，並通過這種人才的培養和教育來全面塑造國家的政治、經濟和文化生活，因為作為傳統科舉制度的替代，大學在養育國家的精英。因此，北京大學從一開始就是既是思想的同時也是政治的。馬寅初校長所捍衞的思想自由的理性基礎就是這種探究真理意義上的自然理性，而不是工具計算意義上的工具理性。思想自由的目標在於探索真理，而不是進行利益的計算。這種真理意義上的自然理性包含了正確與錯誤、善與惡、真理與謬誤的區別，與抹煞這些區別的計算理性、工具理性有着天壤之別。正是在這個意義上，大學的形象乃是象牙塔的形象，是世外桃源的形象，是「一心只讀聖賢書」的形象，由此構成了人類生存的「精神家園」，儘管由於大學的政治特徵，使得大學所培養的執着於真理的人才與現實的政治生活發生衝突，從而導致大學為捍衞真理而不斷捲入到政治鬥爭中。

　　目前，我們的大學正在處在深刻的轉型之中。從北大推倒南牆起，大學面對的可能就不再是真理和政治的衝突，而且真理與市場或社會的衝突。我們每個人都已經深刻地感受到了這種轉型。大學的政治思想環境越來越寬鬆了，但是大學的經濟和社會環境卻越來越嚴峻了。

在「建設世界一流大學」的口號下，金錢成為大學發展的決定性力量，而這種力量深刻地改變了大學的形象。看看北大與香港鳳凰衛視合作的「世紀大講堂」，就知道大學裏正在傳播些什麼，什麼人出現在這樣的講壇上。大學教授的形象不再是思想大師的老夫子形象，而是有別墅轎車出入機關公司報刊電視的社會活動家形象。在市場的壓力下，大學不再是探求真理的地方，不再是傳播真理的地方，不再是的精神家園，而是變成市民社會的一部分，成為國家治理和社會發展所必須的知識生產基地和技術裝備庫。因此，經濟管理學院、政府管理學院、法學院和國際關係學院的興起已經差不多取代了傳統的文史哲成為北大發展的主流學科。因為北大不滿足於思想的培育，它要全面地捲入到國家治理和社會發展之中。正是通過金錢的槓桿，北大用治理的知識（社會科學）來取代真理的知識（人文科學），從而成功地將真理與政治的衝突降低到最低點。

只有在這種大學轉型的背景下，我們才能理解為什麼我們法學院越來越重要，也越來越具有吸引力。在座的當中有許多曾經是高考狀元或優秀畢業生，為什麼法學院對你們具有如此大的吸引力？難道法律比起哲學或歷史包含了更大的真理而吸引着你們探索真理的好奇心嗎？我相信，法學院吸引你們的不是真理，而是職業，與金錢、身份和地位聯繫在一起的職業。在法學院這四年的學習中，你們獲得的是什麼呢？是法律的真理嗎？是對正義的領悟力嗎？是對利益衝突進行均衡判斷的能力嗎？是對法律建構未來生活的想像力嗎？是一種冷靜審慎並勇敢果斷的人格氣質嗎？這並沒有成為我們法律教育的目標，也似乎不是你們想要的目標。你們關心的是如何獲得一套操作的知識、一套特殊的修辭、一套吃飯的本錢、一套自我規訓的身體技術。總而言之，不就是一

套工匠的手藝嗎？

讓我以大家推崇的「案例教學法」為例吧。當年，為了提升法律教育的地位，使得法律教育與大學的名聲相匹配，哈佛大學法學院院長蘭德爾（Christopher Langdell）在校慶周年的大會上提出了「案例教學法」，其目的是要將法律提升為一門科學，從具體的案例之中發現法律科學的真理。這些年來，我們在法律教育中不斷提倡和學習案例教學法。但是，我們的目的是為了讓學生理解現實生活中所面臨的問題，理解具體的案例，理解法律在具體案件中的運用，是為學生進入職業狀態作準備。如果說案例教學法在美國是為了將法律從一門職業手藝提升為一門理性的科學，那麼，我們的法律教育中所提倡的案例教學法恰恰是為了將法律從一門科學變成一門手藝。一句話，我們的法學院正在從一個科學知識的門類系科變成一個技工學院，一個職業訓練所。法律教育中提出擺脫歐洲模式而學習美國模式、用法律碩士來補充法律本科的教育改革，都是為了加速法律教育的職業化。如此一來，我們的法律教育越發展，就越遠離大學的理念，法學院在大學中越重要就越說明大學精神在現代的衰落。

四

當然，法律教育的職業化並沒有錯，因為現代社會本身就是一個由職業構成的社會。問題的關鍵在於這種職業能不能承擔社會分工所需要的職業倫理。儘管法律職業倫理已成為法學院的一門課程，但是，這種職業倫理不是通過一門課程的講授來灌輸的，因為法律職業倫理不是一門知識，而是我們法律人的共同價值趨向和生活習性。這種價值趨向

和生活習性就體現在我們法律人所追求的目標當中。我們從事法律職業是為了什麼？對於這個問題我們可能給出各種動聽的回答。我們似乎已經習慣於正義或公平這些美麗的大詞，但這都是從書本上學來的，連自己都不一定真的相信。讓我把問題轉化一下，在你們的心目中，究竟什麼樣的畢業生才是最值得你們羨慕並由此成為最優秀的畢業生呢？

我相信，在你們的心目中，保研的一定是最優秀的，因為保研預示着美好未來的可能性；留在北京、上海的律師事務所或者中央機關的一定是最優秀的，因為在這些地方才是精英雲集的地方；當然，最讓你們羨慕的可能還是那些出國留學的，仿佛北大已經無法給予你們更多的知識了，所以你們選擇了全球著名的法學院。為什麼去紐約、倫敦、巴黎或者留在北京、上海的學生最值得我們羨慕呢？為什麼這樣的畢業去向被看作是對你們大學生涯的最佳犒賞呢？是因為你們的偉大抱負迫使你們必須選擇這些地方作為人生的舞台嗎？我想不是，大家心裏很清楚，這樣的畢業去向意味着獲得金錢和地位的可能性大大增加了。就像我們的自由選擇受到了金錢引力的影響一樣，我們對於優秀和卓越的想像也在不自覺中以金錢和地位的成功作為標準，這對我們的職業倫理產生了深刻的影響。

正是為了附和你們的這種追求和理想，我們的法律教育中出現了一種病態的情緒，就是對目前的成文法傳統的怨恨和對遙遠的普通法傳統的迷戀，這種病態集中體現在對當年東吳法學院的懷念之中。因為我們懷念的不是東吳法學院中瀰漫的對法律神明般的信仰，而是懷念當年在普通法的背景中用英文教材、用英文授課、用英文寫作，一句話，與英美宗主國接軌，也就是我們今天所說的「與國際接軌」。當然，我們也都知道東吳法學院的畢業生集中在當年最繁華的上海、廣州、南洋等

地為外國資本家和買辦資本家服務。坦率地說，今天，我們的法律教育中對東吳法學院的懷念實際上是對嫻熟掌握英語工具的懷念，對普通法的青睞實際上是對紐約象徵的資本勢力的青睞。一句話，我們在潛意識裏認為法律教育的目標就是更好地將大家訓練成為資本的奴僕。在此，請允許我就目前法律教育中方興未艾的法律診所教育說幾句。

法律診所教育在美國法學院的興起是以民權運動為背景的，民權律師們發現聯邦政府保護民權的法律之所以不起作用是因為窮人無法接近法律，他們沒有錢打官司。於是，在福特基金會的幫助下，法學院的法律學生開始為他們提供免費的法律援助活動。這種教育的興起不僅可以幫助學生學習法律的操作實務，更主要的是培養法律人的職業責任感和社會責任感，培養法律人的精英意識，因為類似古典貴族，現代精英的身份也同樣意味着對公共義務和社會責任的擔當。因此，法律診所教育事實上成為對法律人的公民教育。然而，我們引進的法律診所教育和判例教學法一樣，更強調學生的操作法律的能力，而不是法律人的社會責任感和道德責任感。我們的法律診所教育更主要的是一種職業教育，強化職業技能的教育，而不是公民教育。當然，參加這樣的法律援助活動也成為你們留學的資本，我相信，在你們的留學申請書中決不會忘了這一點。但是，當「非典」來臨的時候，我們老師躲在家裏，你們學生紛紛逃命。我們都忘了作為老師和學生的紀律和責任，忘了我們作為一個公民的起碼責任。法學樓裏只有院長領導下的行政人員在一起堅守。

在此，我要向我們的張小滿同學致敬！在你們剛進大學參加班級選舉的民主實驗中，張小滿競選演說的第一句話就是「公民們！」在你們當時的嬉笑聲中，我知道大家想起了雅典的廣場集會或者大革命

中的巴黎街頭，而在我們的教室裏，這樣的演說仿佛是一種表演。而今天，我要把這三個字鄭重地送給即將畢業的你們，大家不再是「同學」，也不一定能成為「同志」，但是，我們都是「公民」，在關鍵時刻不要忘了我們對社會與國家承擔的責任。

五

在今天你們畢業的大喜日子裏，我說這些話可能是不合時宜的。但是，當我想起你們剛進校門時的神情，尤其是那雙對知識、真理、善和正義充滿渴望的眼睛，就有點不安。現在，你們變得英俊了、漂亮了，目光也變得和藹了、平實了。也許「你們不再問了」，[1] 但究竟像蘇力院長所說的那樣是因為你們找到了尋找答案的途徑，還是由於我們這些平庸的教師使得你們徹底喪失了對問題的興趣？

看看我們今天畢業典禮的豪華排場，這不過表明我們法律教育的虛假繁榮。我們的法律教育在職業化的過程中，喪失了對法律本身的想像力。歷史學家維柯（Giambattista Vico）將羅馬法看作是詩，正是藉助詩歌的想像力，羅馬法塑造了整個近代的歐洲，發展出現代的法律藝術。如果法律喪失了這種詩歌的想像力，我們的法律技藝也自然會越來越粗糙、越來越笨拙，因為只有想像力將藝術家與工匠區別開來。法律的想像力就在於「法律是關於正義和不正義的科學」，這不僅僅是羅馬法學家的信念。而今天，我們的法律教育中充滿了職業主義的色彩，而

1　「你們不再問了」，北大法學院院長蘇力教授在 2002 屆本科畢業生畢業典禮上演講的題目。

將對正義的追問拋在腦後。法律教育由此喪失了靈魂，法律人的職業技術越繁瑣，法律人的靈魂就越空虛。在這樣的法律教育中，我們是不是在培養「無恥的訟棍」和「恐怖的法官」？

看看大家想像中的優秀畢業生吧。除了留在北京，就即將奔赴紐約、巴黎、倫敦、上海、香港、廣州。我突然想起，我們有 960 萬平方公里的土地，我們有 13 億人民，可是我們為什麼僅僅集中在這麼幾個彈丸之地呢？在我們從裙帶資本主義向大眾民主的過渡中，我們有沒有以法律貴族的身份擔當起社會平穩轉型這一重任的意識和能力？我們會不會墮落為資本的槍手，而與人民大眾為敵呢？當我們的法律職業開始與人民為敵的時候，等待我們的將會是怎樣的命運呢？歷史的發展從來不是以金錢的意志為轉移的，東吳法學院的毀滅就是一個例證。這難道要成為我們的榜樣？

儘管懷着這樣的憂慮，我對未來依然充滿了希望。希望就在你們中，就在那些不滿足於法律技巧而對更廣闊的法律真理充滿熱情的公民中，就在那些不滿足於在大酒店起草公文至深夜而對每日變化的社會生活充滿關切的公民中，就在那些自願到祖國的邊疆支教的公民中，就在於至今沒有找到工作但是對人生充滿想像的公民中，就在那些關鍵時刻忘卻利益計算而勇敢地承擔責任的公民中。追求真理、承擔責任，就是我們法律職業的希望所在，而這也正是馬寅初校長的期望所在。

馬寅初校長的雕像是由人口研究所敬立的，但它就矗立在我們法學樓前，儘管它落滿了灰塵，但它無疑是我們法學院的守護神，守護着我們的法律教育和法律職業，守護着我們法律人的靈魂。

法律人的奧德賽[*]：
2013 年法學院畢業典禮上的演講

　　五天前，楊曉雷老師給我發短信說，根據同學們的意見，邀請我在畢業典禮上致辭。我突然意識到 10 年時間轉瞬即逝。10 年前，我也在這個場合致辭，10 年之後，我要說的其實還是當年那些話，但我不能重複講，只能接着講。

　　這十年，我們的法學院發生了巨大變化。從老法學樓搬到北大新區，與光華、經管和政管等相毗鄰，成為北大新貴。這樣，我們再也不用因為逃避馬寅初校長凝重的目光而感到心虛惶恐，新法學樓前樹起了擎天法柱，用來象徵着法律人的陽剛正氣。可在外人看來，這可能在潛意識中流露法律人的傲慢與獨尊。

　　這些變化是過去十年中國巨變的一個縮影。就在這十年時間裏，中國崛起從神話變成了現實，這無疑是人類歷史上的一件重大事件。我相信在座的諸位對中國崛起的直覺感受莫過於 2008 年。奧運聖火傳遞

---

[*]　2013 年 7 月在法學院畢業典禮上作的發言。現場錄音整理稿曾以「中國法律人的奧德賽」為題在觀察者網上刊登。由於現場發言時間限制，演講稿做了大幅删節。這裏收錄的是演講稿原文並做了修訂。

中遭遇的文化歧視、汶川大地震經歷的生死考驗、奧運盛會的喜悅自豪，這一切讓我們意識到每個人都生活在一個命運共同體中，我們就像一個生命有機體，能夠用心感受到彼此的喜悅與憤怒、哀傷與幸福。可以說你們是作為「08 的一代」，作為崛起的一代進入這個校園。如果說中國崛起從神話變成了現實，那麼中國崛起的普遍歷史意義是什麼？我們法律人在其中扮演了怎樣的角色呢？

一

「我們所學的不是什麼神祕的知識，而是一門職業。」這是我們在法學院給同學們的教誨。在這個全球化的時代，法律職業已經越出了國界，變成全球性的職業。在課堂，我們一起剖析美國憲法判例，閱讀霍姆斯（Oliver W. Holmes Jr.）的文獻，我們所學的這一切已不再是一門單純的西方法律知識，而是與我們未來的職業、生活體驗、我們國家的法治建設以及未來中國的想像密切聯繫在一起。

職業的現實感，職業的操作性，意味着我們必須除去不切實際的幻想，變得真切而可靠。從事法律職業，就意味着你必須成為可依靠的人，成為可信賴的人，成為能為他人或公共利益而鬥爭的人。這對於剛進校的你們，對於處於花季雨季準備享受青春的你們，多少有些殘酷。正如有同學所言，大學生活從來沒有像我所說的那樣斑斕多姿而又青春嫵媚，相反競爭的壓力總是無所不在。我們暫且不去討論一個 18 歲少年應不應該學法律。反正我們現在既有歐洲通識教育傳統的法律本科，也模仿了美國法律職業教育傳統的法律碩士。雖然大家不斷強調法律教育的職業性，可法律職業界更珍愛像你們這樣的本科生，除了你們

聰明，年輕是重要的資本。法院和律所喜歡你們或許是因為你們可以無條件地加班加點，法學院喜歡你們或許是因為很容易塑造你們。

　　無論如何，你們就這樣被拋進了法學院，拋到這個為法律職業而準備的殘酷競爭和訓練中，你必須像古羅馬角鬥士一樣武裝起來，時刻準備與別人鬥爭。為你的當事人鬥爭，為社會利益而鬥爭，為你心目中的正義理想而鬥爭，最終是與你自己鬥爭，用一個心目中理想的自己來每天戰勝那個你不喜歡的自己。法學院最優秀的畢業生自然是這四年的鬥爭和磨練中最後取勝的人。翻看每個人的心路歷程，雖然各有不同，但大家共同的地方就是很早就進入鬥爭狀態，保持鬥爭的心態，爭取鬥爭的優勢，最後取得鬥爭的勝利。

　　我們不能保證今天這些最優秀的畢業生在未來的人生道路上能成為最優秀和卓越的人，我們也不能保證鬥爭的人生乃是理想的人生，鬥爭勝利的人成為最幸福的人。但至少從法律教育的角度看，這是我們的理想所在，一如戰士的生命意義在於奪取勝利，至少未經自我奮鬥並品嚐過勝利喜悅的人生是不完滿的。對法律人的塑造其實包含着法律教育對法律職業乃至於人生的理解和想像。法律的首要功能就是「定紛止爭」。學習法律就意味着我們必須真實地面對一個霍布斯（Thomas Hobbes）式的世界，一個人對人如狼一般的紛爭世界。我們所面對的國際世界雖然有很多合作的理想，但最終依然服從生死搏鬥的叢林法則。立法過程被看作是彼此對立的階級、階層或利益集團展開的利益爭奪和博弈，司法訴訟更像決鬥和戰爭一樣，是一場與他人或勝或敗的零和競爭，即使使用全部的勇氣和力量未必能夠獲勝。因此，「為權利而鬥爭」就自然成為法律人的基本品質。當然，法律人的這種鬥爭品質不是基於浪漫主義的騎士精神或俠義精神，也不是基於虛無主義的悲劇英雄，而是一種基於

人與自我、他人和世界關係的理性思考，其背後具有一套獨特的法理。

從法理的角度看，人之所以為人，或者說人與動物的區別，就在於人具有權利，權利構成了人之為人的人格的一部分。「為權利而鬥爭」乃是一個人捍衞其人格、成就其人格的必須品質。正是「為權利而鬥爭」才使得一個人成為真正的人，使得一個自然人變成與他人處於社會關係中的真實的人，也正是在這種鬥爭中才讓一個人從奴隸變成的自己命運的主人，唯有如此一個人才有資格管理自己，成為一個自由人。法律人之所以如此理解權利之於人格的重要性，就在於法律人不得不為現實生活中隨處可見的霍布斯式的世界做好準備。在一個霍布斯式的世界中，唯有鬥爭才能保持一個人的主人身份和主體資格，否則就可能成為被他人奴役的對象。也因為如此，唯有具有這種人格的人所構成的國家或所領導的國家，才能夠真正成為獨立自由的國家。

因此，法律人類似於戰士，不是為甜蜜幸福的和諧社會準備的，而是為悲慘不幸的戰爭狀態準備的。即使在和平舒適的世界中，法律人時刻保持着對人性的警惕。假如你在根本意義上相信永久和平，相信普適價值，相信和諧社會，我當然要恭喜你，你或許超越了法律人，甚至可能走出了柏拉圖的洞穴。然而，法律人或者法律職業，卻始終是為這個洞穴世界所準備的，法律人是人類秩序的護衞者，護衞着洞穴世界中微弱的理性之光。

二

儘管如此，法學院的這些教誨終究流於言辭，只有當你們畢業，真正踏入法律職場之後才能真切地理解這一點。和十年前一樣，我們的

優秀畢業生依然熱衷於選擇經濟法和金融法等領域，且不約而同地要修經濟學雙學位。最優秀的法律人選擇向這些最賺錢的方向努力，很容易被批評為靈魂受到金錢了的腐蝕。然而，我更願意相信，不是金錢，而是金錢背後更為高遠的目標吸引着你們。這或許就是全球化展現出的廣闊視野，一個誘人的、有待征服的新世界。經濟全球化帶來了法律服務的全球化，而這些全球法律服務無疑集中在金融、商業、貿易領域。而在這些領域中，美國毫無疑問是主宰者。你們中不少人在上學期間就進行了國際交流（嚴格說是主要與美國交流），甚至有同學畢業後直接到美國法學院讀學位。畢業以後，我相信大多數會加入到美國主導的全球化法律服務體系中，在紐約、倫敦、香港、北京和上海之間游走。

假如我們把法律人比喻為戰士，那麼我們可以把進入全球化領域的法律人看作是遠征軍。遠征意味着冒險，意味着開闢新的領域，而法律職業本來也是一場冒險。在戰場上，沒有哪個人有百分之百的勝算，亮劍本身就意味着一次冒險。我們最優秀的法律人無疑渴望加入這場全球的遠征和冒險，你們的目光永遠盯着遠方，哪怕如師兄海子所言：「遠方除了遙遠，一無所有」。這也許就是我們北大法學院最激動人心的地方，也是隔壁的法學院永遠無法比擬的地方。如果說隔壁法學院的視野盯着本土，而北大法律人的視野卻始終在全球。從北大法學院恢復招生開始，一屆又一屆優秀畢業生紛紛選擇出國留學，加入到這場孤獨而漫長的遠征當中。而如今在紐約、倫敦、香港、北京和上海等地的律師事務所中，這些優秀的法律人已經形成了數量龐大的羣體，我們甚至可以稱之為「隱匿的北大法律軍團」。

然而，如果看一下這批優秀的法律人在全球法律職業中的地位，我們會不無驚訝地發現，三十多年過去了，當年同樣優秀的法律人在本

土已成長為國家領導人，而在外國律師事務所中服務的北大法律人，即使拿到了綠卡成為美國公民，也勉強進入中低級合夥人的行列，很少能真正加入高端合夥人的俱樂部。為此，他們中不少人離開外國所，要麼進入大企業法務部門享受退伍之後的安逸舒適，要麼回到中國組建本土的律師事務所，開始新的征程，比如今天在座的李洪積師兄就是這樣的榜樣。在本土律師事務所中，北大法律人憑藉自己的業務能力佔據了高端業務。然而，在全球法律服務分工體系中，依然依附於美國律師事務所，在全球法律服務的市場上處於低端。我們只要簡單統計一下過去幾十年來，中國企業大規模從事海外上市、海外投資和企業併購等商業活動，其法律服務最主要的提供者無疑是美國律師事務所。在全球資本市場和法律服務市場上，我們引以為自豪的北大法律軍團，乃至於整個隱匿的中國法律軍團，其實是美國法律軍團的僱傭兵，最終變成了全球跨國資本的僱傭兵。

如果說改革開放使得美國法律軍團隨着西方資本重新進入中國，繼續從 1840 年以來曾經一度中斷的在中國的遠征和冒險，那麼其僱傭下的中國法律軍團扮演了怎樣的角色？毫無疑問，他們與西方資本一道推動了中國的市場經濟改革，推動了現代法律制度和法律服務體系的建立，推動了中國的現代化進程。當然，由於這種僱傭軍的角色，我們的法律精英與美國法律軍團一道，在西方資本支持下，也在自覺不自覺地致力於推動中國在經濟上的私有化、政治上民主化和文化上的自由化。而在這些美麗的大詞背後，我們不能忘記他們也與西方資本一道，維持美國戰略家羅伯特‧卡根（Robert Kagan）所說的「美國締造的世界」，實際上維持過去 500 多年來形成的西方主導的全球政治經濟秩序。在這個全球秩序中，中國與其他非西方國家都置於被支配的邊緣位置。

由此，我們看到充滿悖論的歷史景觀。我們的產品遠銷全球，我們的企業家雄心勃勃地從中國製造提升為中國創造，致力於開拓全球市場；我們的金融家夢想着人民幣未來能夠像 16-19 世紀的中國白銀一樣成為全球貨幣；我們的政治家以更加自信的姿態規劃全球秩序。這一切都是因為我們的人民期盼着實現中華文明偉大復興的夢想。然而，在這個歷史大轉折的時代，我們的法律人似乎扮演了與中國崛起不相匹配的角色，這個隱匿的中國法律軍團似乎並沒有與中國的經濟和政治一道崛起，而是依附於美國主導的法律服務體系中，滿足於充當僱傭軍的角色。中國崛起帶動了全球的商業精英、政治精英和思想精英，重新思考人類歷史的命運，致力於締造新的全球秩序，然而中國的法律精英，尤其是這個隱匿的中國法律軍團，似乎與這個時代的精神背道而馳，依然沉浸在舊世界的迷夢中，致力於維護和拓展美國塑造的世界（the World America Made），並試圖以此來征服中國、改造中國。因此，在這個偉大的歷史時刻，我們的法律人與時代精神，與國家命運和人民期盼卻處於內在的緊張中，這迫使我們重新審視我們的法律人與這個時代、這個世界的關係，進而追問：我們的法律人，究竟怎麼了？

三

二戰以來，尤其是冷戰結束，整個世界處在美國的單極霸權之下，美國塑造的資本主義世界往往被看作是普遍自由、持久繁榮和遠離戰爭的光明世界，與此相對的是一個專制、貧窮和戰爭的黑暗世界。在這樣虛假的二元對立圖景的建構中，中國現代化進程的唯一前途就被定義為納入到美國主導的世界體系中。這無疑也是美國戰略家們的既定目

標，一方面試圖將中國定義為「負責任的利益攸關者」，甚至提出「中美共治」「中美國」和「太平洋世界」等概念誘導中國扮演類似日本或英國這樣的「附庸國」地位，另一方面則始終不忘用顏色革命、地緣圍堵乃至戰爭來遏制中國崛起。我們的法律人很容易陷入美國人塑造的這種二元對立中，懷着拯救中國的虛妄信念，完成全球資本征服中國這項未盡的神聖事業，以至於未能反省自己所扮演的角色。

美國塑造的自由世界其實只是資本自由流動的世界，而非人口自由流動的世界。在人類歷史上，人口的自由流動從來沒有受到限制，然而恰恰是現代西方的興起，人口被作為國民限制在國家領土的疆界內被主權者所徵用。美國塑造的繁榮世界其實只是西方世界的繁榮，是西方大城市的繁榮，是西方資產階級的繁榮。歷史上曾經繁榮的中亞和阿拉伯世界，如今已經成為滋生恐怖主義的凋敝世界。西方殖民非洲幾百年，如今依然是瘟疫、戰亂和貧窮的世界。至少「門羅主義」以來，拉美被美國經營為後花園，可今天依然處在毒品、衝突和戰亂的邊緣。美國塑造了和平世界，可那是用戰爭和武力維持的全球霸權之下的和平，後冷戰以來的戰亂哪個不是美國一手策劃的。甚至連美國人能夠想像的理想世界，也不過是重現「羅馬治下的和平」，那不過一個野蠻的武夫依靠嗜血的暴力建立起來的世界，一個沒有哲學思想、沒有文學藝術、沒有精神信念的世界，以至於最終匍匐在宗教的黑暗統治下。

如果我們放大歷史的尺度，美國所塑造的世界不過是 15 世紀地理大發現以來形成的海洋與陸地對峙的最終結果而已，即大陸世界的自由繁榮逐漸被海洋世界的自由繁榮所取代。然而，近代以來的海洋世界與大陸世界的對峙，不過是在更高的層次上重複了歷史上游牧生活與農耕生活的對峙。如果說農耕生活敬畏自然，強調安居和誠實，並以辛勤勞

作獲得報償作為正義和德性的尺度，由此形成人文教化和文明；那麼遊牧雖然信賴大地，卻強調流動和詭譎，並以不勞而獲、暴力掠奪作為正義的尺度，以野蠻作為教化的標準。在人類歷史上，遊牧生活與農耕生活的漫長鬥爭，就變成了兩種不同的生活方式和正義觀念的鬥爭，這是一場從根本意義上確立正義和法的鬥爭。最終，農耕生活戰勝了遊牧生活，誠實勞作戰勝了狡黠掠奪，從而確立了大地的秩序，確立了正義、禮儀、法度和教化。中國古典文明在漫長歷史上與北方遊牧民族的鬥爭正是這種捍衛正義與法的鬥爭，正是圍繞這種正義和法，形成了中國古典文明傳統，華夷之變、禮樂教化，塑造了傳統中國人的精神氣質和心靈世界。

然而，從地理大發現到海洋世界的興起，一種新的遊牧生活方式已經形成。這種遊牧生活方式不再依賴草原和戰馬，而是依賴市場和資本。市場乃是新的草原，資本乃是新的戰馬。美國所推動的全球化就是讓資本隨着市場延伸到世界的每一個角落，就像在蒙元時代那樣，將所到之處的農田都變成放牧的草原。全球資本的流動性就像草原上牛馬的流動性一樣，哪裏創造了財富，資本就湧向那裏將財富吸走，就像牛馬在在草原上總是追逐豐茂的水草一樣。正是這種新型遊牧的生活方式，使得現代城市開始興起，與城市密切相關的資本主義生活方式興起。城市將人口集中起來不過是便於資本掠奪其創造的財富，正如為了放牧總要尋找水草豐茂的地方。於是，我們看到，過去 500 多年來西方海洋世界的興起，不過是最終塑造了全球遊牧的生活方式，散佈在全球下層百姓的辛勤勞作最終通過資本將其集中於城市變成豐茂的水草。今天，紐約、倫敦、香港、上海等國際金融城市，不過是全球資本在市場的草原上構築的一個個蒙古包。資本聚集在那裏並控制着全球資

本的流動，就像在草原上的蒙古包控制上牛馬的流動。

今天，中國人物質生活的痛苦，諸如高房價、高通脹、城市擁堵、過度競爭等等，都與加速的市場化、城市化進程中轉向這種遊牧生活方式有關。如今美元與人民幣匯率的持續走高，菜價、油價上漲讓每個人感受到牛馬在草原上奔跑的滋味。同樣，中國人精神生活的痛苦，諸如缺乏核心價值、道德信念的淪喪、文化傳統的沒落、生活意義的喪失等等，都是由於新式的遊牧生活方式摧毀了我們曾經信守的正義和法。它不再敬畏自然，反過來征服自然，它將不勞而獲稱之為智慧，將野蠻掠奪稱之為自由，將為所欲為的放肆稱之為權利，把權利意志的表達稱之為法律。比較之下，草原遊牧雖然野蠻，但不失單純、質樸和慷慨的美德，而新的資本遊牧雖然包裝在文化的面紗之下，卻比草原遊牧更為無情、邪惡和野蠻。由此，無論幸與不幸，近代以來我們所遭遇的亙古未有之大變就是這種穩固的農耕生活方式與新型流動的遊牧生活方式之間的鬥爭，就是誠實勞作與狡黠掠奪的鬥爭，是關涉到根本意義上的正義與法的鬥爭。正是在這場鬥爭面前，整個世界在分裂，每個國家內部也在分裂。這種鬥爭不僅是全球範圍內的鬥爭，也是每個國家內部的人民不斷面臨的鬥爭。這不僅是人與人的鬥爭，國與國的鬥爭，也是神與神的鬥爭，更是每個人靈魂內部的鬥爭。

在這場鬥爭面前，我們的法律人究竟扮演了怎樣的角色呢？關鍵在於法律人信守怎樣的正義，捍衛怎樣的法。在正義和法的歷史上，農耕生活與遊牧生活的這兩種生活方式所支撐的不同正義觀念之間和不同的法之間進行了持續不斷的鬥爭，所謂傳統與現代、新教與天主教、西方與東方、社會主義與資本主義之間持續不斷的鬥爭始終是圍繞正義與法展開的鬥爭。當我們強調「為權利而鬥爭」，是不是在公然主張，像

夏洛克那樣滿足自己邪惡的嗜血欲望被看作是正義，被看作是正當權利？當我們把捍衛權利看作是構成人之為人的人格時，我們必須理解這種正義與法的觀念實際上是遊牧生活方式上滋生出來的。霍布斯就是這個世界的起點，人對人是狼的生存狀態就是這種遊牧狀態，一種人與人完全陌生、缺乏信任的流動狀態，一種沒有穩固的家庭和生活場所因而缺乏禮樂教化的野蠻狀態。正是由於現代資本主義的這種遊牧性，導致現代西方資本主義所秉持的正義和法徹底抽空了所有穩固生活方式養育起來的一切具體而真實的道德內容，只剩下完全形式化、抽象化的法則。人由此抽離了穩固生活的大地以及由此形成的德性與教化，從而在一個抽象化的、人造的法律世界中獲得其生存的真實性，從而為流動的遊牧生活賦予穩定性，即人在具體真實生活所處的遊牧狀態只有在抽象法權構築的世界中獲得其穩固性。由此，西方現代社會推崇法治和法律之下的正義，不過是為遊牧生活方式構築起在形式化、抽象化意義上穩固下來的實在性。

如果說遠古的草原遊牧乃是一個初級的遊牧生活狀態，那麼資本主義時代的遊牧生活之所以獲得如此力量，乃是由於這種遊牧生活在抽象化的虛擬法律世界中獲得了普遍性和穩固性。因此，這種虛擬世界中抽象化的正義與法就獲得了足夠的正當性和力量來摧毀一切非西方文明中的真實的正義與法。這就意味着人類文明的多樣化、真實的道德風俗乃至生活方式的多樣化，最終被這種現代遊牧的生活方式所摧毀。曾經，草原遊牧的最高境界就是蒙元帝國，蒙古鐵騎橫掃歐洲，給西方人心靈中烙上的永久的恐懼，由此產生對東方「黃禍」的想像。而西方資本主義的遊牧生活藉助抽象化的正義和法橫掃全球的時候，非西方文明面對「白禍」或「美禍」甚至喪失了恐懼的能力。無言的恐懼會變成由

衷的讚美，就像人曾經匍匐在神的腳下一樣。我們聽到對美國締造的世界的普遍讚美，卻不知是因為匍匐在資本的腳下。

我們只有理解全球資本主義時代的流動性、變化性和遊牧性，理解資本主義的現代性抽象法律摧毀一切具體的真實道德生活，才能理解現代人在此岸世界的遊牧生存狀態。人與自己的生身父母、與自己生存的大地，沒有實質性道德關聯，而被理解為一種被拋離的偶然關係。因此，大地並非人的安居之所，人與自然、人與人都是在被拋離在遊牧狀態之中，整個市民社會的法秩序不是從自然和大地中生發出來，而是從這種遊牧狀態中建構出來，由此理性建構能力所展現出來的理性化獲得了前所未有的力量，建構出我們今天所理解的法治帝國。我們不要忘記，這種理性化力量就在於此岸世界與彼岸世界的嚴格對立，以及由此導致此岸世界的除魔化和人在此岸世界中不得安居的遊牧狀態。在草原遊牧時代，人的外在生活可能是遊牧流動的，但其精神卻依然安居於大地，然而在資本遊牧時代，人不僅在生活方式上是遊牧的，更重要的是其精神在此岸世界處於遊牧狀態。換句話說，彼岸世界將此岸世界徹底拋離，人與自然的關係、人與人的關係的徹底理性化，導致更為徹底的、人的存在處於被拋離的遊牧狀態，即一個人不需要對此岸世界有任何真實的牽掛、負擔、責任和關愛，此岸世界的生活不過是短暫的遊牧，而彼岸世界的生活也處於虛無之中。這就是資本主義現代法的精神。人與自然、人與人不再發生實質性的道德關係，而只是一種偶然、陌生的遊牧狀態，抽象化、形式化的法律將這種戰爭狀態法律化、常規化，以至於我們始終處在墮入戰爭狀態的間歇喘息之中。

因此，我們的法律人從他開始學習現代法律時，就已經自覺不自覺地進入了這種遊牧狀態中，出國在一些人看來與理想和抱負無關，而

僅僅來自內心中遊牧的渴望。由此，對於不少法律人而言，法律職業全球化甚至不再是富有意義的冒險或遠征，而只是漫無目的的遊蕩。資本的唯一目的是追逐利潤，那麼法律人受僱於資本就要充當資本追逐利潤的工具，與「經濟殺手」一樣，可以毫無道德負擔變成「法律殺手」。曾經有人說，科學沒有國界，而科學家卻有祖國。如今，法律雖然有國界，而這個全球遊牧的法律軍團卻漸漸喪失了祖國，完全成為資本的附庸，為實現利潤最大化而到處廝殺。

四

近代以來中國被迫納入到西方推動的全球化體系中，由此中國人的生活方式面臨着根本的挑戰，現代與傳統、沿海與內地、南方與北方、城市與鄉村、市民與農民、洋與土、西化與本土化等一系列衝突，實際上是遊牧生活與農耕生活這兩種生活方式的衝突，也是兩種正義觀念、兩種法的衝突。在西方世界的強大壓力下，我們雖然開始了系統的現代化轉型，但對於現代化，我們許多人僅僅看到其表面上誘人的外表，而沒有真正體會到其深精神層的遊牧生活方式。我們可以接受一切先進技術，接受城市化，接受現代生活方式，但我們是否從堅持世俗生活的遊牧性質呢？是否從根本上接受此岸世界與彼岸世界的截然對立，無論這個彼岸世界是古希臘形而上學的真理世界，還是基督教的上帝呢？我們接受了現代西方的物質文明，也變得相信西方的制度文明，但是否從精神意義上接受人生的遊牧性質呢？不理解這個精神的遊牧性及其背後的狼性法則，實際上無法真正理解自由和平等這樣的價值，也無法真正進入西方所謂的「現代」。然而，這樣的生活方式真的

應當成為人類的核心價值嗎？人類文明的最高目標難道就是被訓練升級為更高級的野獸？

　　從近代以來，這個問題始終拷問、撕裂着不斷在邁入現代的中國人。曾經有一度，我們的精英階層選擇了信仰共產主義，而最後會發現我們的百姓盼望着自留地，根本不熱心未來的天堂。現在我們的精英階層似乎在努力構築自由主義的信念，但我相信，囤積住房、掃貨黃金的中國大媽更代表了中國人內心的精神世界，即對安穩農耕生活方式的嚮往，對自然的依戀和敬畏，而對於遊牧世界的生活方式，無論左翼的工人階級沒有祖國，還是右翼的資本沒有國界，都懷着根深蒂固的牴觸。換句話說，我們的人民在靈魂深處堅持農耕生活方式所培育起來的正義和法，而我們的外在的生活方式，無論是物質生活、制度建設，還是公共正當性話語，都越來越鑲嵌在全球資本主義的遊牧生活及其建構的正義和法秩序中。由此，中國人生活不斷處於自我撕裂的狀態之中，人們公開宣稱的往往是他們內心中並不信仰的，面對這種陌生的遊牧世界，一如海子所言，我們「沒有了眼睛，也沒有嘴唇」。

　　如果說此前，中國人生活中自我撕裂的痛苦只有中國人自己能夠感受到，並默默地承擔並消化這些痛苦，那麼在這個中國崛起的年代中，整個世界都在關注：一個崛起的中國究竟意味着什麼？中國人的核心價值觀究竟是什麼？中國崛起究竟是否繼續維持美國塑造世界，還是要塑造一個新的世界？如果是準備塑造一個新的世界，中國人準備帶給世界怎樣的正義與法？面對整個世界的疑問，我們忽然發現，中國雖然在經濟上崛起，但在政治文化上卻是一個茫然失措的大國。雖然近代以來，中國人對中國崛起、文明復興懷着持久的夢想，但卻沒想到國家崛起來得太快，以至於來不及做任何明確的籌劃和準備。事實上，我們更

多的是依賴一種文化本能，依賴內心中根深蒂固的農耕生活所形成的正義觀念和法來應對這個世界。因此，中國崛起並非一項精心籌劃的現代工程，而是命運在不經意中給予的獎賞。我相信，其中不僅有上天對一代又一代中國人辛勤努力的報償，而且自然有其責任和使命需要中國人來領悟，需要中國人來承擔。如果說過去五百年的歷史乃是西方將全球不同的文明納入到這種資本主義遊牧化的生活方式，那麼隨着冷戰的結束，世界遊牧化使命已經完成。在這個意義上，歷史已經終結，沒有哪一個國家或文明能夠逃脫全球資本主義體系下遊牧化的生活方式。在這種背景下，假如中國崛起具有世界歷史的意義，那意味着在中國必須開啟一種新的生活方式，即在全球化的遊牧時代，如何讓人類生活重返大地，獲得安居，由此重建新農耕時代的正義、秩序和法。

事實上，在中國歷史上，用農耕生活方式來征服遊牧生活的努力從來沒有停止過，無論佛教的中國化，還是馬克思主義中國化，其實也都是用農耕生活的正義和法來克服極樂世界和共產主義天堂的流動要素，而將其安頓在日常人倫和社會革命的實踐中。而如今，我們在全球資本主義體系中，面對的不僅是全球資本流動性的挑戰，而且面對全球政治流動性的挑戰，資本的流動、人口的流動、價值觀念和思想信息的流動，必然要求我們探尋一種能夠適應自由流動的國家治理方式。我們法律人都有一個法治的夢想，一個憲政夢想，一個民主的夢想。但是，我們法律人有一個歷史的錯覺，仿佛這個夢想只能在美國締造的世界中才能完成。由此，法律人就在法治、憲政和民主的普適價值與國家、歷史和人民的現實境況之間創造了虛假的對立，將遙遠的星空與腳下的大地對立起來，從而認為要實現法治就必須改造我們的國民性，要實現憲政就必須否定我們的歷史傳統，要實現民主就必須摧毀現實的

政治主權。這不僅形成法律人的理想與人民大眾的樸素情感之間的對立，也自然造成了法律人與政治主權者之間的相互猜忌和不信任，以至於在我們法律人看來，「中國崛起」往往是民族主義的非理性殘餘，與我們所追求的普適價值之間相互對立。然而，脫離每個民族、每種文明的多樣化存在，普適價值又是什麼呢。普適價值原本是一些空虛的語詞，需要在每個民族的共同生活和文化傳承中賦予其現實感。普適價值唯有滲透到不同民族的靈魂中，變成其文明傳統的一部分，才能真正配得上是普適的。

由此，對我們今天的法律人而言，問題不在於要不要普適價值，而是怎樣的普適價值？我們法治夢，究竟是締造一個國家強大的法治國，還是國家虛弱而司法獨大的法治國？我們的憲政夢，究竟是植根於中國的禮法傳統和政法傳統基礎上建構我們的政治共同體，還是在摧毀歷史傳統的基礎上完全移植西方的憲政制度？我們的民主夢，究竟是推動人民在政治主權意義上獨立自主的真民主，還是最終依附於資本力量、依附於西方力量的假民主？環顧全球，在西方主導的全球秩序中，有多少民主國家的人民缺乏主權的獨立性，淪為西方的附庸國，有多少司法獨立的法治國家淪為「失敗國家」，處在政治衰敗的混亂秩序中。面對這些景象，我們須要回答這些問題。這一切都會變成一句話：我們法律人，究竟應當如何面對國家崛起和文明復興的歷史天命？

五

人有人格，國有國格，人有人權，國有國權。如果說「為權利而鬥爭」乃是法律人的天職，那麼這個「權利」不僅是個人權利，而且也包

括一個國家的權利，一個民族的權利，一個文明的權利。如果說法律的本質在於「定紛止爭」，那麼今天我們面對的紛爭不僅僅是拆遷問題，勞改勞教問題，死刑存廢問題，而且是人民幣匯率問題，釣魚島和南海問題。我們不僅要回答中國究竟與美國聯手締造一個「太平洋世界」，還是中國與俄國、伊朗、德國、法國聯手締造「歐亞大陸世界」，還是與亞非拉的「新興國家」聯手重返「第三世界」，而且要回答斯諾登究竟是叛國者還是人權捍衛者之類的問題。面對這些根本意義上糾紛，意味着我們所說的法，不僅僅局限於國家制定的實定法，而且包含了自然法，不僅包括劃分全球秩序的「大地的法」（nomos），而且包含了區分正義與不義、善與惡、正當與不正當的心靈秩序的法。

在一個舊的秩序將要逝去，新的秩序還未誕生的轉折時代，我們必然會面臨着一個霍布斯式的世界，因此也必然面臨着根本意義上的鬥爭，不是簡單的人與人、國家與國家的鬥爭，很可能是帝國集團與帝國集團、文明與文明之間的鬥爭。這也絕不僅僅是經濟利益的鬥爭，而且涉及到最根本意義上的正義與法的鬥爭。在這個鬥爭面前，整個世界在分裂，每個國家內部也在分裂。今天，我們所熟悉的左派、右派和保守派在意識形態領域的分裂，資本集團與政黨、法律人與人民大眾之間的分裂，不過是歷史變革時代整個世界在分裂的表現而已。

無論如何，我們法律人天生就是為這場鬥爭準備的，然而，問題在於我們法律人，尤其是我剛才提到的這個隱匿的法律軍團，究竟站在哪一邊？是繼續作為西方資本和西方法律的僱傭軍致力於征服中國，捍衛美國締造的舊世界，還是與祖國和人民一道致力於推動中國崛起，締造一個新世界？在你們畢業之際，這個問題算作是留給你們最後的習題，相信你們在今後的職業生涯中做出自己的回答。

不過，在你們即將畢業，作為戰士踏上遠征之際，我想起漫長征途上最偉大的戰士奧德賽。在這場遠征中，奧德賽最大的挑戰就是如何應對海妖賽壬的美妙歌聲，唯一的辦法就是讓人塞住耳朵，讓人綁住自己。然而，在你們又踏上征途之後，如何面對魔鬼在公共輿論中發出的種種美妙的聲音，讓你們沉溺在舊世界中，喪失了作為戰士鬥爭的勇氣和本能？究竟誰能夠堵上你們的耳朵，讓你們遠離這些魔鬼的誘惑？我相信絕不是法學院的老師，而是養育我們的祖國和人民，還有為我們提供生存意義的歷史傳統和文化價值，那些凝聚在偉大經典中的思想傳承。

當我們的法律人離開腳下的大地，不再接受歷史文化的薰陶，不再回報祖國和人民的養育，不再具有公共人格和公民德行，盲目崇拜「為權利而鬥爭」的時候，我們就不再能區分竇娥的靈魂與夏洛克的靈魂，我們的法律職業也因此喪失靈魂。如今，這個隨着資本全球遊蕩的法律軍團不就是讓克羅曼（Anthony T. Kronman）痛心的「迷失的法律人」？

「靈魂的欲望是你命運的先知。」一屆一屆畢業生都將霍姆斯的這句話作為自己的座右銘。然而讓我擔心的是，我們優秀的法律人可能緊緊抓住了自己的「欲望」，但卻忘記了自己的「靈魂」。在十年前的演講裏，我將理性和責任看作是我們法學院的守護神，那麼今天我要對大家說，做一個正直的人，正心誠意熱愛祖國和人民，因為祖國和人民、歷史和文化、大地和文明是我們法律人的守護神。

謝謝大家。

法律作為一項志業＊：
「普通法校友會」成立大會上的講話

　　這次聚會乃是我們北京大學法學院和香港大律師公會合作的普通法課程校友會的成立大會。聚會選擇在香港大學法學院舉行，就像剛才麥業成大律師所說的，由我們北大法學院「佔領」港大法學院，[1] 在我看來具有特別的象徵意義。北大學生常常為「兼容並包，思想自由」的北大精神而感到自豪。「思想自由」不僅是西方文明傳統中的追求，而且是非常現代的追求。現代的有時也是時髦的，但對大學而言，這種時髦可能因為缺乏歷史傳統和文明積澱而顯得有些單薄，因為大學的終極目標不在於保證思想自由，思想自由的目標在於探尋真理，並守護為探尋

＊　2013 年 7 月 19 日，北京大學法治研究中心與香港大律師公會合作的「普通法課程校友會」在香港舉行成立大會。出席校友會成立典禮的成員包括香港大學法學院的陳文敏院長、陳弘毅教授和芮安牟教授等，香港大律師公會的石永泰主席、麥業成大律師、廖玉玲大律師、許偉強大律師、陳永慶大律師和黃俊杰大律師等，國務院港澳辦法律司張閬副司長、香港中聯辦法律部李虎處長以及北京大學法學院 2011、2012 和 2013 年三屆「普通法課程獎學金・麗達獎學金」的部分獲得同學。

1　2013 年初，香港大學法學院戴耀庭教授提出了「佔領中環」的概念，一時間「佔領中環」成為香港社會普遍關注的話題。因此，麥業成大律師在致辭中幽默地用「佔領」一詞來描述這次北京大學法學院的學生在香港大學法學院舉辦的校友會聚會。

真理而形成的文明傳統。我們既然到了香港大學，自然要理解香港大學的精神追求。

香港大學的校訓是兩個詞，「明德」和「格物」。這兩個概念來自中國古代的經典《大學》，可見香港大學雖然是英國人創辦的，但卻奉行中國古典大學的精神追求。香港大學把這兩個詞刻在校徽上，如果從右向左讀，應該是「明德格物」，而從左向右讀，則是「格物明德」。究竟是「明德」而「格物」，還是「格物」而「明德」，這可能涉及到中國古典思想中理學和心學的漫長辯論。在此，我不想和大家討論這個問題，而是想藉助這兩個概念理解我們法律人。

如果說從「格物」開始，那麼，我們首先應當對法律職業，尤其律師執業，有一個透徹的理解。我們在內地統稱為律師的，在香港區分為大律師和事務律師。在嚴格意義上，只有大律師這個職業才是西方古典意義上的律師。英國大律師經常和貴族聯繫在一起，他們之所以被看作貴族，就是由於他們具有獨特的職業倫理和人生準則，即具備人格獨立，承擔公共責任，非如此不能夠成為貴族。正因為如此，大律師不是當事人的代理人，不是向當事人負責，而是向法律負責，向公平和正義負責，他們捍衛的就是法律和正義本身。這一切正是圍繞法庭展開的。法庭就是戰場，每個大律師在法庭上都是為正義而戰，而不是為當事人的利益而戰，就像英國貴族在歐洲戰場上為國王的榮耀或上帝的榮耀而戰一樣。這就是英國大律師制度的特別意義所在，大律師之所以在香港擁有遠遠高於事務律師的地位，如此多的大律師之所以介入香港公共政治，就是因為他們是正義的象徵，以捍衛法治和正義作為自己的使命。

在內地的律師職業中，當我們爭論律師能不能超越代理人的意願而發表自己獨立的代理意見時，恰恰在觸及到一個根本性的問題：我們

的訴訟律師究竟是當事人的代理人，為當事人的利益負責，還是具有相對的獨立性，為法律和正義負責。如果說內地訴訟律師的定位不清楚，那麼事務律師在香港和內地都一樣，他們實際上是當事人的代理人，為當事人的利益負責，因此他們更像是一些商人。在全球化背景下，他們實際上是全球流動資本和跨國公司的代理人甚至僱傭軍，他們追求的乃是利潤和財富的最大化，而不是正義或榮耀。想想看，事務律師每天進行的公司上市、企業併購與正義有關嗎，他們不過是接了一單生意而已。正因為如此，事務律師已經發展為公司化的管理模式，不斷興起的大律師事務所正在征服全球。然而，我們在香港大律師們這裏，依然可以看到最古老的律師形象，幾個大律師圍繞個人展開的簡單的合作。不像事務律師們那樣每天圍繞着業務轉，在大律師們這裏，一切事情都圍繞每個大律師在運轉。

全球化的進程也推動了法律職業的全球化，而實際上是非訴訟業務和非訴訟律師的全球化，由於今日的全球化實際上是美國化，因此非訴訟業務的法律知識和法律職業就必然出現美國化的趨向。這種趨向深刻地改變了法律職業的發展。原來古典意義上法律職業是以訴訟律師作為想像的原型，他們以法庭辯論為業務重心，以追求法律正義為目標。而今天，法律職業逐漸轉向以非訴訟律師作為想像原型，他們以商業項目為重心，以追求利潤最大化為目的。由此，在法學院的教學中，以蘇格拉底教學法為主的修辭辯論技術，也在逐漸讓位於法律經濟學的公式計算。當全球頂尖的事務律師們幫助美國金融機構設計出複雜精巧的交易結構，從而導致全球金融危機的時候，我相信他們可能會炫耀法律技術中的種種精巧算計，但絕不會認為法律技藝與正義有什麼關係。事實上，如果我們從公正建構全球政治經濟秩序的角度看，他

們和投行中的「經濟殺手」密不可分，因而也可能會被稱之為「法律殺手」。從批判法律運動的立場來看，他們和僱傭他們的資本所追求的利益最大化，恰恰是導致整個世界不公正的起源，儘管他們從來不會為此而懺悔。

正因為如此，選擇不同的職業實際上也就選擇了不同的職業倫理，大律師和事務律師的根本區別就在於這種職業所追求的目標和價值不同。當諸位同學將大律師們看作是自己的師傅時，我希望大家學到的不僅僅是業務知識，而首先是展現在他們身上的貴族精神和人生品格。比如昨天有同學告訴我，陳慶輝大律師和她見面的第一次談話就告訴她，首先要學會如何做人，如何確立人生的信仰。今天，英國的貴族體制隨着君主制衰落而逐漸淡出了人們的視野，特別是美國革命、法國大革命和俄國革命所推動的大眾民主的興起，「貴族」一詞也逐漸變成了貶義詞。於是，現在人們不再願意使用「貴族」這個概念，而願意使用似乎更正面的「精英」這個概念。

人們常說，香港是一個精英社會，而香港大律師就是「精英中的精英」。從香港回歸的歷程開始，不斷高漲的民主化運動實際上時時刻刻在腐蝕並催毀香港原有的精英體制。原來令人敬仰的商業精英和公務員精英已經被「官商勾結」的口號打翻在地。立法會也早已斯文掃地，變成了「長毛」們出沒的領地。[1] 香港的大學、中學、甚至小學裏日益嚴重的政治化和民主化傾向，早已透過媒體塑造了一套我們所熟知的政治正確的意識形態表述，這無疑在腐蝕着教師和學者這一個精英羣體的思想獨立和精神自由。在香港民主發展的大眾化和社會運動化的浪潮中，香港大律師們能否

1　「長毛」是香港立法會議員梁國雄的外號，因為他在媒體中的標準形象是留着長髮、穿着印有格瓦拉頭像的紅色 T 恤，在立法會和街頭運動中搞各種激進的抗議活動。

保持自己獨立的品格，成為托克維爾所說的制約「多數人暴政」的力量，無疑在經受着前所未有的考驗。而大律師們一旦捲入到大眾民主運動中，就不可避免地被民主的激情所蠱惑，逐漸背離法律人應有的理性。

　　無論是貴族，還是精英，除了我們所說的具有獨立人格，更需要具有歷史擔當，承擔起公共責任。由此大家或許能理解，為什麼我們今天所在的港大法學院的戴耀庭教授，憑一介書生之力發起「佔領中環」運動。至於他們為什麼承擔公共責任，可能有各種各樣的理由，有的可能出於政治利益，有的可能為了追逐名聲，有的可能出於偏狹的理念。但是，一個真正的貴族，當他勇敢承擔公共責任，甚至不惜為此奉獻自己的生命，絕不是出於這些種種私人功利的計算，而是源於內心深處博大無私的愛心。比如像蘇格拉底這樣的古典哲人，因為熱愛普通大眾而捍衞城邦的律法，主動地選擇了被法庭處死。比如像當年的英國貴族，因為熱愛女王而格外珍重女王賦予的榮譽，為了捍衞女王的榮譽而戰死疆場。比如像王國維這樣的古典君子，因為熱愛古典文明凝聚在君主永恆身體上的天下道義，以至於當君主制被毀滅的時候，他會毫不猶豫地選擇殉道。還比如像白求恩這樣的國際主義者，因為熱愛全人類的解放事業不遠萬里來到中國，為救治普通戰士而奉獻自己的生命。

　　我相信，諸位大律師之所以不辭勞苦，放棄周末休息時間來北大給同學們上課，並且在你們實習期間又耗費時間和精力，傳授你們法律業務和做人的倫理準則，而全國人大基本法委員會、國務院港澳辦、香港中聯辦、香港大律師公會、港大法學院以及北京大學等單位的各位領導之所以如此支持這個項目，無疑包含着對在座諸位同學的愛。這種愛不僅是為了讓同學們將來找一份好的工作，過上好日子，而且包含着更大的愛，那就是希望諸位把普通法的理念和技藝帶到內地，共同推動中

國法治建設，推動中國崛起，讓每個公民能夠在司法訴訟中體會到公平和正義。這無疑也包含了諸位大律師對祖國的愛，對內地同胞的愛。

正是由於這份愛，我們今天的聚會包含了一份更為深沉的懷念。那就是懷念香港的何美歡女士。她不是大律師，而是事務律師。她曾經在美國、香港等地執業，後來，毅然放棄收入豐厚的工作和舒適的生活，自費到內地法學院推廣普通法的教學。2010年，何美歡女士在給學生上課前夕安詳離去。趙曉力教授寫過一篇懷念她的文章，高度讚揚她以一己之力推動普通法教學，認為她創辦了「一個人的法學院」。中國有如此眾多的法學院，然而她卻以精衛填海之志在內地法學院中創辦了一個法律教育的「特區」。如果大家讀一下她的那篇文章，標題是：「全球化：在內地講授普通法的一個理由」，我相信大家能夠感受到一個中國人對祖國的摯愛，對祖國繁榮昌盛的期盼。正是由於受到她的鼓勵，2011年我和麥業成大律師合作推動了這個項目，也才有了我們今天的聚會。換句話說，正是由於這份愛，給了我們大家經常在此聚會的意義和理由，我們可以將這樣的校友聚會看作是一項愛心接力。

在此，我要表達對所有支持和推動這個項目的領導和朋友們的感謝。這份感謝就珍藏在我們每個人的心中。作為中國人，我們信奉的核心價值其實不是自由，而是「仁愛」。「仁者愛人，推己及人」。只有愛我們自己，愛我們的職業，愛我們的家人和朋友，愛我們的祖國和人民，愛普天之下的蒼生，我們所做的才不是一份工作（work），而是一項事業（cause），不再是一種職業（profession），而是一項志業（vocation）。由此看來，香港大學的校訓應該是從右向左讀，唯有「明德」才能真正「格物」。

謝謝大家。

偉大時代的平凡事業 *：
紀念 86 級同學畢業二十周年聚會

一

畢業 20 年再相聚，已是人到中年。

相聚不再談理想，而是談房子、升職、小孩留學，當然不會忘記交流養生，叮囑身體健康。彼此已沒有玫瑰的夢想和對未來的奢望，更多是往昔的回憶。未來有限，過去難追。曾經渴望的輝煌似乎在向我們走來，可在收穫成果的時候，也意外收藏了痛苦、虛無和恐懼。擁有的越來越多，可青春已逝，能點燃生命的火焰柴薪卻越來越少，更何況有些已經潮濕甚至發霉。

20 年一瞬間，把我們推到一個尷尬的年齡，既不會充滿夢想，也不敢遙想當年。20 年前，我們曾經或被迫、或自願做出過選擇，可今次相聚，我們能不能再次揚帆遠航？這可是一個稍縱即逝的年齡。

---

* 2006 年 9 月為中國人民大學法律本科同學畢業 20 周年聚會所作。

二

如今，法律成為顯赫的職業，因為權力、金錢和地位。可 20 年多年前，很少有人把「以法律為業」作為人生的理想，我們大多數都很不幸地成為法律的獵物，被迫走在法律的道路上，以至於畢業之際，法律職業往往是最後的避難所，甚至是多年逃離之後不得不返回的避難所。人生的起伏和歷史的發展一樣，充滿了弔詭，我們不知是不是應該為當年的不幸感到幸運。

然而，和今天的暗自慶幸不同，當年選擇逃離法律職業，並非出於對法律職業輝煌未來的無知，而是不想陷入「以法律謀生」的尷尬局面。無論成功與失敗，對法律生涯的逃離恰恰是為了選擇更有意義的人生。

我們的一位同學甚至等不到畢業就主動退學。不少人惋惜，如果他堅持下來肯定會取得比他今天更大的成就。但我們不要忘記這是怎樣一種高貴的抉擇，因為他為自己的激情和理想所喚起，以戰士的信念挑戰自己的極限。他並沒有成為法律人，但卻具有了法律人最高貴的品質：人生就是一場戰鬥，必須押上全部的賭注，無論勝敗。請大家記住這位同學的名字，並把這個故事告訴我們的後代，讓他成為我們人大86 法律人的傳奇。

還有不少同學陷入了流浪的生涯。流浪給了他們對自由更加深切的體驗，以至於有的再也不願意穩定下來，開始了大多數人並不習慣的遊牧生涯。中國人屬於農耕民族，缺乏遊牧的生活經驗，但我們對遊牧這個概念並不陌生。但與我們熟知的草原遊牧不同，這種遊牧追隨的不是水草，而是上帝之光。上帝不僅啟示了真理，而且賜予了律法。傳播

福音者，必捍衛律法。正是這神聖的律法才能奠定現代法律的精神。這樣的同學，我們無需提起他的名字，他正以上帝的名義在傳播福音。

更多的同學都返回家乡，形勢所迫，既來之，則安之。不要為「宰相出於府縣」所誤導，這不過是事後諸葛亮式的安慰。但安於基層卻可能意外地收穫了一種我們今天似乎要拋棄的生活方式。基層就是故土，就是貼近土地的自然生活。扎根基層意味着基於自然而生活，返回到生活的本色，遠離城市充斥虛偽和矯飾的喧囂。在道路通向城市的時代，我們堅守了一種自主的生活。這恰恰成為滋養現代法律的本土資源。

至於這些不幸從事法律職業的，或者把法律職業作為避難所的，無疑應當心懷感激之情。法律在這個時代的顯赫並不是由於我們的努力，而是這個偉大時代把我們推向了這個舞台。身處中國崛起的時代，身處中國漫長的革命轉向法治的時代，我們漫不經心地從事了法治的事業，是時代成就了我們。法治是所有人的事業，是幾代人的事業，我們不過是其中微不足道卻大有作為的一分子。

選擇了法律職業就意味着選擇了某種事業，選擇了某種傳統，選擇某種生活方式。這是一項集體的事業，是一項注定要和我們這個時代普通人的喜怒哀樂交織在一起的日常事業。法律就是一個民族心靈歷史的記載，法律人就像無名的史官，通過法律意見書、訴狀和判決等書寫我們這個民族的日常生活史。社會上看起來活躍的法律人其實不過類似於活躍在檔案室中的史學家。這裏沒有鮮花和鎂光燈，對於那些準備把個人的名字刻在歷史上的英雄而言，必須超越法律職業。

於是，我們法律人常常喜歡念叨，馬克思（Karl Max）、韋伯（Max Weber）這樣的偉大思想家都曾經放棄了他們的法律職業，而羅伯斯庇

爾（Robespierre）、林肯（Abraham Lincoln）這樣的偉大政治家也曾在律師生涯中默默無聞。似乎這些英雄人物的故事才證明法律人家族中的天才和偉大。但是，英雄人物的歷史潮起潮落，法律職業的歷史才是那沉默的大海。

三

無論選擇了怎樣的職業，無論取得了怎樣的成就。回到母校，我們又回到了學生時代的單純，如同嬰兒在母體中的單純。

曾經我們是如此急迫地離開母校，在社會上建功立業。而如今我們又是如此渴望回到母校，因為我們比 20 年前更加深切地理解了母校、老師對我們的意義，理解了同學的含義。曾經感激母校給了我們學位和名聲，曾經把同學看作是可利用的社會資源，而今天，我們在母校感受到更多的是存儲我們青春的那份包容和溫暖，而對同學更多地感受到油然而生的家人般的親切。

人們常把社會看作是一個大染缸，人在江湖，身不由己。回到母校，和同學相聚，可以讓我們遺忘身後的滾滾紅塵，哪怕是片刻的歇息。我們的葉秋華老師變得比原來更加慈祥了，黃京平老師還那麼使勁地抽煙嗎？回憶往昔，一片赤子真心，回到母校就意味着一次新生。

20 年前，我們從這裏畢業，我們播下了青春的夢想，收穫了今天的事業。而今天，我們又回到母校，等到我們再次從這裏出發時，我們準備播下什麼？何時再來收割呢？

薛定諤式的人生 *：
2020 年「法公」專業畢業聚會上的講話

諸位老師、同學們：

大家下午好！

我們「法公」專業每年都要舉行這麼一個小小告別儀式，今年也不能例外，只不過我們只能採用最流行的「雲」上畢業歡送會。雖然這已成為常規，但每年這個時候，我都心懷感動，回想起和你們在一起的很多細節。在這種場合，我從來不準備發言稿，因為不想變成設定聽眾的正式演講，而更希望作為日常生活中的聊天，表達觸景生情的直接感想，我的一些演講往往是在即席發言基礎上修改整理的，有很多自己一忙就懶得整理了。我今天所講的也只有放在回應你們畢業感言的語境中，才能理解我的心思和心境。

今年的畢業歡送雖然在「雲」上，但大家發言似乎比以往要更正式，更感人，以至於姚無銘提議大家能不能說一些輕鬆的話題。任希鵬建議大家晚上一定要嘗試一下南門的老乾麵，吳雙更是推薦了兩家餐

---

* 2020 年 7 月 12 日在北大法學院「法律與公共政策」專業方向畢業生「雲聚會」上的
    發言整理。

館。儘管如此，大家都無法迴避給每個人帶來巨大衝擊的新冠疫情。因為疫情，你們成了劃時代的一屆畢業生。這個「劃時代」的意義不是由於疫情導致無法回到校園上課、畢業，從而成為空前絕後的一代，而是大家要意識到疫情開闢了一個新時代，是技術革命改變世界、創造新的生活方式的時代。

大家雖然沒有來校園，但是上課、討論、面試、答辯、找工作一樣都沒有落下，都在雲端上完成。不僅北大和全國高校如此，全球高校差不多如此。記得哈佛大學通知上網課的時候，有人在網上調侃說今年的哈佛大學畢業證書變成了函授大學畢業證書。當然你們的北大文憑帶有函授的味道，但這並不一定意味着你們獲得的教育質量由此變得更差。也許在沒有老師課堂監督的情況下，你們獲得了更多自由思考和創造的空間。你甚至可以安睡在被窩裏，讓網課帶你進入夢境中的遐想。課程錄像也可以採用快進模式，擰乾老師上課的水分，節約更多的時間去讀書思考。

如果隨着 5G 時代的到來，雲端授課越來越普遍，那就意味着在哈佛大學和北京大學等這些被你們少數人享受的優質教育資源向全社會開放。通過技術手段促進教育資源的公平享受，這無疑是促進社會公平的革命性舉措。如果這一切從你們開始，那你們不就成為「劃時代的一代」？對於知識的普及、文化傳播和社會公平而言，其意義不亞於印刷術和造紙術的發明，不亞於報紙和電視的發明。

「雲」正在變成一種生活方式。我們周日下午的讀書會在「雲」上組織，跨越了地域限制，吸引了更多志同道合的同學參加討論。教育領域如此，商業領域更是如此。我看到一則關於中國企業在疫情期間製造防護服的報道。由於疫情，工廠女工在家裏無法回工廠上班。工廠就將

縫紉機寄到女工家裏，把裁剪好的布料寄到家裏，並通過互聯網的視頻來輔導女工如何縫製防護服。縫製好的產品寄到公司，甚至直接寄給客戶。這與其說是疫情之下的特殊安排，不如說孕育着巨大的制度創新。中國農民工不需要離開家庭就可以到南方去打工，他們可以在分散在全國各地的農莊，但可以通過互聯網組成一個「雲工廠」。

　　這種制度創新這意味着什麼？意味着雲端接受新技術的工人可以扎根農村，不再會出現「空巢老人」「留守兒童」的問題，不再會出現農村破壞荒蕪引發的「三農」問題。中國的城鄉關係會徹底扭轉了西方現代化所走的城市化、甚至大城市化道路。以中國在 5G 技術上的領先地位，中國完全可以創造一種超越西方現代化帶來的城市與農村二元劃分的新的社會形態，一種全新的生活模式，一種利用雲端有效分佈來連接城市和鄉村的三維社會空間，甚至通過雲端打破國內與國外的二元劃分，建構全球緊密聯繫分工的新型社會空間。今天的畢業歡送會就是建構新型社會空間的嘗試。我們分散在全國各地，陳若英老師甚至在澳大利亞，但不妨礙我們在此相聚。如果沒有這次「雲聚會」，大家也可能不會一下子就變成魯玉同學的粉絲。（往屆畢業生魯玉同學在發言中講述自己在寧夏基層法院工作的體會，獲得大家的陣陣掌聲。）

　　那麼，我們如何理解劃時代技術進步的意義？對技術的批判，對進步的反思已成為哲學的主題，也是我們大學通識教育的主題。但我們必須認識到，技術進步是結果，而其原因和動力則來源於競爭。正是人與人、民族與民族、國家與國家、文明與文明之間的競爭才推動技術和社會的發展。物競天擇，適者生存。競爭是我們不可迴避的宇宙法則。競爭貫穿人類社會，貫穿歷史發展，貫穿整個人生。假如沒有競爭，那就意味着永恆的停滯。伊甸園就是美好的停滯，佛教的涅槃也是

美好的停滯，左翼共產主義和右翼歷史終結論都意味着美好的停滯。其實，人生也是如此，生命日新，死亡則意味着永恆停滯。

如果說哲學家思考永恆，那法律人就必須面對殘酷的競爭，理解和把握這種競爭、衝突乃至戰爭的內在法則。法可以馴服競爭，但無法克服競爭，可以把競爭衝突引向理性軌道而無法消除競爭衝突。大家都喜歡霍姆斯的那句名言，但這句名言恰恰來自霍姆斯將立法過程和司法過程看作是戰場或決鬥場，而法律人被看作士兵，而「靈魂的欲望」無非是渴望勝利，只不過有人想贏得金錢或官職，有人想贏得名留青史，有人想贏得正義德性，有的人想贏得永恆幸福。

正是這種激烈的競爭在空間維度上推動人類從散居在地球各地共同邁向全球化，而在時間維度上推動社會生活的速度和節奏越來越快。新冠疫情恰恰是人類競爭的產物，是全球化的產物，是生活高速運轉的產物。因此，克服病毒最好的辦法就是在空間上進行有效的社會隔離，放慢全球化的腳步，而在時間上放慢生活的節奏，自然可以享受熱鬧社交之外的寧靜生活。但時代不會倒退，原初社會經歷了幾萬年，農耕社會經歷了幾千年，工業社會才兩百多年就進入今天後工業的信息社會，也許再過幾十年我們就進入智能社會。

由此來看，人類歷史是就像一台不斷加速的機器，導致時間和空間不斷壓縮，生活的密度不斷增加。互聯網、高鐵、5G 和智能機器人接踵而來，全球幾十億人實際上被拋入到巨大的、加速運行的競爭攪拌機中。這大概就是福柯（Michel Foucault）晚年思考的 dispositif，各種複雜的、相互糾纏的權力競爭關係構成的巨大機器，每個人都處在這種機器支配之下。在這樣複雜互動的競爭機制中，沒有權力中心，也沒有什麼東西是永恆不變的，一切都處在各種力量競爭引發的不確定性

中。我們眼見着後冷戰秩序還未能建立就面臨解體，全球正在進入失序狀態。中美激烈衝突、美國內部種族衝突、新冠疫情帶來的全球衝突交織在一起影響着每個人的命運。在這個巨大的 dispositif 中，很多人將會面臨着薛定諤式的人生。大家都讀過南美作家和東歐作家小說所描寫的魔幻人生，曾經大家以為這是小說虛構，今天應該明白這其實上真實生活的寫照。今天，網上流傳的中國海外留學生購買幾十張機票輾轉回國所經歷的人生，不就是疫情下的魔幻生活。剛才歐樹軍老師分享他從美國經歷三個多月的轉機、隔離才回國，相信對此會有更深切的體會。

如果我們放長歷史視野，就會看到和平、安寧、繁榮和幸福總是短暫的，甚至只是少數人、少數國家、少數民族享有的幸運，而歷史上大多數時間、大多數人則經歷着戰爭、衝突、動盪、疾病、飢餓所帶來的這種薛定諤式的人生，這反而是生活常態。歷史上不斷征伐的偉大帝國也只是為了追求百年和平。同樣在漫長中國歷史上，分裂、戰亂的時間也往往長過統一、和平的時間。看看非洲、拉美的很多國家，看看中東處於戰火的地區，看看一些被西方封鎖、制裁的國家，看看美國每天飆升的新冠病毒感染人數和死亡人數，有多少人其實一直在經歷着這種魔幻的「薛定鍔式的人生」。

幾十億人同處一個地球，但卻生活在完全不同的世界中。今天我們能以這樣的心情來享受「雲聚會」，既是一種幸運，也是一種偶然。而這背後是幾代中國人經歷艱辛磨難才支撐起持續半個多世紀持續的和平、繁榮和發展。這在中國歷史乃至人類歷史上都是奇跡。但這也給了大家一個錯覺，以為這就應該是生活常態，以至於還會抱怨疫情時期未能做得更好。就像魯玉剛才所說的，我們北大的畢業生往往很難想像人均月收入 1000 元的生活是什麼樣的，很難想像離開北上廣的生活是什

麼樣子。

我們唯有將這些不同時代、不同階層、不同國家的各種生活拼湊在一起，才能看到一個相對完整的世界。就像網上流行的，「沒有什麼歲月靜好，只是有人替你負重前行」。同樣，沒有什麼幸福生活，只是有人替你承擔了不幸。因為有了中西部提供的人口紅利，有了幾億人過着人均收入 1000 元的生活，大家才有機會享受北上廣的優越生活。同樣，是因為你的同學當年沒有你學習用功，你才有機會考上北大。如果說世界是個金字塔，你能挤上去是因為有人掉了下來。假如有一天你不小心掉下來了，那也應該含着眼泪笑看別人如何擠上去，理解擠上之後是怎樣的心境。我們說的家國意識、天下情懷其實就基於人與人之間這種不可分割的相互關聯，我們都是這個舞台的一部分，只不過在不同的時候扮演了不同的角色。我們唯有互換角色，推己及人，才能將他人作為自己的一部分，把整個國家甚至整個世界作為自己不可分割的一部分，然後理解一個完整的自己。所謂「人類命運共同體」首先就應該在這個意義上來理解的。

在這個意義上，他人就是自我的一面鏡子，照出另一半的你自己。薛定諤式的人生就像博爾赫斯（Jorge Borges）的曲徑花園一樣，你不知道下面走到哪裏，以至於他人的生活都可能成為你的生活。想一想，如果你們不是來到北大，那你們就會被拋向另外的生活軌跡。如果你不是出身在你現在的家庭，你又會是怎樣的生活呢？當然，理解薛定諤式的人生並不是讓大家以為一切幸運來源於你的投胎技術好，生在和平發展的時代、生在繁榮穩定的國度、生在幸福的小康之家，而是希望大家能推己及人，意識到他人的生活其實有可能就是你自己的生活，別人就是另一個你自己。由此，你無論身處何處，都不會抱怨，而是隨遇

而安，感恩自己的生活所得，像幫助自己一樣幫助遭遇不幸的人，像祝福自己一樣祝福比你幸運的人。這大概就是「忠恕」之道了。

個人如此，國家和民族也如此。前段日子網絡風靡「入關學」，就在於提醒我們，沒有一種國家或文明的繁盛是永恆的。蘇聯崩潰已經成為我們的鏡子，美國衰落也是我們的鏡子。表面上看，文明往往是被野蠻摧毀的，就像華夏文明長期遭受周邊野蠻文明的入侵，羅馬帝國也被野蠻人摧毀的。後冷戰以來，美國在滿世界尋找可能毀滅自己的野蠻人，從恐怖主義、「流氓國家」到俄羅斯到中國。然而，文明不是被外在的野蠻摧毀的，而是其成熟中就已播下腐敗、停滯和死亡的種子。相反，文明人眼中的「野蠻」卻包含着質樸、旺盛的生命力，成為防止文明走向衰亡的解藥。西方崛起的背後乃是整個東方世界的腐敗和停滯。而今天中國崛起也是西方衰落提供的機會。全球製造業流入中國不僅因為中國人勤奮，更是因為長期享受福利的西方人不願意再吃苦勞動了。潮起潮落，滄海桑田。今天世界上流行着「羣畜免疫」（herd immunity）不就是把人當作動物看，那我們不惜代價封閉起來追求「零風險」不就是太文明了！章永樂老師說未來社會科學會復盤今天的疫情，我相信這種復盤恰恰能看出西方文明的內在腐敗，而這恰恰讓我們反思高度警惕幾十年歌舞升平隱含的腐敗和衰亡。生於憂患，死於安樂。所謂「以史為鏡」就是破解每個國家或民族在歷史關鍵時刻面臨的薛定諤式的興衰命運。

面對 dispositif 下不可控制的歷史命運，面對薛定諤式的人生，我們唯一可以依憑的就是脆弱的思想蘆葦所具有的心念力量和理性力量，在不確定的世界中創造相對確定的小環境和小空間，在混亂中創造相對穩定的秩序。人生起伏如此，天下興亡如此，文明興衰也如

此。我們法公專業之所以始終將讀書思考作為第一要務，強調讀大書，想大事，不僅在於希望藉助人類文明智慧累積的力量來理解和把握 dispositif 的運行機制和法則，破解薛定諤式的人生之謎。更重要的是，希望大家把讀書當作一種生活方式，涵養人心，保持旺盛生命力，以對抗心靈的衰老和死亡。我們雖然身處不確定的混亂世界，但心靈世界始終能保持澄明。

因此，我希望留在北上廣的同學在內心中要粗糙一點、野一點，不能因為房子、子女上輔導班而耗盡心力，而在基層選調的同學在內心中要精緻一點，文一點，不要讓粗糙的工作環境消磨掉心靈向上的力量。個人命運、文明興衰都始於人心的興衰。我們雖然與這個世界的偶然相撞，要面對薛定諤式的人生，但相信大家始終能夠成為建構秩序的積極力量。

祝大家畢業快樂！

讚美自己　讚美世界 [*]：
2021 年「法公」專業畢業聚會上的講話

今天是 6 月 26 號星期六，我們專業剛好又迎來 6 位新同學。我們按照慣例舉行這個畢業聚會，既是歡送畢業同學，也是歡迎我們新加入「法公」專業方向以及我們法理學專業的同學。我們特地挑選這個吉祥的日子，就是想給所有畢業的同學、新加入的同學以及我們整個法公大家庭致以最美好的祝福。祝大家前程似錦，事事吉祥。

剛才馮巍副主任一進來很驚訝，說沒想到我們的畢業聚會搞得如此正式。在法學院這麼多的法律碩士專業中，像我們這樣堅持每年舉行正式畢業歡送會的並不多，以至於有同學問，為什麼要這麼做？我也沒有仔細想，或許是我們的生活中總需要一些儀式感吧，而且我們一開始就這麼搞，後來就成為慣例。然而，仔細琢磨似乎讓我一下子明白了好多道理。

慣例就是按部就班的例行公事。有同學來問，今年畢業要不要搞聚會，搞呀，於是我們想也不用想，就每年這樣聚會，以至於形成了傳統。可是，慣例和傳統總有開端。唯有從開端入手才能理解傳統和慣例

---

[*] 2021 年 6 月 26 日在「法律與公共決策」專業方向畢業生聚會上的講話。

的意義。開端就意味着無中生有的創生。韋伯將傳統型權威的來源訴諸創生性的克里斯瑪型，是克里斯瑪型權威（Charismatic authority）的神性魅力衰退之後才有依慣例行使的傳統型權威，傳統型權威衰退之後才會進入到法理型權威。而克里斯瑪型就意味着神性魅力，宗教先知和大立法者就是這種神性魅力的權威。因此，立教、立國和立法無疑是創生性的事件，而法治不過是依規行事的庸常慣例。理解法治的意義必須回溯立國改制的大立法者創生法治秩序賦予的意義，就像我們尋找世界的意義就必須回溯創造大立法者創造自然世界和人文世界意義。同樣，我們每一次生日都要回溯自己作為獨立生命誕生的意義，每一次畢業聚會也會回溯初始從學校畢業的意義。

　　我們法公專業畢業聚會雖然有第一次，但這並非創始，而不過是模仿因循畢業典禮的傳統和慣例。儘管如此，我們依然能夠理解畢業典禮作為人生儀式的意義。我們常說儀式感就是希望擺脫我們生活的庸常，回到創生時刻賦予的神聖意義，一種比普通生活更高的、更美好、更聖潔的生活。畢業典禮是希望同學們在進入善惡美醜交織、江湖名利紛爭的滾滾紅塵之際，記住大學教育中所不斷傳承和弘揚的人生意義，使其成為茫茫宦海、商海乃至學海中指路的燈塔。因此，我們看到在畢業典禮上，要麼重提這些教誨，要麼致以深深祝福。從此以後就只能是畢業多少周年回校紀念這個日子了。

　　無論生日紀念還是畢業紀念，這種神聖儀式感都假定有一種比日常生活更高、更美好的生活。沒有這種神與人、美好生活與普通生活的區分和比較，就無法理解各種儀式活動為人生賦予的意義。因此，人們往往從宗教中尋找人生意義，因為宗教假定有比人更高的上帝、佛祖或聖人給人類生活賦予了非凡的意義。因此，在這些宗教經典中，對

上帝、佛祖或聖人描述往往以讚美的形式出現。基督教的聖經中專門有「詩篇」，佛教經典不少以對佛祖的讚美結束，而《中庸》的後面有大量對聖人參育天地的讚美，甚至《詩經》也是從地方純樸的「風」發展為普遍高貴「雅」，但最高的境界恰恰是在「頌」。然而，這與其說是對神的讚美，不如說是對人的讚美，其實在讚美人類有緣聆聽神的教誨並領悟人生意義，讚美人類如何努力展現神賦予人的美好德性。因此，讚美神實際上是讚美人性中最美好的一面，甚至可以說這些宗教經典將對人性的美好想像最終投射到對神的想像之上。因此，神道設教，宗教無非是引導人心朝向真善美的教化。

假如我們真的從神的視野看人類，從整個宇宙看人類，地球不過是浩瀚宇宙中是一粒塵埃，我們每個人更是「朝菌不知晦朔」的渺小生物。因此，恰恰是我們與上帝、佛祖、聖人這些偉大存在相遇，使得我們這些渺小的生命有機會進入無限廣闊的領域而獲得了普遍意義。在這個意義上，宗教雖然是一種安慰但卻是不可或缺的安慰。正是這種安慰將人性中最美好的一面激發出來，從而創建了人類文明，使人類從渺小的地球邁向廣闊的宇宙。因此，我們每一次送別、每一次祝福、每一次讚美，都在激發出自己內心的美好，點燃他人內心中的美好，在這種「美美與共」的相互激勵中，回應內心中的神聖召喚，共創美好未來。

回想大家的成長，從小父母和老師就對你們不吝讚美，每次你們說起自己是北大學生，別人都會給予由衷的讚美，而這每一次讚美都會激發你內心中光明、神聖的情感力量，每一次讚美都為你存儲了不斷向上的正能量。然而，隨着大學啟蒙，隨着理性思維的增強和理論知識的增長，我們更容易從理性視角出發來看待這個世界，用挑剔的眼光打量別人、審視自己，以至於變得憤世嫉俗，變成「路見不平一聲

吼」的「鍵盤俠」，甚至成為「憤青」，以至於讚美都變成了口是心非的偽飾。心有不平、生氣憤怒源於心中的正義感，這種激情乃是高貴的品質，是我們勇於行動的動力源泉。然而，如果我們不能理性地審視這個世界，很容易把自己局限在狹隘的自我空間中，局限在某些理論編織的牢籠中來看待他人和世界，以至於忘記從我們所讚美的更高存在的眼光來審視這個世界，喪失了讚美自己、讚美他人、讚美世界的心力。特別是這些年隨着教育領域的「內捲化」，面對學業、畢業論文和工作的壓力，大學生心理健康受到普遍關注，不少人被抑鬱症困擾，以至於連最簡單的快樂都無法享受。就像《理想國》中僭主的靈魂，被無限的欲求、猜忌、鬱悶、暴怒所包裹，被囚禁在自我的黑暗洞穴中，以至於看不到洞穴中的火光，更看不到洞穴外的太陽，以至於無法讚美這個世界，甚至無法讚美自己。

如果從更高維度的視角看世界，宇宙萬物、大千世界，陰陽交織、善惡共存，各有其法，各有其理，許多惡果是善心促成的，也有善果是惡意導致的，事物之間相互聯繫的因果關係遠遠比我們想像的複雜，一如羅蘭夫人（Jeanne Roland）所說的，「自由，多少罪惡假汝之名以行」。我們生活的世界原本就不完美，人性中有非常陰暗殘忍的一面。面對這個不完美的世界，蜜蜂永遠追逐美好的鮮花，蜘蛛只會吐出有毒的黏絲。成為蜜蜂還是蜘蛛，心靈朝向光明還是黑暗，能否發自內心讚美可能就是區分的開端。因此，面對這個世界的醜陋、人性的陰暗，我們除了表達憤慨乃至批判並加以改變，還應當以更高的超然視角來激發出人性中美好的一面，看到這個世界美好，學會讚美這個世界並努力創造更加美好的世界。勇於行動的力量不僅源於正義的激情，更來源於回應對讚美更高美好追求所激發出來的心靈召喚。

　　因此，在畢業之際，我希望大家在社會中、生活中重新學會讚美，甚至讚美這個醜陋的世界和不完美的自己，努力用自己心中的美好來點燃他人心中的美好，共同推進這個世界的美好。這並非向社會妥協，也不是阿Q自欺欺人的精神勝利法，而恰恰是在粗糙甚至殘酷中的現實中磨練我們的韌性和心性，使我們對美好世界的信念從童年時代的溫室花朵在經歷風吹雨打中成長為參天大樹。正如韋伯所言，誰有自信，能夠面對這個在本質上愚蠢、庸俗到了不值得為之獻身的醜陋世界，卻依然能夠屹立不倒，泰然面對希望的破滅，甚至說「即使如此，也沒關係」，那就意味成為一個真正成熟的人，成為能夠真正承擔責任的人。

活出自己的樣子 *：
08 級本科生畢業十周年聚會上的講話

2008 年 9 月，我結束香港工作回到法學院，在課堂上就遇到你們，這是我時隔 8 年之後再一次給本科一年級新生上課。後來也時常給一年級新生上課，但除了 1999 級我擔任班主任的那一級學生，你們這一級同學是我印象最深、認識最多、交往最多的。可以說，我對你們這一級同學懷有特別的感情，因為我自己的研究和思考與你們一起在成長，很多想法都帶着你們的影子。因此，今天見到大家，特別想和大家說點心裏話，那就接着剛才幾位老師提出的成長話題，談談對成長的理解。

何謂成長？成長就是從幼稚走向成熟，從童年時代不假思索接受別人的觀念和看法，到學會自己獨立思考、判斷並形成與眾不同的看法，從而對自己和周圍的世界形成一套完整自洽、一以貫之的理解和解釋。這樣的人我們可以看作是一個成熟的人，也就常說的成年人。不是人云亦云，有自己的理性思考和獨立判斷，形成自己的人生風格，甚至

---

* 2022 年 9 月 24 日在北大法學院 2008 級畢業十周年返校聚會上的發言整理。

因此顯得頑固僵化。因此，成長的第一個標誌就是學會了運用自己的理性來認識世界並改造世界。這就是康德（Immanuel Kant）所說的啟蒙，他將「勇敢地運用理性」看作是啟蒙的座右銘。大學教育之所以被看作是啟蒙教育，就在於培養如何運用理性來思考客觀世界，就像我們的法律教育，訓練大家如何排除宗教幻覺和道德沉思，成為能夠運用邏輯推理、因果分析和成本收益計算的理性人。

在這個意義上，成長也意味着將我們從童年幼稚時期的童話歲月乃至神話世界中的完美想像中解放出來，讓我們面對一個不完美的、甚至破敗不堪卻客觀真實的世界。正是面對這個不完美的客觀世界，成長意味着一個人因為能夠運用自己的理性而成為主體，成為自己的主人和世界的主人，從而將自己對世界的理解反過來施加於作為客體的世界，改造世界，塑造更美好的世界。因此，啟蒙意味着革命，成長意味着創造。就像今天在座的諸位，在法學院完成啟蒙教育並懷着人生理想，在創造自己的美好生活，創造更完美的社會。我們通常把「三十而立」理解為成家立業，就是大家作為成年人，用理性來理解並創造自己的生活。今天在座的同學，無論是做律師，還是做企業，無論做公務員，還是當法官，都是各行各業中的成功者。看到你們在社會中茁壯成長，由衷感到高興並祝福你們。

成長是一個不斷上升的階梯。「三十而立」雖然是一個重要的台階，但你們已經開始邁向「四十不惑」乃至「五十知天命」的階段。法學院的啟蒙教育往往針對「三十而立」這個台階，教給你們用來「立業」的法律知識。然而，面向「四十不惑」這個台階，無疑需要你們自己摸索。這個階段恰恰會面對來自工作、家庭生活中乃至身體健康等各方面的人生煩惱和困惑。工作面臨上升的瓶頸，曾經的愛情變成

接送孩子請保姆請家教這些庸常的柴米油鹽，上有老、下有小的生活壓力越來越大，理性的鋒芒已經變得遲鈍，改造社會的理想也變得油膩。有人或許會將這種生活看作是成熟，自嘲理想歲月的青澀。然而，心生煩惱的你或許也會問：這難道是我想要的生活嗎？我想要的究竟是什麼？

面對這種疑惑，我們不是簡單地懷疑甚至否定啟蒙，而應當將重新思考啟蒙。理性法庭所要審查的不僅是我們面對的世界，而且反過來要審查我們自己，審查我們用以審查世界的理性本身。「勇敢地運用理性」不僅要「運用理性」，而且要做到「勇敢」。唯有「勇敢」才能將啟蒙進行到底。我們每個人很容易用理性來質疑世界，將自己變成理性法庭的審判官，但卻不敢運用理性審查自己。如果未經這種「勇敢」的審查，我們用來的審判世界尺度的理性有可能變成新的迷信，同樣啟蒙承諾的自由主體也可能變成被欲望奴役的僭主。當然，我們不能用「理性」來審查「理性」，就像我們不能用法律來審查法律，而必須用比法律更高的憲法乃至更高的基本規範或自然法來審查法律一樣。那麼，我們用什麼樣的新尺度來審查「理性」，這或許是我們生活中遭遇困惑的開端。面對這個困惑，有人陷入懷疑主義甚至虛無主義，以玩世不恭的態度面對人生，有人陷入浪漫主義，追求詩意的人生，有人用更精緻的理性計算，渴望成為人生贏家，有人又重返各種神學迷信。

然而，真正的啟蒙精神不僅意味着用理性來審查世界，同時也要勇敢地用實踐來審查理性、校準理性。理性在概念上和方法上是普遍的，但只有在實踐的檢驗中才變成具體的、豐滿的、實現的，因而才是真實的。「勇敢地運用理性」，探索審查「理性」的新尺度為自己解

惑，就意味着每個人從自己實踐出發，從自己作為獨立主體的獨特性出發，追問啟蒙理性所設定的理想世界及其生活模式究竟是自己想要的，還是別人作為一套神話強加給自己的。因此，成長的第二層含義不是向外看，而是向內看。這就意味着要認識自我，從過去理性地審查「世界是什麼」，勇敢地轉向追問「我是誰」？我不是那個模式化塑造的千篇一律的普遍主體，而是大千世界中獨一無二的獨特主體，不是空洞抽象的主體，而是具體真實的主體。因此，真正的成長就意味着回歸自我，回歸自然，回歸初心，領悟自己的人生使命和生命意義，甚至與自己達成和解，做最好的自己，活出自己本來的樣子，讓那個「真我」真正展現出來。

今天在座的各位同學從小都是好學生。然而，「好學生」的標準乃是家長、老師乃至社會確立起來的。我們一開始就按照別人提供的理想標準來成長，將自己努力獲得他們的認可看作是理性，由此通過層層考試選拔並進入被羨慕的社會主流職業。從大學時候的天子驕子到今天社會上的成功人士，大家每一步都生活在別人的羨慕的目光中，努力贏得別人的讚美。然而，當我們遇到憂煩時，甚至按照這些成功標準淪為失敗者時，有沒有想過自己其實生活在他人的世界裏，生活在他人的羨慕和讚美所虛構的世界裏？在這個意義上，「勇敢地運用理性」實際上在推動一種靈魂的轉向，從曾經審查有待征服的客觀世界，轉向審查人生意義的心靈世界，追問自己的內心，審查自己的人生，探求人生的意義。正是生活帶來的困惑，運用理性來解答人生意義的各種困惑，不斷推動你們繼續成長，直到我們真正找到人生的意義而進入「四十不惑」的新階段。從此，你依然會關注外在世界對你的評價，但同時更關心自己內心世界的秩序。「君子不器」，在自己心靈世界中積澱起人格秩

序，就不會為外物所累。此時，你獲得的不是作為理性主體凌駕萬物之上試圖改造世界的意識自由，而是領悟人生意義和個人使命之後堅定不移去踐行而不再彷徨、不再困惑、不再憂懼的精神自由。由此，你無論面臨怎樣的窘境甚至失敗，能夠坦然面對自己、微笑着面對整個世界：我來了，我努力了，我領悟到了。這才是進入「不惑之年」走向真正成熟的標誌。這時，你已邁向「知天命」的階段，並開始通往「隨心所欲而不逾矩」的階段。

因此，從人生成長的普遍規律看，本科畢業十年來參加聚會的同學往往是事業有成、家庭幸福的同學，而事業或家庭遭遇困難，或者暫時看起來失敗的同學，往往不願參加這樣的聚會。然而，再過二十年之後，當你們差不多「知天命」之際參加畢業三十周年聚會，那一定是同學們來的最多、最齊的聚會，也是大家最放鬆、最坦然、最幸福的聚會。那時，大家都放下了成功或失敗這些外在世界強加給我們的生活面具，真正活出了自己的樣子，那一定是小草與百花並存、灌木與大樹並育的種植園，大家都以自己最本真、最美好的一面相聚。這時，才能領悟到同學友誼乃是不摻雜功利目的、最純潔的友誼，大家都懷着真我的赤子之心坦誠相見，這一次返校才真正感受到回到家園的感覺。

今天大家回到法學院並非回到課堂，對康德這句名言的理解，也不是為了展開學術討論，而是想和大家分享我自己和大家一起成長的體驗。在你們成長的時候，我也遇到了人生的困惑。為了解答這些人生困惑，我從關注「法律人共同體」的職業教育轉向關注城邦「友愛共同體」的通識教育，從關注「為人之學」轉向「為己之學」。更重要的是，我的思考和研究從原來熟悉的法律社會學和憲法學問題轉向更廣闊的帝

國‐文明的法秩序問題。「種了別人的田，荒了自己的地」。在一個學術研究專業化的時代，這樣的選擇顯然不是明智理性的選擇。然而，我最終聽從自己內心的聲音，在一個陌生領域中開拓法學研究的邊疆。這些研究誰來閱讀、是否有貢獻並不重要，重要的是，我和你們一樣，不斷探索，努力活出自己的樣子。

　　如果說我們每個人成長都經歷這種「靈魂的轉向」，那麼我們每個人凝聚起來的國家和人民也肯定面臨同樣的成長。2008 年這一年被普遍視為「中國崛起」的標誌年，你們可以說是「中國崛起的一代」。你們在成長中遇到困惑，我們的國家在成長中也會遇到類似困惑。在這個意義上，我們可以把 2008 年這一年看作是現代中國的「而立之年」。從鴉片戰爭以來，一代又一代中國人都在推動中國現代文明的成長，我們努力按照西方文明給定的現代標準，無論是資本主義的標準，還是社會主義的標準，努力成長為它們世界所期待的樣子。儘管現在的中國依然不能讓所有人滿意，但中國已經成為世界第二大經濟體並前所未有地走近世界舞台的中央。然而，當我們接近成功甚至被看作是全球化的贏家時，我們同樣遇到了前所未有的困惑，西方文明所設定的現代化目標是我們中國人努力的方向嗎？西方人的生活方式應成為我們的生活方式嗎？作為擁有幾千年文明傳統的中國人究竟對人類文明做出怎樣的貢獻？正是面對這些困惑，我們不是向外求，不是向西方文明求答案，而是需要向內求，需要不斷回到中國文明的歷史傳統，認識我們自己，在中國文明的根基上探索邁向現代文明的獨特道路，最終呈現出中國文明自己本來應該的樣子，讓人類現代文明的發展呈現出不同於西方的新的模樣。

　　在這個意義上，作為中國崛起的一代，你們與祖國和人民一起成

長。中國崛起意味着中國文明的成長邁向了新階段，探索中國式的現代化道路，創建人類文明的新形態，乃是我們的共同的責任。在這個意義上，中國崛起為我們每個人的成長提供了廣闊空間，而我們每個人回歸本心，努力活出自己最美好的樣子，無疑就是中國文明未來可能呈現出來的樣子。那就讓我們一起成長，等到「不惑之年」再次聚會，再看看我們每個人活出怎樣的自己，同樣我們也心懷期待，暢想一下中國邁向「不惑之年」的模樣。

第二部分

大學與通識教育

大學的使命 *：
關於北京大學改革的一點思考

　　進入 1990 年代以來，北大實際上始終處於風雨飄搖的「過渡時期」。從本科新生到軍營接受紀律訓練到推倒校園南牆面向市場大潮，北大一直在不斷地摸索着她在國家的政治、經濟和社會文化中所處的位置，一直試圖跟上時代發展的步伐。終於，藉着百年校慶之際，北京大學突然恢復了勃勃生機，尤其是力圖擺脫歷史傳統所規定好的批判者角色，而成為改革開放時代的建設者。可以說，北京大學進入了「重建時期」，北大未來的輝煌、大學精神復興都要在這個重建時期打下堅實的基礎。因此，「重建時期」就像 1980 年代的經濟改革一樣，需要頂着困難和壓力而上，只要渡過這個難關，北京大學就會迎來新的局面。

　　從「重建時期」來思考目前的工作，北京大學需要的不僅是思想家，而且需要政治家；不僅要從思想家的角度來籌劃未來，而且要從政治家的角度來處理具體問題。如果從思想家的角度來說，北京大學需要

---

*　2003 年北京大學教育改革引發了學界的大爭議，並產生了《大學的邏輯》(張維迎著)
　　和《中國大學改革之道》(甘陽、李猛編) 等經典著作。本文是在參與這場議論中寫
　　的一篇小評論，未發表。

在這個「重建時期」提出「大學的任務」或者「大學的理念」這個問題，作為「重建」的核心問題。在中國，除了歷史上的孔子，只有毛主席重新提出教育的使命和任務問題。他明確指出：大學的目的就是為了培養、塑造新人，也就是共產主義事業的接班人。儘管我們說，毛澤東的共產主義事業在政治實踐中遭遇到了挫折，但他提出的大學的使命和目的卻是人類歷史上最為高貴的目的。事實上，所有偉大的教育家，都是圍繞如何提高人類的靈魂、如何改造人類的精神狀況展開的。孔子的君子教育、柏拉圖培養哲學王的教育，西方近代以來的「自由教育」就是圍繞這個目的展開的。美國著名大學校長的艾略特、博克等人也是從這個角度展開關於大學使命的論述。

從這個思想的角度來說，北京大學目前最缺乏的就是這種精神追求。我們把目標僅僅定在「創辦世界一流大學」。但是，什麼是一流大學？我們給出的往往是一些量化的指標，比如論文發表的數量，論文獲獎的數量等等。其實，這都屬於技術化的東西，而不是大學之道，也非大學的靈魂。大學不是企業，不能簡單其對其成就進行量化。即使一個企業，其貢獻也非產出量最大化或市場佔有量最大化以及利潤最大化。一個優秀企業的標準可能依然是企業的技術創新理念以及企業對人類生活的改變。政府從國家治理的需要，着眼於全球激烈的技術競爭和人才競爭，提出世界一流大學的標準，甚至提出一些量化的考核標準。但我們必須清楚，這不是教育家的目標，更不是思想家的目標。這也不是大學校長的目標，而最多是科研處長的目標。毛澤東講「綱舉目張」，「世界一流大學」只能算是「目」，而不能成為「綱」。沒有一個教育家會把創辦「世界一流大學」作為自己的目標。「世界一流大學」僅僅是一所追求卓越的大學所呈現出來的自然後果，而不能變成邁向卓

越大學的動因。

那麼，我們北大的「精神支柱」是什麼呢？大學教育的「綱」何在？北大人往往以蔡元培校長的「兼容並包、思想自由」為精神支柱。其實，「兼容並包、思想自由」並不能真正成為大學教育的靈魂。這個口號實際上只能在放在「新文化運動」這個特殊的背景下才能理解，而這個從西方傳入中國的「自由」理念與基督教精神息息相關，即通過自由的手段和方法來探索上帝創造的世界。但在中國文化的歷史語境中，「自由」缺乏一個可以錨定的更高的精神目標。一個國家的思想可以是自由的，但這並不意味着這個思想沒有「方向」，可以放任自由。1949 年以來北大的風風雨雨就證明這個「自由」是有問題的。因為「自由」並沒有指出中華民族的文化精神的努力方向。

如果我們從美國大學的發展歷史看，在早期的美國大學實際上處於全面德國化的局面，大學教育模式受到德國洪堡模式的影響，大學的思想受到德國文化影響，就像我們今天大學走向美國化一樣。但是，從艾略特（Charles W. Eliot）、博克（Derek Bok）這些偉大的教育家開始，甚至更早，美國的最有遠見的頭腦開始思考如何讓美國擺脫歐洲思想的附庸地位，於是美國展開了一場大學改革的運動，其目標就是「美國化」。博克提出，大學要走出象牙塔，承擔社會責任，也就是說，大學要擺脫對歐洲的研究，關注美國社會，塑造美國人（而不是歐洲人）。因此，美國大學的改革是與美國文化精英追求精神獨立、擺脫對歐洲思想的依附而緊密聯繫在一起的。今天，我們終於看到，歐洲作為「老歐洲」成為美國人嘲笑的對象。

如果以此為例，我們就可以明白為什麼我們中國的大學還沒有找到自己的精神支柱。「思想自由」是所有思考的品質和基礎，而不是大

學的目標。大學是培育一個民族精神的園地，是一個民族的自主意識或者主體意識的萌發地，它必須根除雜草，必須小心灌溉，而不能放任自流，任由雜草繁茂，否則我們教師也就喪失了作為「園丁」的意義。就像法國著名社會學家塗爾幹（Émile Durkheim）在法蘭西大學的演講中強調大學對於塑造法國公民的重大意義，德國偉大哲學家海德格爾（Martin Heidegger）在就任海德堡大學校長時所作的演講中強調大學對於塑造德國的民族精神的重大意義。今天，北京大學也需要提出大學教育對於中華民族偉大復興和中國文明重建的重大意義，也需要像毛主席提出教育為培養共產主義事業的接班人一樣，提出大學教育就是為了培養合格的現代公民，不是西方意義上自由社會的公民，而是推動中華民族偉大復興的公民。

如果北京大學能有這樣的精神氣魄，我認為它不僅與西方所謂的「世界一流大學」為伍，而是與中華民族的復興聯繫在一起。當年，哈佛大學、耶魯大學、芝加哥大學沒有說要向英國的劍橋大學、牛津大學看齊，也沒有說要向德國的柏林大學、海德堡大學看齊，而是努力趕上美國人的精神獨立運動的腳步。這主要表現在他們對課程的改革，即開始拋開歐洲人公認的經典，而將美國人自己的作品，愛默生（Ralph Emerson）的、索羅（Saul Bellow）的、惠特曼（Walt Whitman）的，作為大學教育中的經典作品。而那個時候，正是美國在林肯領導下，經歷內戰後的重建時期。

今天，我們處在全面美國化的壓力下，我們的精神處於殖民狀態之中，要擺脫這種局面，需要幾代人的努力。在這個追求民族精神獨立和自主的鬥爭中，大學首當其衝。這實際上有賴於整個民族自信心的培育和成長。隨着中國經濟力量和綜合國力的增長，中國人的自信心

開始慢慢復甦，大學就應當引導甚至開闢中華民族精神復興的道路。今天，「中華民族的偉大復興」已成為時代的政治任務，大學就應當為這個政治目標服務，北京大學的精神支柱不應當美國化，而應當民族化，為中華民族的復興提供精神動力。我以為，這才是北京大學改革的精神目標和方向。

北京大學的民族化是由我們的傳統決定的，這是由北京大學所處的位置和所擔當的責任決定的。北京大學不同於清華大學。清華是一所科技工程類大學，它為國家建設提供磚瓦這樣的技術材料，所以清華在技術領域的全面國際化、甚至美國化都無可厚非。然而，北京大學是拯救民族於水火之中的戊戌變法運動、新文化運動的產兒，從一開始就擔當起民族復興的重任。可以說，北京大學乃是中國大學的精神之父，是中國教育的精神支柱，也是中華民族的精神表達。這是歷史給北京大學的定位，我們北京大學也應當有這樣的精神期許。如果我們的改革背離這個目標，即使變成了世界一流大學，那麼也不配中國人為「北京大學」這個四個字所賦予的意義，也不配擔當起領導中國教育的重任。

一個民族的復興，最終取決於這個民族對未來的想像，對人類秩序安排的想像。因為這個民族的復興不僅表現在國家經濟力量、技術力量和軍事力量等等這些物質力量的強大，而尤其表現在精神力量的強大。美國的強大不僅體現在這些物質方面，而且體現在有羅爾斯（John Rawls）這樣的自由主義思想家和列奧‧施特勞斯（Leo Strauss）這樣的保守主義哲學家。施特勞斯作為保守主義的「教父」，他在芝加哥推動「閱讀大書」的「自由教育」，這種文化保守主義的精神運動已經全面影響了當前美國政治的保守主義走向。由此，我們應當認識到大學教育改革對於國家未來政治走向的重要意義。今天，我們不僅是美國產

品的消費者，而且是美國制度的消費者，更是美國文化和知識的消費者，甚至美國精神的消費者。然而，這種消費不是為了讓我們中國人變成被飼養的動物，只能依賴主人提供的食物而生存。我們的目的是學習，是成為生產者，成為主人。我們的目標不僅是讓世界通用的物品打上「中國製造」的字樣，而且是讓世界上被反覆閱讀和引用的作家中大量出現中國人的名字。

從這個意義上，北京大學的長遠任務不是在目前的國際學術刊物上發表多少論文，而是產出多少有助於民族精神復興的偉大作品。因此，我們沒有必要為清華和南大在這方面超過我們而感到過分焦慮。換句話說，在國際刊物上發表多少論文，這是清華和南大的目標，而根本就不應當稱為北大的目標。我們之所感受到大學競爭的壓力，有各種各樣的原因，而其中一個就是因為政府在治理原則下，把北大與清華和南大一樣來要求，把北大當作一家國有企業來看待。政府給北大投資就像給國有企業投資一樣，要求看到可以量化的經濟回報。如果我們北京大學也遵循了這樣的邏輯，我們就會重視研究生教育而忽略本科生的基礎教育，重視科研，而忽略教學，重視容易發表出產出成果的理工科、經濟、管理和法律等學科，而忽略「十年磨一劍」的數理化和文史哲這些基礎學科領域，因為前者比後者更容易出成果，更容易滿足政府治理的要求。如果我們北大陷入這種量化生產的治理邏輯，北大能有多大的力量重建民族的精神呢？

因此，大學絕不是一個生產利潤的企業，而是民族精神寄居的家園。校長也絕不是一個副部級的官員，而是一個民族的精神領袖。在經濟改革治理邏輯的壓力下，我們的大學無疑要承擔很大的壓力。也許，為了這個長遠目標，我們現在必須要付出一些代價。北大之所以處

在「重建時期」，就是因為要付出一些代價，我們甚至在有生之年都看不到我們的成績。北京大學必須有修煉者甘於寂寞的品德，默默地耕耘而不問收穫。我們必須有改革者敢於為歷史和民族承擔責任的勇氣，抵住各種意見的壓力，無論這種意見多麼動聽。

一旦我們想到未來的豐厚報償，而不是眼下的批評，一旦我們把眼光放在千年的歷史中，而不是眼下的三五年，還有什麼樣暫時的政績、眼前誘惑不能被拒絕呢？因為，北京大學校長作為一個民族的精神領袖，他的功德不是眼前可見的政績，而是民族復興的偉業。只有朝生暮死的小官僚才關注讓自己獲得短暫遷升的政績，而大學校長的名字不是寫在組織部任命的文件上，而是要刻在這個民族的歷史上。就像蔡元培、馬寅初，無論他們曾經面臨怎樣的困難和壓力，但他們都勇敢地挺過來了。他們在我們和我們的後代的默念中獲得了永生。

因此，大學校長追求的不是眼下的掌聲，而是子孫後代常青的讚美。大學校長作為一個思想家，就要像一個民族的醫生一樣，沒有誰比他更能準確地把握這個民族的跳動的脈搏，但同時要像一個民族的先知一樣，沒有誰比他更能敏銳地感覺到那些預示民族未來的徵兆。對於北京大學來說，「創建世界一流」必將成為短暫的過眼雲煙，因為中華民族復興的力量已經開始生長了，中華民族的自我意識已經開始復甦了。這種成長的力量和這種復甦的意識必將在大學這塊園地中接出其精神碩果。

如果說大學校長是一個思想家，那麼他和一個大學教授有什麼區別呢？他和一個與書為伴的哲學家有什麼區別呢？區別僅僅在於大學教授和哲學家僅僅關心思想本身，而大學校長要關心這種思想成為可能的物質條件和制度條件。因為思想不是憑空產生的，而是在土壤裏產生

的。因此，大學校長要關心大學的資金來源，關心大學的內部管理制度，關心大學的社會效果。在這個意義上，大學校長不是哲學家，而是政治家或政治哲學家。

如果說大學是一個民族精神寄居的家園，那麼大學校長就是這個家園真正的園丁。他知道這個園子裏應當生長出什麼樣的樹木和花草，知道這些樹木花草怎樣才能茁壯成長。他除了施肥灌溉，還必須清除雜草。這些樹木和花草就是大學裏的教授。園丁的任務就是保證這些樹木和花草按照自己的自然性質自由成長，而學生不過是那些在鮮花上採蜜的蜜蜂或者結出的果實。在這個意義上，大學屬於這些樹木和花草，大學的教師才是大學真正的主人。

「創建世界一流大學」
必須超越「接軌意識」*

　　今天，我們處在前所未有的教育大變革時代。這場變革表面上似乎來自「創建世界一流大學」之類的政治要求，實際上是中國當下的政治 - 歷史處境對大學本身提出的要求。一方面，中國經濟發展的全球化要求大學提供具有全球化視野的高素質人才，從而改變目前高素質人才依賴留學和國外引進的被動局面，從根本上結束從近代以來形成的留學運動以及由此形成的「留學文化」。另一方面，中國文化的復興要求大學教育奠定「中國」這個政治共同體的精神基礎、塑造中國人的靈魂人格，從而在世界文明格局中重建中國文明的主體地位，這意味着從根本上結束近代以來西方中心主義對中國構成的精神支配，當下大學的歷史使命就是要為中國人的生存奠定主體意識和精神基礎。正因為如此，我們絕不能把「創建世界一流大學」看作是一項簡單的行政指令，更不能像目前流行的那樣，以一種程式化的操作方式，用各種項目、成果、論文、引證率、資金量等簡單的數字化計算加以回應（甚至不惜造假來進

---

* 　2010 年掛職北京大學教務部副部長後，在內部培訓上提交的課程小結。

行糊弄），而應當首先準確理解中國的政治‐歷史處境所提出的「世界一流大學」要求的真實含義，並對此加以回應。

近代以來，中國所處的最根本的政治‐歷史處境就在於西方文化對中國文化全盤否定和全面征服的過程中，中國文化如何適應歷史發展的要求，進行創造性轉化從而重建其自主性，以實現中華民族的偉大復興。只要一天我們在精神和文化上還沒有實現自主，中華民族和中華文明就不能說實現了復興。一百多年來，在經歷了漫長的變亂、革命、內戰、建國、運動、改革和崛起之後，我們終於來到了這樣一個關鍵點上：

其一，中國經濟發展能否實現從低端的中國製造向高端的中國創造轉型，從而繼續保持中國經濟增長的勢頭，使得中國崛起成為不可遏制的勢頭，為中華民族的偉大復興奠定堅實的物質力量。其二，中國政治能否應對西方的挑戰和壓力，依然保持其穩定性、開放性和靈活性，並逐漸發展出一套穩固的、符合中國國情的、具有中國特色的民主、憲政和法治模式，從而在人類歷史上走出與西方並不完全相同的現代性道路，為後發達國家擺脫西方文明的桎梏提供榜樣、動力和典範，為人類文明的發展提供多樣化的路徑選擇。其三，中國文化思想能不能走出簡單學習、模仿西方的階段，進行真正的自我創造，從而產生與中國的政治社會生活、思維習慣和文化傳統相匹配的概念思想和話語體系，從而奠定中國人的精神基礎和話語結構呢？

我們的大學必須嚴肅地思考這三個問題。大學絕非空中樓閣，更不是世外桃源，大學的「象牙塔」想像背離了大學承擔的社會責任和精神責任。大學，哪怕雅典學園這樣一種理想中的象牙塔式的大學，也都深深鑲嵌在特定的政治、社會和文化生活中，既是文明的產物，也是塑造文明的力量。大學的使命不是消費，而是創造。大學「象牙塔」的

理想不過是為了反對簡單的生產，關注於更為深遠、更為根本性的創造。因此，「創辦世界一流大學」絕不是一個外在的客觀標準，而是中國內在發展的要求，是當代中國崛起的客觀現實對精神創造提出的要求。「創建世界一流大學」是這個時代發出的召喚，也是中國近代以來漫長的精神復甦運動迸發出的不可遏制的創造欲望。

正因為如此，「創建一流大學」絕非當下流行的將其簡單化理解為「與國際接軌」。「與世界接軌」是當下我們「創辦世界一流大學」的最大誤區，甚至是思想上最大的敵人。一方面，「世界接軌論」割裂並顛倒了大學與社會生活的關係，抽離了西方大學背後的政治社會基礎，以為有一種世界普適的大學，而忘記西方大學也是服務西方社會，解決西方本土的問題。這種觀點往往被美國的「全球化」意識形態宣傳所迷惑，而看不到美國大學的全球化恰恰是美利堅全球帝國的的組成部分。另一方面，「世界接軌論」追求的是簡單的複製和照搬照抄，而不是創造。它意味着我們可以簡單地消費西方文明創造的精神成果，而不再需要傾聽時代對我們發出的呼喚，也不需要思考中國乃至於人類的命運，更不需要承擔起自己的文明使命。

因此，追求「與世界接軌」，無論主觀動機多麼善良，其最終結果往往是將中國大學完全變成美國大學的中國分校：採用相同的教材、討論同樣的問題、發表同樣的論文等等。其結果，中國大學中最優秀的學生不是以自己的大學為榮，而是以美國的大學為榮，不是以在本國讀學位為榮，而是以美國留學為榮。而在中國大學拚命模仿美國大學的接軌過程中，中國大學本身就被置於屈從的地位上，它本身就注定不可能成為「世界一流大學」。因此，要「創辦世界一流大學」也許要從「國際接軌」入手，但必須超越「國際接軌」。

全球化時代的大學教育 [*]

　　對於在座的諸位同學來說，這也許是激動人心的一刻。大家終於可以作為北京大學的學生，在博雅塔下聆聽開學第一課。十年前，北大、清華差不多是每個中學生的夢想，而如今我不敢這麼肯定，很可能在座有同學因為未能被美國或英國的某個學校錄取而耿耿於懷。這無疑是全球化的結果。全球化已經從商業領域發展到文化教育領域，尤其互聯網的發展加速了文化教育領域的全球化。也正是由於全球化的壓力，我們提出了建設世界一流大學的目標，這就意味着我們的大學必須面對文化教育領域的全球競爭。

　　從教學的角度講，我們真正感受到全球化的壓力，也就是從這幾年的高考招生開始的。以往，我們的對手是隔壁的清華，大家比誰招收的高考狀元多。可是這幾年，大家在媒體上再也見不到北大、清華關於錄取高考狀元的新聞。因為在哈佛和耶魯還沒有打算和我們競爭的時候，香港大學、香港中文大學，以及美國、英國的二、三流學校就已搶走了我們的許多高考狀元。大學教育的全球化已不再是一個概念，而是變成了現實。這個趨勢正在從大學向高中乃至初中擴散。

　　文化和教育的全球化改變了人們對世界一流大學的評價標準。過往世界一流大學的標準在於大學培養出多少科學家、思想家和政治家，從而對人類文明的進程產生深遠的影響。而如今，世界一流大學的一個重要指標就是能否吸引全球最優秀的學生。如果按照傳統標準，北大、清華絕對是世界一流大學，因為這兩所大學不僅孕育了現代中國的文化思想，而且培養了治理世界五分之一人口的政治精英、全球最大市場的商業精英和文化精英，並卓有成效地推動了中國崛起，從而深刻地影響了人類文明歷史的進程。然而，在文化教育全球化的時代，北大、清華非但不是世界一流大學，甚至被西方的大學排名機構排在了香港大學、新加坡大學的後面。可是，誰能說出來香港大學培養出怎樣的科學家、思想家，培養出怎樣的政治家呢？

　　這難道不是今天文化教育全球化最為荒謬的地方嗎？擁有悠久文明歷史的十三億人口中的精英所締造的精英大學，竟然比不上 600 多萬人口的殖民地背景下成長起來的大學？北京大學、清華大學、日本東京帝國大學、莫斯科大學以及德國法國等歐洲大陸的世界一流大學如今竟然被看作是二流大學甚至不入流的大學？比如我們都知道法國巴黎高等師範學院曾經大師雲集，培養出一大批在全球產生影響力的思想家，可我們在世界一流大學的榜單排名中，有多人會想到這所學校呢？那麼，究竟是什麼因素改變了我們對大學的認知，改變了我們對大學的評判標準呢？這毫無疑問與今天英美主導的全球化有關。但是，這並非商業全球化決定了文化教育全球化這樣的簡單因果關係，而是在全球化過程中滋生出一種新的思想觀念：文化教育在最終意義上乃是一件商品。由此文化教育的全球化必然依附於商業貿易的全球化，文化教育的全球化乃是一個全新的商品的全球化，文化和教育是一種可以用利潤

計算的產業，文化教育被看作是人力資本的一部分。由此，文化教育的產業化與文化教育的全球化就變成了一枚硬幣的兩面。

正是在這樣的背景下，大學不是把學生看作是有待培養教育的人，而是看作有待增值並在市場上高價出售的商品。文化教育的目標不再是如何塑造理想的生活方式與完美健全的人格，把人從野蠻人培養為文明人，而是不斷追加人力資本，讓大學生找到更賺錢、更有地位、更有全球競爭力的工作。這種教育理念是不是意味着「人的野蠻化」？就像曾經的野蠻人乃是大猩猩一般善於搏鬥的人，而今天競爭搏鬥不再依賴於肌肉、蠻力和勇氣，而是依賴科技、知識、資本和詭計。由此，在金錢支配下所形成的追加人力資本的教育理念，與為了獲得政府和企業更多的金錢投入而形成的所謂「研究型大學」的理念，徹底改變了傳統大學的定義，使得大學變成了新型的公司，從而變成了全球教育文化市場上追逐利潤的公司。

在美國主導的全球化背景下，全球文化教育市場上可流通的全球貨幣自然是英語。就像美元在影響全球商業市場，英語必然影響着全球的文化和教育市場。這就是為什麼內地的優秀學子放棄了北大和清華，選擇香港大學、選擇美國英國的二流三流大學，因為他們選擇的是英語這個通用貨幣。這就是為什麼曾經輝煌的德語大學、法語大學、日語大學和漢語大學，一旦與英語大學相比，就像地方糧票和全國糧票的價值，瞬間變成了世界二流大學。換句話說，不是這些大學本身有什麼變化，而是評判大學的標準發生了變化，即英語變成了評價世界一流大學的無形標準。這不是因為英語比漢語或德語、法語和日語更能培養健全完整的人格，而是英語在培育出在全球市場上具有競爭力的人才中具有天然的優勢，因為英語變成了一種世界語言。掌握了英語就比較容易

地進入了全球化，可以找到高薪的工作。一個在美國找不到工作的普通大學生，在中國乃至全球的各種語言培訓機構中可以找到高薪的工作崗位，這就是英語國家的在全球職業市場上先天的競爭優勢。

正是在文化教育產業化背景下，世界一流大學的標準不再是教育自身提供的標準，而是產業利潤提供的標準，而這首先是語言本身提供的標準。按照這個標準，非英語國家或者非英語教學要成為世界一流大學必須倍加努力。

首先，如果你不是用英語教學，不是用英文寫作，在嚴格意義上你實際上就沒有資格加入世界一流大學評選的潛在標準。就像當年歐洲基督教國家之間可以確立獨立、平等的國際關係，可以簽署平等的國際條約，而非基督教國家根本就沒有資格加入這個國際法俱樂部，它們與基督教國家之間只能簽署不平等條約，甚至不需要簽署條約。而在這背後隱藏眾所周知的主奴關係，即規則和標準是由主人確立的，奴隸只有服從主人並按照主人的標準來努力，從而獲得主人的承認。1840 年以來，中國因為戰敗而淪為奴隸地位，為了加入西方主導的國際法俱樂部，經歷漫長奮鬥和革命的歷史，如今雖然在政治上獲得了獨立，但是在文化教育領域，依然有很長的路要走。「革命尚未成功，同志仍需努力」。

文化和教育的世界原本就是由不同語言、不同文化、不同文明傳統平等地共同構築的世界。哈佛、耶魯、牛津、劍橋在英文學界無疑是世界一流大學，巴黎高師、洪堡、莫斯科大學、東京帝國大學，無疑是法語、德語、俄語和日語世界中的世界一流大學，就像北大、清華是漢語世界中的世界一流大學。因此，真正的世界一流大學原本就應當有這些不同語言和文明傳統中的一流大學平等地組成，國際學術界乃是這些

不同文明共同傳承的大學進行平等交流與對話而形成的學術共同體。

　　然而，不知道從什麼時候開始，文化和教育領域中使用的「世界」這個概念似乎專門用來指英文主導的英美世界。法語、德語、日語和漢語以及連同傳承這些語言文化的著名大學，一夜之間似乎變成了「化外之地」。「國際學術界」也變成了英文學術界，非英文國家只能不斷地引入英文教學、創辦英文雜誌，發表英文論文，才能獲得所謂「國際學術界」的承認。事實上，無論巴黎高師、洪堡大學、還是莫斯科大學和東京帝國大學，儘管受到了教育全球化的壓力，但他們一直保持着自己的文明自信和文化尊嚴，并沒有聽說這些大學面對美國文化教育產業全球化的壓力，努力要將自己按照美國的標準成為世界一流大學。哈佛、耶魯只是他們平等地交流、學習的對象，絕不是他們頂禮膜拜並進而模仿和追逐的對象。那麼，為什麼這些在漢語學界世界一流的中國大學，卻缺乏應有的文明自信和文化尊嚴，自甘墮落為二流大學，以奴隸的心態來追逐以英語為標準的世界一流大學呢？可見，我們缺乏文明自信和文化尊嚴，我們對待西方英語一流大學的奴隸心態，與我們追求世界一流大學的努力恰恰是背道而馳。當然，這並不意味着北大、清華在漢語文化圈中固步自封，自我陶醉，我們當然承認，我們的大學在學術研究領域依然不如英語世界，但這並不意味着我們放棄對漢語世界的思想和學術建構努力，而一切以英語世界的學術問題和方法作為尺度和標準。從而將美國人關心的問題變成中國人關心的問題，把美國人解決美國問題提出的學術方案作為解決中國人問題的學術方案。中國要成為真正的世界一流大學，就必須立足中國，解決中國面臨的問題，並由此提出我們自己的思想和理論，從而為其他國家或文明思考和解決自己的問題提供中國的智慧。

其次，一旦我們承認美國大學標準，開始鼓勵英文授課、發表英文論文時，並以此加強與西方大學交流進而試圖獲得國際聲望時，我們實際上不可避免在心態上自覺不自覺地淪為殖民地大學的境地。一個殖民地大學或半殖民地大學怎麼可能是世界一流大學呢？一旦以英語作為教學和科研的標準，那麼最好的教授必然是從美英留學回來的。十年前，北京大學因為教學改革展開了一場大辯論，其中一個核心問題就是我們的教授主體應當是留學回來的「海龜」，還是本土培養的「土鱉」。當「海龜」成為北大招聘教授標準時，一個顯而易見的後果就是徹底摧毀了北京大學的研究生教育，北京大學無法培養出真正優秀的高端人才。道理很簡單，當我們遇到很好的學生，當他準備選擇做學術時，我們往往會勸他不要考北大研究生，而是支持他去美國留學。因為一旦你選擇讀本土的碩士博士，就意味着你已成為「土鱉」，幾乎不可能進入北大這樣的一流大學執教，今天執教北大清華的往往都有海外留學背景。甘陽教授在十多年前就援引胡適的「非留學篇」來呼籲中國儘快結束留學運動，如今這個趨勢不是走向結束，而是走向更大規模的文化和教育產業依附西方的「大躍進」。

我並不反對全球化，也不反對留學，不反對北大開設更多的英文課程來推進國際化。但我們必須意識到，語言在不同的層面上有不同的效果。對於科學來講，最好的語言乃是數字、符號和公式，因此這完全可以全球化，完全可以採用西方主導的國際通用標準。唯一要考慮的是：西方的科學研究服務於西方的國家戰略，而中國科學研究是跟着西方的戰略走，還是服務於中國的國家戰略，解決中國在技術產業領域的核心難題。這固然有相同的地方，但也要注意這方面的差異。而在社會科學領域，當代中國的社會科學源於西方，因為現代社會的理論基礎都

是西方奠定的。在這個領域中，學術研究雖然有全球化的地方，但必須意識到中國社會與西方社會不同，中國政治與西方政治也不同，若單純採用西方的學術概念和理論范式，必然得出中國的社會制度和政治制度不符合西方標準，從而需要推動改革。因此，我們看到恰恰是社會科學領域，尤其是經濟學、法學領域，西方教育培養出的精英階層與中國政治社會的張力更大，因為他們完全接受了西方教育下的學術概念和學術範式並將其看作是普遍正當化的理論工具。因此，而在社會科學這個領域，如何推動西方理論的本土化，並根據中國實際來產生中國自己的學術概念和理論無疑是中國大學的使命。

而最複雜的是在人文學科領域，尤其文學、哲學和藝術領域。這些人類最複雜的精神情感完全與語言結合在一起，以至於語言被看作是精神的家園。而在這個領域，除非少數思想家，對於大多數學者來講，當英語不是我們的母語時，我們可以用英文授課，用英文寫作標準化的論文，甚至發表在西方主流學術刊物上，可我們無法用非母語表達我們內心中最為深邃的思想、最為微妙的情感。這就意味着我們的英文表達很難達到我們精神所能達到的最高境界，在這個領域如果不用中文來表達，很難達到世界一流的程度。

我從來不懷疑中國人的智力，也不懷疑中國人掌握英語的能力。但要在英文世界獲得一流水準，最起碼的條件就是英語必須像母語那樣，讓我們的思想和精神「化」在英文世界中。語言是精神的家園，唯有如此我們才可能用英文創造出一流的文化產品，從而成為世界一流大學。這句話說起來很輕鬆，然而我們必須從社會學意義的上來理解文化殖民帶來的痛苦。這就是英文教育帶給我們普通中國人的精神痛苦。一個人從幼兒園開始一直到博士畢業，無論你是否有必要掌握英語，你必

需經歷一次又一次艱難的英語考試。無論在其他方面有怎樣的天賦，但如果不能通過英語考試，你的天才可能很早就被扼殺掉。大家都知道藝術家陳丹青，他公開宣佈放棄博士生招生，原因就在於真正有藝術天賦的學生卻因為英文考試不及格而無法錄取。如果我們把這個做一個經濟學計算，我們需要計算一下普通中國人為此付出多大的經濟代價。

最後，更重要的是，一旦按照英語的標準推進世界一流大學，而不是在中文的語境和中國文明重建的路徑中推動世界一流大學，那麼中國人會通過文化和教育領域的演變重新成為西方的殖民地，變成西方體系分工中的一部分。我們看到，北大、清華這樣的世界一流大學正在全面淪落為留美預科學校，理工科專業差不多都去國外留學，很少有人讀本校的研究生。元培學院是我們北大招生的一塊金字招牌，我相信在你們已經聽到的宣傳中，元培學院最值得驕傲的地方就是出國留學的比例一年比一年高。作為一名北大教員，每當我聽到這樣的消息，真的不知道應該高興，還是感到悲哀。我們面前的你們無疑是這個世界上的最優秀的學生羣體，然而你們並不準備全身心接受北大的教育，因為你們很大一部分心思都要放在新東方的英語考試課程上。對於你們而言，TOFEL、GRE 考試比論文寫作更重要，新東方比北大更重要，北大仿佛就是新東方的配套學校。當年，北京大學開除了俞敏洪的教職，而如今俞敏洪的新東方變成了為整個中國大學培養人才的超級教育機構。

而在北大、清華的背後乃是整個時代的大潮。從「長江學者」開始，各種各樣的人才計劃將國家的資源和大學的資源集中在所謂的「引進人才」。我們暫且不考慮其中引發詬病的資源浪費、腐敗等等，一個核心的問題就在於：當我們將世界一流大學的調子定位為「引進人才」的時候，誰來關心如何「培養人才」。因此，中國教育領域最大悲劇是

沒有人思考如何培養世界一流人才，而把教育看作是一項外包事業，外包給西方大學來培養。問題的根源顯然不是簡單的教育問題，而是整個國家戰略問題。教育如此，中國產業技術也如此，簡單依賴技術引進，而不在基礎科研上用力。

古人云，「上有所好，下有所效」。當國家的政治精英和文化精英相互合作，形成向西方輸送「留學人才」，然後再從西方高薪「引進人才」的時候，實際上逐漸形成產、購、銷一條龍的全球文化和教育產業鏈。於是，中國的家庭，開始紛紛在高中、初中、小學就把孩子送到國外。於是，我們在過去不到的十年的時間裏，全國的重點高中紛紛辦起了國際部，家長把孩子儘可能早地送到國外。中國的富人紛紛開始給國外高校捐款，以便將子女順利送入世界一流大學。而有錢的家庭乾脆採取移民，2011 年關於中國人海外移民潮的《胡潤報告》中已經表明，中國絕大多數移民的考慮就是為了子女的教育。

可見，在這場追逐世界一流大學的全球化浪潮中，在文化和教育的商業化、產業化的領域中，如何在中文的基礎上重建中國文化的自主性和中國文明的自主性，不僅是一項文化思想的任務，更是一項政治的任務。唯有儘快結束這場留學運動，結束文化和教育的產業化運動，中國才能真正建立起世界一流大學。

培養君子人格　構建心靈生態[*]：
與北大學子談通識教育

自由教育：發現自我的天性

　　大家在高中階段獲得的知識有限，除了少數卓越的學生，大多數高中生在知識上的差距並不大，因為教育基本上圍繞高考展開，只要少數同學在高中階段就開始閱讀思考大學時代的課程和著作。但是，進入大學之後，面對的知識是無限的，以至於四年畢業之後在知識上的差距會非常大。你們去圖書館、書店轉一圈，就知道有多少著作需要閱讀。知識的無限性和多樣性只有在這種階段才真正展現出來。我們常說「書山有路勤為徑，學海無涯苦作舟」。這些話是對的，但不全對。如果知識是有限的、固定的，那就好辦，勤奮就可以了。但是，面對無限的知識，面對多樣性的知識，想把這些知識都掌握是不可能的，雜亂無章的閱讀也是有害無益的。面對知識的多樣性和開放性，我們面臨的第一個問題就是如何自主選擇，選擇哪個領域、哪個專業、哪些書開始

---

* 本文根據 2014 年—2017 年間與北京大學元培學院和法學院本科生的座談、訪談等內容整理修訂而成。

讀？甚至哪些書先讀，哪些書後讀，哪些書自己讀，哪些書必須跟着老師讀。大學的自由首先就是強調選擇的自由，但同時強調一個人要為自己的自由選擇承擔可能的後果和責任，這就包括失敗的後果和責任。

因此，我認為上大學的第一要務就是學會怎麼選擇。專業選擇往往是是父母幫你們確定的，但你依然有選擇的諸多自由，比如要不要換專業，選擇讀什麼書，參加怎樣的社團，選擇和什麼人交朋友，甚至包括談戀愛，選擇自己的日常生活方式乃至選擇未來的職業。但這些多種多樣的選擇最終要回歸到一個根本的問題，你是怎樣的一個人？什麼是你的熱愛？你想過怎樣的生活？如何理解這個世界和人生的意義？對這些問題的思考實際上決定着你的選擇，而這些問題實際上就是發現你自己的天性（nature），回答「我是誰」這個問題。這個問題實際上是一個人根基性的深層問題，無論你是不是有意識地問這個問題，但實際上你的所思所念乃至於未來發展都由這個問題決定。人們常說「性格決定命運」，這裏所說的「性格」（character）或「個性」（personality）實際上就觸及到了我們所說的「天性」。

如果說人有其天性，實際上意味着要把人當作一個自然物來理解，就像形形色色的動物那樣，甚至就像一棵樹，一朵花，一座山，一條河。自然界春夏秋冬有不同的樹木、物種在繁衍生息，人類也就是其中的一種，只是我們比植物、動物成為更高級的一種。這就意味着人類也像植物、動物一樣，有不同的種類，以至於我們經常用動物、植物乃至山河來比喻人的不同品格。比如我們常說像獅子一樣勇猛，像狐狸一樣狡猾，像蛇蝎一樣陰毒，像綿羊一般溫順，我們也常說像溫室裏的花朵，像寒冬的臘梅，也常說像高山一樣偉岸，像大海一樣的寬廣。我們中國人特別愛用這些自然、植物和動物來比喻人的品格，無論「愛

蓮說」，還是「歲寒三友」，古代大量散文乃至君子人格教育都圍繞這個問題展開，是因為在我們中國人相信天人合一，把人看作是自然界的有機組成部分，而不是像西方基督教文明那樣，將人看作是上帝的造物，從而對人的天性的認知建立在對上帝的信仰之上，由此形成人究竟能不能認知並理解上帝的旨意，或者怎樣認知並理解上帝的旨意的爭論，並由此形成不同的教派。

我們暫且不論人的天性是基督教所說的上帝決定的，還是儒家所理解的上天賦予的，或者佛教所說的人的因果輪迴決定的。重要的在於，人作為自然界一種獨特的物種與其他物種的最大區別在於其他物種的天性是被規定之後只能按照所謂的本能活動，而人的天性往往是可以通過後天的教育和努力改變的。因此，人與動物的最大不同就在於人有一個「後天的自我」，甚至這個後天的自我始終處在不斷的成長改變中，這就意味着人類的命運掌握在自己手中。而這恰恰是人類的自由所在。因此，自由的第一要義就是人可以在觀念和實踐中改變自己的天性，或者將自己變得像神一樣美好，或者將自己變得比野獸更野蠻。由此，人實際上是懸浮在神與獸之間的自由狀態中。人類之所以形成城邦、帝國以及家國天下的各種不同類型的共同體生活，說到底就是通過後天的努力塑造更美好的天性，希望過上比野獸更高的、甚至類似神那樣的美好生活，否則人就墮入自然狀態下「人對人是狼」一樣的野蠻世界。

由此，人的後天天性的塑造實際上是由家國天下的共同體所決定的，而人類的這種共同體生活就創造了人類文明秩序，將人與野蠻的動物世界區分開來。而文明秩序形成、發展乃至定型的重要標誌就是提供一套系統的通過教育來塑造人性的思想體系和制度體系。而提供這套

思想體系和制度體系的思想家和政治家就是塑造文明秩序的「大立法者」。西方理論家所說的「軸心時代」就是強調人類文明發展的某個階段上發生了一次根本性的飛躍，出現了一些偉大的先知或聖人，對人性的完善和塑造提供了一套系統的理論體系，從而奠定了整個文明秩序的思想體系和制度體系。比如中國文明的孔子，佛教文明的釋迦摩尼，猶太文明的摩西，希臘文明的蘇格拉底等等。那麼，我們看看這些系統思考過宇宙人生意義的偉大的先知，是怎麼說的呢？

孔子說「大學之道，在明明德，在親民，而至於至善」。這就是他給出的答案，以至於我們可以說後來儒家思想的諸多內容都是圍繞這句話展開的。你如果也在思考自己的天性或人生意義問題，就應當從研讀中國哲學史的著作開始切入。我用最粗淺的話來說，就是每個人內心中先天地具有光明的德性，這就是每個人的「天性」，只是這個「天性」被人作為動物的七情六欲所包裹了，而大學教育，不同於學習具體「知識」的小學教育，就在於幫助每個人發現這個自己先天的光明德性，並將這個光明德性發揮出來，那就自然形成自己的性格，成就自己的使命。由於每個人光明德性發揮的大小不同，且每個人七情六欲的強度和結構組合有所不同，光明德性通過七情六欲的不同結構展現出來的就是每個人不同的個性，這是不是可以理解為「各證性命」呢？所以，我們看孔子的弟子，有安貧樂道的顏回，有率直勇敢的子路，有謀略經營的子貢，有踏實忠厚的曾參。所謂「因材施教」就是順着他們的性格特徵找到發揮光明德性的不同途徑。

這一套教育方法在古希臘就形成所謂的「自由教育」，用施特勞斯的話來說，大學教育乃是自由教育：「自由教育乃是在文化中或朝向文化的教育。自由教育的最終產品乃是一種被文化了的人類（a cultured human being）。而『文化』（culture）的主要含義來自農業：對土壤及其產物的栽培，對土壤的看護以便根據土壤的天性（nature）來改進它。由此衍生出今天『文化』的主要含義，那就是看護人的心智，並按照心智的天性來提升心智的天生的能力。就像土壤需要栽培者，人的心智也需要教師。」我們常說，「教師是辛勤的園丁」，但忽略探討園丁的工作機理，那首先就是發現土地和植物的天性，教育也是要發現每個同學不同的天性。因此，一個人的成長既是先天自我的展現過程，同時也是後天自我的塑造過程，這兩種力量相互作用，在衝突、調適與磨合中形成了一個人的品格。

自由教育：服從技藝與統治技藝

父母是人生的第一導師，從胎教開始就在塑造着你的人格。在這方面，家庭教養往往比學校教育更重要，因為學校注重於知識傳承，而家庭則更側重心靈品德的培養，這就是我們所說的家教。現在大學裏有越來越多的抑鬱症患者，但追根溯源往往是在小時候形成的，其中不少就來自家庭。我們往往將 18 歲上大學看作是成人的標誌，其意義就在於強調你擁有了塑造自己的自由，你是你自己的家長，因此也要承擔起把握自己命運的責任。可以說，命運就掌握在自己手中，你要成為塑造自己的偉大藝術家，按照你想像的最美好的樣子來塑造你自己。

在這個意義上，我們要注意區分兩個自我。一個就是現實中有待塑造的被動自我。這是由人的性情欲望甚至過往塑造形成的生活習慣推動着你不由自主地往前走的自我，這個自我也就是一個長期習慣養成的自我，這就是現實中的你自己；另一個則是在你的理想中有待實現並施

加塑造力量的主動自我，是你對自己成為什麼樣的人的期待，是一個有待現實的、潛在的自我。前者是臣民，後者是主人，你自己統治你自己，這就是自由。因此，自由首先意味着自我治理、自我塑造，自我統治。自由的反義詞不僅是「強迫」，而且是「放縱」。「強迫」是指有一個外來的君主來壓制你的主人意識或主人地位，是別人對你的統治，比如父母強迫你選擇大學專業，但「放縱」是指你連自己的主人地位都放棄了，完全沒有主動的自我，是一個無政府狀態，不為自己做主。因此，我們唯有在「放縱」和「強迫」這兩個自由概念的反義詞，才能真正理解自由的含義，就是自己為自己做主。

小時候家長或老師總是問，你長大了做什麼？實際上就是在引導你用那個理想完美的「主動自我」來引導塑造現實中有待成長的「被動自我」。因此，前者是老師，後者是學生。如果以前兩個自我的關係是不自覺地存在於你身上，那麼從大學開始，你需要主動承擔起同時照料兩個自我的責任。一方面，從「被動自我」的角度看，你要學會如何作為學生來學習老師教給你的知識，從而接受文明的教化，學會如何作為臣民服從治理，學會從聽自己內心的召喚，無論是家長的治理還是君主的治理或者自我的治理，最終乃是規則的治理，服從規則的治理乃是成為良好臣民的技藝。但另一方面，從「主動自我」的角度看，你要學會如何作為老師來引導自己，作為君主來統治你自己，這就意味着你必須站在老師或者君主的角度上思考，自己的天性究竟是什麼，人的天性究竟是上帝決定的，還是自然賦予的，還是自己後天塑造的，人與動物的區別究竟是什麼，自己和他人的區別是什麼，自己未來要成為怎樣的人，怎樣的生活才是有意義並值得過的。所有這些看起來無用的哲學思考，恰恰是在思考人的性命之道。唯有這種關於形而上之道的思考，你

才會關注自己是否有能力作為自己的主人，照看好自己的靈魂，發現自己的天性。我們所推行的通識教育就是在鼓勵學習和思考這些哲學問題，思考自由之道，實際上是在訓練自己作為主人的技藝，這無疑是更高級的統治的技藝。如果說「作為臣民的技藝」比較簡單，就是不用大腦思考，學會服從、遵守紀律、刻苦用功就可以了，那麼「作為主人的技藝」，面臨最痛苦的就是如何面對自由，因為自由意味着多種選擇，有多種可能，有多種道路，多種命運。自由為什麼不能是放縱，放縱就意味着沒有目的和方向的隨機選擇，這樣就會讓自己的臣民不知所措，這種不負責任的狀態比強迫更為可怕。為此，一方面你要成為自己的哲學家，思考人生的意義，追問什麼樣的生活是美好的生活，從而提出一套自我治理的理念。另一方面，你要成為自己的君主，把這一套理想落實到自己的日常生活中，將理念落實到行動中，成為日常思考和行動的習慣，這種習慣就慢慢養成了自己的性格。

然而，我們常說，「理想很豐滿，現實很骨感」，你對自己的未來提出一個非常理想的目標，然而作為臣民的那個被動的、現實的自我可能沒有能力實現這個目標。這個時候，你對自己的統治就變成了暴政，你的內心中主動自我的理想與被動自我的欲望充滿了衝突和對立，自己會很痛苦，不能完成君主的任務，每天充滿挫折感，久而久之就形成鬱悶的心態乃至暴怒的性格，甚至由此陷入抑鬱症，無法享受生活的快樂。為什麼會出現這種狀況呢？原因就在於你是一個好的哲學家，知道什麼是美好生活，但你卻是一個糟糕的君主，根本就不了解自己臣民的狀況，不了解自己作為臣民的特性，你提出一個自己無法完成的目標，搞不切實際的「大躍進」，最後的結果一定是不滿和失望。在這個時候，你就明白孔子所說的「因材施教」或蘇格拉底所說的「認識

你自己」，這是對於你作為自己的老師或者君主的教誨，這就意味着你要根據自己的情況來設定符合自己的發展目標和戰略，探尋自我，作最好的自己。這樣你也能理解柏拉圖所說的「哲學王」。雖然你是自己的主人，但作為哲學家和作為君主之間、主動自我與被動自我之間充滿了張力。克服這種張力的最好辦法就是在理想與現實、哲學思考與君主治理、主動自我與被動自我之間探尋中庸之道，讓二者和解，體會二者互動促進、不斷推動自我提升的自由，這種自由可以稱之為「修身」。

只有理解了這個道理，我們才真正理解為什麼通識教育是自由教育，是精英教育，是訓練統治者的教育，「治大國如烹小鮮」。一個人只有悉心體會自我治理的困難，每天都在模擬自己如何既作為好的統治者又作為良好的公民，自然可以把這樣的修身經驗帶到未來的治家治國過程中。理解這個道理，就會理解同樣是高考優秀的學生到了大學之後突然有了巨大的分化。這在很大程度上是由於以高考作為唯一目的的學生很容易養成服從的「臣民習性」，進入大學之後突然擁有了廣闊自由，而自己沒有培養起來指導自己的「主人習性」，不會自己統治自己，以至於面對巨大的自由而茫然失措甚至陷入放縱。相反，大城市中比較好的高中，學生們已經接觸到通識教育理念的學生，開始學會如何自我治理，這樣進入大學之後就能適應這樣的環境，將自己的學業、社會活動和生活安排的井井有條。因此，我們在大學中推行通識教育，也需要把通識教育的理念向高中甚至更早的家庭教育階段推廣。

這樣我們把教育分成兩類，一種教育更注重培養你們作為學生、作為臣民掌握知識的服從德性，這不僅教會你生存的知識和技能，甚至在社會分工體系中將你培養成可以利用的「器」，今天各種工科技術教育以及法律、商學、新聞和醫學的職業教育都屬於這一類。這類技術

器用的教育可以統稱為廣義上的「小學」教育。而另一種教育乃是「大學」教育，上大學之後，大家依然會按照學生的慣性跟着老師學專業具體知識，但我希望特別提醒大家，真正的大學教育，尤其是我們所說的通識教育或自由教育，重要的就是培養你作為主人來統治的技藝，培養你照看靈魂的能力，培養你統治自己的能力。這就意味着你必須主動地思考宇宙人生之道，悉心研究人類歷史上形成的關於培養主人統治技藝的祕籍，這就是我們在通識教育所強調的經典閱讀。這裏所說的經典並非專業領域的經典，而是思考人類文明之道的經典，就是思考形而上的經典，而非關注形而下的著作。因此，上「大學」，讀「大書」，作「大人」，這裏的「大」就是超越形而下的形而上的「大」，也就是作為主人的「大」，作為統治的技藝的「大」。由此，我們可以理解「君子不器」這句話的含義，就是將君子培養為主人，掌握統治技藝。

可見，完整人格的養成需要同時掌握服從的技藝和統治的技藝，一個人唯有同時掌握這兩種技藝，能夠自己統治自己，才有資格和能力統治別人。而自己對自己的統治就是中國古人所說的「修身」。因此，「自天子以至於庶人，壹是皆以修身為本」，唯能修身才能齊家治國平天下。因此，在中國古代的君子教育就是「大學」教育，是大學傳統中的自由教育。而在西方傳統中，就是從古希臘到啟蒙時代的公民教育，如何成為城邦／共和國的公民。研讀這些經典著作，其實就是在學習公民自我統治之道。

我們舉個古希臘的例子。因為說起自由教育或通識教育，大家往往要從蘇格拉底開始。蘇格拉底見到街上的修鞋匠就追問他什麼是「鞋」，修鞋匠只能說在修各種具體的鞋，但不能給出什麼是「鞋」的定義，蘇格拉底見到每個人都這麼追問哲學問題，大家覺得這個人是

不是有神經病？就像如果有人問天天追問你「什麼是法律」，你也一時不知如何回答，因為關於法律的定義實在是太多了，而且爭論分歧非常大。可他卻進一步說，如果你連法律的概念都搞不清楚，怎麼能說你學的是法律呢？可是你雖然說不清楚法律的概念，甚至你們不來上理理學的課程，但並不影響你們當法官判案，當律師辯護。這就意味着討論哲學概念的理論問題與解決現實問題的實踐行動是兩回事情。可蘇格拉底天天這麼追問你，顯得你很沒有水平，所以大家不勝其煩，一合計就把蘇格拉底判處了死刑。

「蘇格拉底之死」之所以被看作西方哲學的開端，就意味着哲學思考與實踐之間存在着緊張的鴻溝。雖然蘇格拉底被判處死刑，但柏拉圖給蘇格拉底提供了系統的哲學辯護，那就是「未經審查的生活是不值得過的」，唯有明白人生意義的人才是真正的自由人，也就是主人，而不明白人生意義而每天陷入具體工作，無論是修鞋還是審理案件，終究不過是社會生活的奴隸。因此，哲學就是主人的學問，也就是自由人學問。在《理想國》中，柏拉圖又進一步提供系統的辯護，即沒有接受哲學訓練的人其實不明白，他們日常的生活沒有意義，不過是黑暗洞穴中的生活，他們所說的人生意義不過是神學、常識和意識形態炮製的可憐幻影，而唯有哲學家真正看到洞穴外真理的光明。因此，哲學家就要承擔起哲學王的君主職能，向大眾進行啟蒙教育。可見，哲學家才是世界真正的主人，真正的君王。而如果沒有哲學的指導，君主統治、貴族統治和平民統治就會變成僭主統治、寡頭統治和暴民統治，這不過是奴隸的諸種生活方式。

在希臘的背景下，所謂的自由人就是一天到晚展開哲學辯論、探尋城邦共同體生活意義的人，而從事實際工作的人，尤其是養活他們而

從事經濟活動的人就看作是卑下的「家政」（economy）幹活的人，由婦女領導奴隸們幹的，而奴隸不過是「會說話的工具」。西方人把這種聊天稱之為思想「對話」，在這種對話背後遵循的法則就是「羅格斯」（logic），通過邏各斯發展的真理就是「勞心者」所關心的。同樣，如果我們看看孔子和孟子，一點類似的地方。比如他們關心「仁愛」「仁政」「王道」以及圍繞這些問題展開的治國理政的大道理，但很少討論稼穡的經濟問題，以至於被批評為「四體不勤，五穀不分」。孔子也因此把從事經濟事務的人看作「小人」。如果從哲學家的角度看，無論是擁有權力的君主，還是擁有財富的商人，更不用說從事百業的社會各界，終究不過是生活在洞穴中的奴隸，因為他們不明白世界的真理，不明白人生的意義，這樣的生活和動物有什麼區別？由此我們看到，這些人雖然每天高談闊論，討論一些空洞的概念，但他們掌握着對人生意義的定義權，對政治正當性的定義權，也就是我們今天所說的話語權。因此，當君主或者商人乃至百姓要追問人生意義的時候，就不得不向他們求助。於是，我們發現人類歷史上，這些掌握關於人生意義的知識的空談理論家，始終是世界的主人。比如早期會占卜的巫師，宗教興起之後的僧侶，現代的政治思想家。想想看，我們今天的政治家哪個不是活在自由、人權、法治之類啟蒙思想家提供的概念體系中，成為他們提供的概念體系和意義世界的囚徒。同樣，看看中國的頂級富豪，要麼迷戀一些民間的雜耍巫師，要麼就要供養一個不知來歷的波仁切，原因就在於欲望滿足之後需要更高的精神追求，領悟人生意義。所以，我們學習法律，從一開始就選擇了臣民技藝，有錢人僱傭你是為了打官司，而如果你學了中國哲學，尤其學了佛學，有錢人或許會把你供起來，聽你講課。你看現在各種總裁培訓班，沒有人願意聽法律，更不願意聽商業管

理，但講國際政治他們喜歡，講國學他們也喜歡。因此，自由教育在西方始終是貴族的教育，是培養統治者的教育，是明瞭宇宙真理和人生意義進而掌握話語權的教育。

在西方，之所以把這種主人教育稱之為「自由教育」，首先在古希臘羅馬是因為有「奴隸」這個會說話的工具階層的存在，而在中世紀神學的背景下，人類沒有思考的自由，無法通過理性思考獲得知識，只能通過信仰上帝獲得知識。隨着文藝復興和宗教改革，古典的「自由」概念開始復興了。但這一次，「自由」概念不是針對「奴隸」，而是針對「信仰」。「自由」就意味着擺脫天主教會和神父的訓導，運用上帝植入人心的良知來獲得對上帝意志的認知。因此，「自由」就意味着「良知自由」，人可以運用上帝賦予的良知，通過閱讀聖經來認識上帝。這對天主教會來講無疑是一場政治革命。

比較之下，中國古代社會是典型的農業社會，雞犬之聲相聞，老死不相往來，天高皇帝遠，每個人都享有自己的自由。這裏既沒有奴隸制，也沒有神權政治，因此自由之於中國人，就像空氣之於日常生活一樣，屬於「日用而不察」。讀儒家、道家，讀史記，讀唐詩宋詞，中國古典文化中始終洋溢着自由精神。恰恰是由於中國人擁有普遍的自由，因此才不需要概括出「自由」這個詞來爭取這種理想的生活狀態。在這個意義上，也許恰恰是生活中缺什麼，覺得什麼珍貴，才創造一個概念來追求這種理想狀態。與西方意義上的「自由教育」這個概念相對應的概念，實際上就是孔子開創的「君子教育」，二者都屬於主人教育。孔子之所以強調「君子」，恰恰是由於中國人沒有神學的東西，太世俗了，太容易成為追逐財富的「小人」，以至於孔子強調要着力培養追求仁義的「君子」。我們之所以說中國文化是儒釋道互補，就在於道

家佛家強調不受國家法律約束的自由，而儒家始終強調要用天道、禮法約束君主權力，約束臣民的放縱。儒家和法家的最大區別在於前者強調君子乃至聖人才是真正的主人，而後者強調官吏和君主才是真正的主人。儒家有更高的關於人生意義和天下秩序的理想，而法家只有國富兵強這個比較低俗的標準，因此儒法結合構成了中國政治的基本秩序。

中國農業社會並不缺乏個人自由，甚至流動的自由變成對穩定的農業社會的衝擊。因此，北方的遊牧民族和中原缺乏土地的流民，始終是政治秩序的威脅者。在這個意義上，中國文化從一開始就有意識地抵禦放任的、流動的自由，這與西方商業社會給「自由」賦予商業自由的流動性理解完全不同。近代中國由於文明秩序解體，陷入封建割據、山頭主義、一盤散沙的境地，中國才需要一個強調嚴格的組織型和紀律性的列寧主義政黨來重建中國現代秩序。由此，我們才能理解為什麼毛澤東在延安整風運動中首先批評和整頓的就是黨內的「自由主義」，大家如果仔細讀一下毛澤東的這篇文章，就會看到自由主義的種種表現，其實都反映出農業社會的典型特徵，也就是我們常說的自由散漫。比較之下，一個工商業社會反而是一個嚴格分工、通過紀律和法治來嚴格治理的社會。福柯在《紀律與懲罰》中專門描寫了現代社會中權力滲透在日常生活細節中的景象。因此，當我們理解西方的自由概念，一定要放在西方的語境中，尤其放在工商業社會的背景下來理解。不能因為中國古代沒有創造出「自由」這個概念，就認為中國人在實踐中也沒有自由，反而是由於中國人享受了太多、太大的自由放任，中國才會創造出「禮」和「法」這樣的概念來約束中國人的自由，使其服從於規則的治理。

除了中國農業社會與西方商業社會的潛在差異，中國與西方的主人教育思路也有所不同。比如我們剛才講的柏拉圖對話，是一種嚴格的

一句接一句的邏輯推理辯論。《理想國》中的對話是從傍晚開始的，中間沒有任何中斷，除了對話，還是對話，對話促進思考，思考引發對話，通過對話不斷推進思想的上升，這就是西方大學的原型。然而，我們在《論語》的記錄中，孔子說的話很少，都是針對具體問題，言簡意賅，沒有辯論、反駁的層層推進，我們在《朱子語類》《傳習錄》中也看到類似的問答情況。所以，黑格爾認為孔子算不上哲學家。那麼，孔子教學的場景是什麼？就是「莫春者，春服既成，冠者五六人，童子六七人，浴乎沂，風乎舞雩，詠而歸。」那不是我們今天在大自然中唱歌跳舞，而是中國古典的禮樂教育。由此我們看到中西方文明在主人教育上的差異。中國人不是夜半燈火中討論思考生死信仰、理想城邦和人生的意義問題，而是在春夏秋冬、山川河流的大自然中，通過禮樂的行為舉止來展現人生的意義。因此，對西方人而言，抽象的形而上學乃至神學的思考奠定人生基礎，關心的是如何認識自己，對中國人而言，生生不息的自然和知行合一的日常生活實踐奠定了思考人生的基礎，關心的如何修身，「自天子以至於至庶人，壹是皆以修身為本」。因此，在西方大學中，認識世界，認識自我，理論思考和抽象知識孕育了現代西方的科學精神，即以客觀的、冰冷的眼光看待自然宇宙和人生，通過語言符號來生產各種理論和知識，從而建構起西方文明的傳統。而在中國大學的開端，我們總是懷着美好神聖的情感看待自然和宇宙，看待我們的社會和人生，一切美好的東西最終都凝固在人身上，重在修身齊家治國平天下。這種中西差异就體現為追求知識和培養德性的差异。

　　無論是中國古典的君子教育，還是西方古典的自由教育，說到底都是貴族教育，都是培養勞心者的教育，培養他們的統治技藝，告訴臣民什麼才是美好的生活，為什麼臣民應該接受他們的統治。由此，我們

也能理解《哈佛通識教育紅皮書》的教育理念，那就是隨着社會變遷，平民子弟紛紛進入大學，他們本能地學習能夠賺錢養活自己的職業技術，而社會的民主化也會讓平民子弟也可以進入統治者的行列。如果他們不懂自由之道亂來怎麼辦，那就讓他們接受貴族的自由教育，傳授他們統治的技藝，從而培養他們加入到統治者的行列，防止他們完全不服從統治，變成推翻這個西方文明秩序的革命者，比如成為馬克思主義者。由此，原來僅僅針對貴族階層作為統治祕籍的自由教育，現在對平民開放變成了通識教育。可以說，哈佛紅皮書的通識教育就是西方版的科舉制度，開放平民使其接受統治者的意識形態，然後將其優秀者吸納到統治者行列。因此，雖然西方通識教育強調讀大書，讀經典，但基本上是自由主義這一脈的理論傳統，馬克思主義的著作一般不會被列入通識教育的經典大書中。當然，受到後現代思想影響，有些西方大學強調多元文化，各個文明傳統中的經典。同樣，馬克思主義雖然是中國大學思政課的主流，但今天理解的馬克思主義和革命時代理解的馬克思主義已經完全不同了。那個時代理解的馬克思主義主要是階級鬥爭和暴力革命學說，甚至毛澤東說馬克思主義的真理一言以蔽之，就是「造反有理」。今天的馬克思主義教育當然不可能是造反的教育，而是成為社會主義事業接班人的主人教育。

「腦力」與「心力」

目前，社會輿論中流行一種非常有害的教育觀念，就是強調所謂的「快樂教育」。這股教育理念在社會上蔓延開來，尤其對中學校教育觀念的衝擊非常大，而且提出一個所謂的「北歐教育」模式。而這種教

育理念在公共輿論中的傳播，導致很多同學對我們在大學階段所提倡的通識教育或自由教育產生很大的誤解，以為自由教育就是讓大家從高考的壓力中解放出來，從而將自由教育理解為一種輕鬆的、快樂的教育。尤其你們的家長往往會說，上大學可以放鬆一下，不要那麼用功學習，可以混一些「水課」，多參加社會活動，多交朋友等等。這實際上是一種非常流行但錯誤有害的觀點，也反應出流行文化中對「自由」這個概念的膚淺理解，將自由理解為隨心所欲的放任自流，甚至是不要約束的解放，並以此批評高中教育模式和高考制度，認為這種嚴苛的訓練摧殘人性，以至於自由教育就是沒有痛苦的「快樂教育」。這種觀點把大學和中學對照起來，認為中學完全是讀書考試的機器，大學很自由，不需要太用功，可以隨心所欲。這種對「自由」的理解恰恰是當年毛澤東在「反對自由主義」這篇文章所批評將自由理解為隨心所欲的放任、目無紀律法律的放肆。

　　和中學教育相比，大學教育的確強調自由，但這種自由並不意味着輕鬆。以為大學比中學輕鬆，不僅是大學教育的誤解，也是對教育本身的誤解。如果將教育理解為園丁對作物的培育，你們見到哪片土地上作物的生長不需要艱苦的勞作？如果將自由教育理解為自由放任，那最終結果一定是荒蕪的雜草園。「荒蕪的雜草園」不就是當下精神狀況的真實寫照？各種各樣的時髦觀念在流行，但都變成可怕的、泡沫一樣轉瞬即逝的娛樂，缺乏思想應有的嚴肅和深度，缺乏精神的應有超拔和力度。自由教育本質上是一種主人教育，不僅訓練自己如何成為臣民服從自己的指導，更要訓練自己如何成為主人來指導自己。在這個意義上，大學比高中更為艱難，因此要求也更為嚴苛。

　　進入大學，大家首先面對的各個專業。「專業」這個概念在英文中

就是 discipline, 意味着嚴格的紀律和訓練。「玉不琢，不成器」，要將大家培養為某一方面的專業人才，不經過痛苦磨練是不可能的。唯一的區別在於你想成「小器」還是成「大器」，用今天的話說就是成為普通人才還是成為卓越人才。同學們有來自各個院系的，你們比較一下每個院系專業課程的難度，就知道哪些院系畢業經過了嚴格的訓練，哪些院系不需要在學業上花多大精力就可以畢業。經過這樣長期的纍積，我們在社會上就可以評價哪些院系畢業的學生很優秀，哪些院系畢業的學生普遍很水。

　　大學教育比中學教育更具有難度，付出艱辛往往是你們在中學階段難以體會到的。就「體力」而言，大家的體會就是中學睡覺很少，甚至沒有時間鍛煉身體。大學的自由首先就是在「體力」的分佈上，有了很大的自由活動空間，可以用在自己的愛好、社會活動上。但就「腦力」而言，中學只是簡單知識的機械背誦，而且知識上限有天花板，但在大學，知識沒有上限，每個專業都有入門著作到高難度的經典著作，因此高中畢業的差別往往是掌握知識的量上的區別，而大學畢業的差別是知識難度、思考深度在質上的差別。大學要付出「腦力」比高中更大，眼前總有更多、更難的著作需要閱讀。

　　但更大的區別在於大學要經歷中學難以體會到的自由環境中對「心力」的巨大考驗、磨練。這裏所說的「心力」不僅是高中時期閱讀詩歌小說的情感體驗，而且通過艱深的專業知識來體會和思考人類面臨的各種複雜社會問題。比如文學作品描述的人類悲喜劇往往以戰爭、革命、暴政、蕭條等作為背景，而唯有對這些問題有嚴肅認真的理論閱讀和思考，閱讀哲學、史學、政治學、社會學等領域的經典，才能將文學閱讀中情感體驗變成對更深層社會問題的冷靜洞察和把握。自由教育恰

恰是通過對這些經典著作的閱讀來磨練我們的心力，使得我們能够面對人性中的黑暗，社會的黑暗，在心智上更加成熟。因此，偉大的理論家和思想家同時是偉大的作家，而偉大的作家也同樣是思想家，必然對人類生活的運行以及人性本身有着更為深切的理論把握。讀理論書、思考社會生活中的問題，甚至在社會實踐中體驗校對這些問題，都是一項反覆思考琢磨、修正沉澱的艱難過程，所用的不僅僅是體力和腦力，更重要的乃是「心力」，不僅是大腦的思考，而且是心靈的感受和體驗，也就是所謂的「念念不忘」。

正是因為投入巨大的「心力」，大學中的自由和快樂，不是淺層感官享受的快樂，而是伴隨着的艱苦的思考和探索而有所明白、有所領悟從而不斷提升自己的精神境界而體會到的深層愉悅乃至幸福。在這個意義上，自由教育不是追求轉瞬即逝的「快樂」，而是追求人生持久甚至永恆的「幸福」。因此，這種幸福與痛苦和絕望等情感不是矛盾的，而恰恰是在人的喜怒哀樂各種情感的磨練下積澱下來的一個恆久穩固的地基。自由教育有自由活潑的氣質，但絕不是簡單的快樂教育，有時必須伴隨着痛苦才能成熟，包括艱難閱讀的痛苦，思考寫作的痛苦，面對選擇的痛苦，面對挫折的痛苦，甚至可以說是苦中作樂，也就是流行的「痛並快樂着」。天下沒有免費的午餐，沒有不費力氣取得的成就，沒有不付出艱辛就能體驗到幸福。自由教育往往是在探索各種可能性中找到這個穩固不變的地基，包括我們常說的三觀教育，使人的世界觀、人生觀和價值觀在經過各種知識的挑戰和疑問，乃至社會現實的考驗之後穩固下來，從而明白我是誰，我的興趣愛好是什麼，我能做什麼，一生的責任和使命是什麼，這才能成為自己推動生命成長向上的動力源泉。由此通識教育最終要培養的是這種「心勁」，在痛苦和挫折中給養

以飽滿的熱情面對生活的生命力量。這樣的人就成為一個自己教育自己、自己引導自己的成熟的人。

由此，我們可以區分「腦力」和「心力」。前者就是我們常說的聰明、智力和智商，是對事物進行客觀分析和領悟把握的能力，這往往體現為一種工具理性的計算；後者就是我們常說的價值觀、品德和情商，是對人生目的和意義領悟能力以及由此推動的實踐行動能力，這往往體現為一種價值理性的追求。僅僅擁有「腦力」而缺乏「心力」就是我們常說的「小聰明」（smart），而唯有將「腦力」與「心力」結合起來，讓「腦力」服務於「心力」，服務於品德的養成和人生意義的探索和行動，才成成為通常所說的「大智慧」（wise）。在這個意義上，大學中的專業教育往往傾向於前者，而自由教育恰恰傾向於後者。而正是後面這個領域，在做一個什麼樣的人這個問題上，大學給你開放出一個自由探索的空間。每個人在教師和偉大經典著作的引導下探索來認識自己，最終使自己成為自己的老師，自己成為栽培自己的園丁，自己成為統治自己的主人，從而完成教育階梯中從家長主導、老師主導到自己主導的接力。

在這個過程中，我們會發現人與人的先天差異。有些人很快發現了自己的興趣和愛好，並專門向這個方向發展，甚至很多人是在兒童時期就發現了，比如科學人才、文學人才、藝術人才、體育人才，如果這些人才進入大學才開始培養，往往就錯失了機會。但除了這些少數天才，大多數人都是社會上形形色色的職業人才。大家往往是在進入大學之後才逐步開始探索發現自己的愛好和發展方向，因此才有所謂的「先知先覺者」「後知後覺者」和「不知不覺者」的區分。專業的選擇和發展如此，品德的養成和人生意義的探索也是如此。有的同學從小良好的

家庭教育就已經初步完成這方面的教育，而有的是在進入大學之後，甚至是在工作很多年之後，才開始探索這個問題並明白這個道理，而有的人終其一生不會去思考這些問題，在社會大潮的裹挾下按照常識來生活。如果明白這個道理，即使大學階段似乎沒有找到自己的熱愛，那也不要着急，人生不是一場競賽，不要和別人攀比，而要和自己比較，只要你今天比昨天有所進步，那就值得驕傲和讚美。

　　由此，進入大學之後大家面臨的挑戰不僅來自學習專業課程的「腦力」競賽，更重要的是來自探索自己未來職業方向和人生理想的「心力」考驗。你們很多都是各省的高考狀元，進入北大的水平差不多，但是半年之後一考試，一定有成績優秀的，也有成績不及格的。面對這個成績怎麼辦？這就是對「心力」的巨大考驗，很少有人能夠做到很淡定。有些成績優秀的同學因為看到了自己的成績優勢，反而很容易把人生目標鎖定在保研上，從此被上課和績點所捆綁、所左右，整個大學就被課程、績點和保研套牢了，不敢選難的課程，不敢自由地探索，害怕失敗，甚至陷入了焦慮和恐懼，擔心後面的同學追上來。這樣，一個原本具有優秀潛質的學生在這種自我保護的教育中反而變得越來越平庸，這就是全球教育中面臨的「溫順的綿羊」的問題。有些成績落後的學生，瞬間陷入焦慮，甚至採取「破罐子破摔」，天天玩遊戲，自我放縱，甚至陷入抑鬱症。這兩類同學的問題是今天大學普遍存在的問題，前者容易成為績點的奴隸，後者卻無法統治自己，二者都背離了通識教育所說的「自由」。這些問題的根源不是出在「腦力」上，而是出在「心力」上。說到底就是心上缺乏力量，缺乏統治和支配自我的力量，缺乏成為主人的力量，既沒有抗拒眼前誘惑（績點）的力量，也沒有面對挫折重新站起來的力量。

　　在大學本科一開始，我也是按照高中學習的習慣上課學習，可是半年下來，我的政治經濟學課程只考了 60 多分，按照當時學校規定沒有推薦保研的資格。對於這個結果，我也感到很沮喪，但是反而一下子有種被解放的自由感覺，從此不再將自己的精力局限在課程上，反而有更多的時間和精力泡圖書館讀自己喜歡的理論著作，開始自由探索的歷程。因此，我希望大家不要像高中那樣關注課程和考試成績，甚至保研，而是充分利用這個難得的自由探索空間發現自己，為自己的長遠發展存儲知識和力量。大學雖然是奠定個人成長的開端，但人生是一個漫長的旅程，不要關心是不是輸在起跑線上，而是關心是不是輸在終點上。哲學家把哲學理解為「向死而生」，就是把活着僅僅看作是人生的一個階段，重要的利用這個階段明白生前死後的道理，從而將自己的生活奠定在這個堅實基礎上，從容面對人生中各種艱難和挑戰。

哲學意識與哲學著作

　　上大學總是要讀一些哲學書，每個人都會說哲學很重要，是一切學科的基礎。但我們要區分「哲學意識」「哲學思維」與「哲學著作」。我讀本科的時候，就想讀哲學，我的高中語文老師推薦列寧的《唯物主義和經驗批判主義》，我讀了很長時間沒有搞明白。另一個哲學系的學長說，讀哲學怎麼能讀這樣的書，康德的「三大批判」才重要，我又專心啃了半年的康德著作，字都認識，可就是讀不懂。如果你們現在問我，我或許會說柏拉圖的《理想國》，但這本書我在本科時間讀了很長時間，也讀得稀裏糊塗。所以，我一般不給本科生抽象地推薦這些經典著作，因為沒有老師帶着你讀，你根本不明白在說什麼。當然，我可

以推薦孔子的《論語》，即使你不上楊立華老師的《四書精讀》課程，也大體能明白一些基本的道理，但在黑格爾看來，孔子的《論語》是一些道德格言，算不上哲學，當然他說的哲學是西方形而上學的思辨哲學。這就導致一個問題，每個人都說哲學重要，可是大多數人對讀哲學著作望而生畏。

這就意味着我們的通識教育陷入了誤區，把「哲學意識」或「哲學思考」與「哲學著作」或「哲學經典」混淆了，把「哲學家」與「哲學課教師」混同了。哲學問題和哲學思維是每個人頭腦中天生就具有的，而哲學著作乃至經典不過是對這些普遍性問題的系統闡述或解答，而且不同的文明、不同的哲學家對這個問題的回答不一樣，甚至相互矛盾、衝突。因此真正的哲學乃是我們與生俱來在頭腦中產生的哲學意識，它是根本，是起源，而這些哲學著作不過是不同時代哲學意識的文字凝聚，是一個時代的成果。在這個意義上，具有「哲學意識」，思考「哲學問題」，擁有「哲學思維」的才是哲學家，而專門傳授哲學著作或哲學知識的往往是專業的「哲學課程老師」，並不一定是哲學家。如果我們一想到哲學，就想到哲學著作、哲學課程和哲學課程的老師，好像我們不讀這些書、不聽哲學課程就完全不懂哲學，那顯然是本末倒置。因此，哲學不等於哲學著作，哲學家也不同於哲學課教師。明白這個本末的道理，那麼，一開始就不一定去盲目地讀哲學經典，聽哲學課程，而是首先培養起自己的「哲學意識」或「哲學思維」，唯有自己具有了哲學意識才能讀懂哲學書，否則你不明白這些哲學家在思考什麼，這些著作為什麼要這麼說，甚至哲學課程上的知識除了用來考試之外，沒有真正推動你的哲學思考。

哲學看起來最抽象的，但卻是非常普遍的、具體的，看起來說玄

妙的，但其實是最實用的。比如說，大家在高中學過一點哲學就會知道辯證法，說要解決主要矛盾，抓住矛盾的主要方面。辯證法不就是非常實用的嗎？人生的每個階段都有其主要矛盾，該讀書的時候你不讀書而談戀愛，到了婚嫁年齡却忙着工作不談戀愛結婚，這不就是未能抓住主要矛盾嗎？那麼你們今天的主要矛盾是什麼？不就是解決讀書思考面臨的問題嗎？再比如，大家小時候都會問父母？為什麼要好好學習？我不讀書不考大學不可以嗎？這個問題就是哲學問題，是最普遍、常見的哲學問題。每個父母給出的回答不一樣，但每種回答背後都具有哲學思考，因為它涉及到人生的意義。可是，假如你非常認真嚴肅，認為人的一生非常短暫，怎麼過都是一輩子。因此，每天不去上校，吊兒郎當，甚至說「我的青春我做主」，這時候，父母要回答你的問題，要真正說服你，就必須面對這個非常嚴肅的哲學問題。正是在這個地方，父母就發現自己根本無法用常識道理來說服子女，他們也會為此很痛苦，因為遇到了他們也沒有認真思考的真正嚴肅的哲學難題。事實上，許多孩子就是因為沒有解決好為什麼有好好學習、人生有什麼意義這樣的哲學問題而荒廢青春甚至誤入歧途，等他們後來明白了這個道理，往往後悔莫及。現在，不少大學生出現了心理問題，甚至人們越來越傾向將心理問題看作是科學問題、醫療問題，動不動就吃藥治療，用藥物來麻木自己的敏感心靈。然而，我們恰恰要注意到，患上心理疾病的往往是心靈敏感、具有哲學意識的學生，心靈粗糙麻木的學生不可能有什麼心理問題，而這些學生恰恰因為心靈敏感，具有探究的天性，他們不滿足於常識，很容易產生哲學意識和哲學思考，思考人生意義。然而，這樣的思考如果沒有獲得家長、老師的積極解答和回應，甚至被一些家長、老師或同學看作是腦子有問題，敷衍、批評甚至嘲笑，導致他

們的哲學意識受挫，心靈受到傷害，慢慢形成心理疾病。就像剛冒出土的嫩芽，如果不是呵護，而是狠狠踩上幾腳，那會長成什麼樣子？。因此，要理解哲學首先就在於明白哲學解決什麼問題。

哲學首要解決的根本問題是認識世界和自我的問題。而認識自我就要追問人生意義，而追問人生意義往往要強調人與動物的區別。人與動物的區別是什麼？大家在高中政治教科書中可能學過馬克思說人與動物的區別在於會製造和使用工具等等。毛澤東為此專門寫了首詩，「人猿相揖別。只幾個石頭磨過，小兒時節」，強調把人從動物中分離出來的力量是人使用工具進入到石器時代。我不知道人類如果長期反覆教大猩猩如何使用工具會不會將其進化到人類。但我們必須注意，人猿相揖別的另一個重要起點就在於人穿上了衣服，否則人類不過是拿着工具、甚至先進工具的野蠻人，人類之間的仇恨、戰爭難道不是比動物更為野蠻、更為恐怖？為什麼穿衣如此重要，並非由於保暖功用，而是證明人有了羞恥之心。在猶太聖經中，亞當、夏娃吃了智慧果之後，就有了男女分別的羞恥之心。同樣，在中國聖經中，「惻隱之心、羞惡之心、辭讓之心、是非之心」乃是人之為人的四個開端，也就是人與動物的根本區別，這就意味着人的心靈具有比動物更為敏感、複雜的活動。這就意味着人與動物的區別就在於人擁有了在精神層面區分是非、善惡、美醜的能力，當然，如果我們仔細觀察動物在這方面也有一些初步的能力，尤其動物的同情心比人類更充分。那麼，進一步的區別究竟在哪裏？恐怕一個重要的地方就在於人能夠將自己複雜多樣的想法用語言符合表達出來、記錄下來。因此人與動物的最大區別其實就在於語言文字的發明。

為什麼這種區別如此重要，就在於如果沒有語言文字的記錄，人

類認識世界和自我的知識積累和增長只能依靠上一代言傳身教，最終只能是類似經驗在一代一代之間的重複。然而，一旦有了語言文字之後，意味着上代經驗可以通過文字不斷累積下來，以至於後來人通過文字可以迅速學習掌握還祖先很多代人累積下來的智慧。這種經驗通過文字的不斷累積就意味着知識加速增長，也意味着人類的能力以幾何級數加速的方式不斷增長。大家今天接受的知識不是上一代人的經驗累積，而是人類幾千年經驗的彙計，而且知識和經驗可以通過文字進行傳播，一個農業社會中生活的人可以通過文字知識掌握互聯網時代的生存技能，這意味着大大拓展了人的生存能力。一句話來總結，動物主要生活在自然世界中，他們的思想精神世界很薄弱，然而，人類的不同就在於我們雖然也生活在自然世界中，但更多地生活在通過語言文字建構起來的精神世界、人文世界中，因此人是一種「語言符號的動物」。比如人類可以形成國家組織，建構起複雜的政治法律秩序、貨幣體系和經濟秩序等等。但這些秩序都建立在語言文字建構起來的精神秩序之上。為什麼一張在動物眼裏沒有任何意義的普通紙張，在人類眼裏就變成了神聖的貨幣，為什麼一張紙上寫着在動物眼裏沒有什麼區別的符號，可在人類的眼中就有了獨特的魔力，要麼被看作是神的意志，要麼被看作是國家的律法，從而使人對其俯首聽命。人類竟然聽命於人製造的一張紙，聽命於人寫下的文字符號，如果從動物的眼光來看人類，你不覺得人類非常幼稚可笑嗎？

　　如果從這個角度看，人類最偉大的發明乃是文字，是文字將人類與動物真正區別開來，人類不同於動物的地方就在於人類運用文字創造了一個獨立於自然的世界，這就是我們經常講的文化或者人文世界。如果說動物是自然的奴隸，而人類藉助文字彙計形成的科學力量從自然中

解放出來。因此，人類偉大的成就乃是圖書館，而圍繞圖書館必然形成大學。大學是連接人類過去和未來的紐帶，一切人類的歷史、智慧都凝聚為書本中，而人類未來的發展方向也凝聚在書本中，人類的一切智慧的精華都凝聚在大學中，人類的靈魂就在大學的圖書館。圖書館就是全人類的上帝。博爾赫斯不是說，他想像的天堂就應該是圖書館的模樣。如果說大學是神聖的殿堂，那麼教師就是傳道授業解惑的園丁。圖書管和大學乃是推動人類向前發展的最重要的動力。

　　大家想像一下，如果現在我們突然沒有了文字和書籍，人類社會是什麼樣子？一切權威和意義都不存在了，整個人類社會秩序瞬間崩塌，是不是馬上就會陷入人對人是狼的野蠻衝突？這意味着什麼，意味着我們要對大學、對圖書館、對語言文字和書籍要保持一份敬畏之心。甚至對自己、對整個人類保持敬畏之心，即為什麼在蒼茫宇宙中，有這樣一羣渺小的動物，竟然想通過自己的思想、語言和文字來猜透整個宇宙的祕密？去追問這個宇宙究竟是誰創造的，它來源於何處，最終走向哪裏？帕斯卡爾（Blaise Pascal）說，人是脆弱的蘆葦，但卻是會思想的蘆葦。其實，人連蘆葦都算不上，不過是宇宙中的一粒塵埃，然而你卻可以思考整個宇宙。這樣想一想，你是不是覺得自己很偉大？面對大自然的萬千物種，想像自己竟然能够成為一個人，是不是一個了不起的奇跡？如果你這樣想過，就意味着你即使不讀哲學書，先天地就具有了哲學意識，恰恰是在閱讀中不斷激活自己先天具有的哲學意識，你才能慢慢讀懂哲學書。

　　在這個意義上，我們可以說，哲學意識其實就源於這份敬畏之心，懷着敬畏來思考整個世界的祕密。思考這種能力究竟是誰賦予的？人類是從哪裏誕生的，是誰創造的？整個宇宙和世界的法則是什

麼？人類是通過什麼機制認識這個宇宙和世界的？隨之而來的問題就是人類應當如何生活？如果不同於動物世界的按照本能的生活，人類應該按照怎樣的法則或尺度來生活？所有這些問題的思考就成為哲學問題的源頭。如果我們把這些問題歸納一下，那麼哲學實際上就是從根基上回答宇宙、人類、自我和世界是什麼、為什麼、怎麼看和怎麼辦的問題，也就是我們通常所說的世界觀、價值觀和人生觀的問題。

因此，讀哲學書，重要的不是接受其觀點或結論，而是沿着這種哲學意識本身懷有的敬畏之心，明白不同的哲學書其實就是從不同的角度解答其中不同層面的問題。如果明白這個道理，那麼，人類對哲學意識的第一個回答其實是神學，即將這世界理解為神的創造，由此形成了各種宗教，系統解答上述的問題，並以此來安排人類社會生活秩序的方方面面，形成了神權政治和君權神授理論等等，至今在我們的政治體制中依然需要回答政教關係的問題。第二個回答就是哲學，就是用人的理性來取代神的意志，用人的理性的思考這個世界。古希臘智者主張的「人是萬物的尺度」，就是用哲學取代曾經的「神是萬物的尺度」。而蘇格拉底之死的罪名是在希臘城邦中帶入「新神」，那就是他試圖用哲學思維來取代傳統的神學思維，因此蘇格拉底之死往往被看作是西方哲學的開端。在中國，「學而思習之，不亦樂乎」，就是強調人運用自身的學習、思考能力來理解宇宙萬物，格物致知，修身齊家治國平天下。第三個回答乃是科學，尤其是現代科學的興起，不僅推動了啟蒙哲學，而且奠定了整個現代科學體系。今天，我們所說的哲學往往是後面這兩種，而忽略了神學、迷信甚至巫術都在回應人類的哲學意識，對於普通人而言他們更依賴類似「善有善報、惡有惡報」的常識來生活。

因此，哲學、神學和科學實際上就是對人類哲學意識的最為全面

和系統的思考，並因此奠定了人類整個知識、整個人文世界的基石。其中的經典著作為人類文化建構的這個空中樓閣奠定了基石或梁柱。通識教育之所以強調研讀這些經典的大書，就在於從人類文明秩序的根基上思考人類面臨的問題。比較之下，各種具體的專業知識不過是這個空中樓閣中的具體房間而已。人類不同的文明建構起不同風格的空中樓閣。五四新文化運動意味着什麼？就是我們從根基上拆除了傳統中國文化所建構的空中樓閣，試圖模仿西方的空中樓閣，重建建造我們中國人新的生活世界。這樣，我們就能理解我們今天的文化格局，就是我們的空中樓閣喪失了自己的藝術風格，既有來自西方的各種風格，也有自己古老的殘垣斷壁，從而變成一個四不像的東西。我們現在要做的就是在這個基礎上不斷修補、重建，最終形成我們自己的風格。因此，唯有明白這個道理，慢慢思考這些問題，我們才能在讀書、思考和理論中有一些哲學問題的關照，理解這些經典著作是在哪個方向上思考。

如果說，我們人類生活在語言文字建構的一個人文世界或者意義世界中，我們也可以說，人類實際上將自己囚禁在文字建構的意義世界中，甚至這個文字的世界扭曲了真實的客觀世界。看看人類歷史上的種族、王朝、宗教之間的血腥戰爭，哪個不是起因於文字創造的相互敵對的意義系統，比如基督教與伊斯蘭教的千年戰爭，不就是他們通過文字符合創造出兩個不同的宗教意義世界，並彼此將對方界定為異教或敵人嗎？這在其他文明看來不就是莫名其妙嗎？猶太聖經中用巴比倫塔的比喻，就是告誡人們，由於語言文化的不同，導致彼此無法相互理解，以至於產生形形色色的戰爭衝突。

由於人類生活在語言文字建構的意義世界中，那麼掌握着這種語言文字意識的「勞心者」就自然成為統治者，而不掌握這種語言文字意

義的「勞力者」就成為被統治階級。隨着科學技術的發展和教育的普及，「勞力者」在社會中地位越來越重要，他們起來反抗「勞心者」這個階級，市民階級對僧侶教士階級的資產階級民主革命，無產階級反對資產階級的民主革命，由此階級鬥爭也就變成對維持這種階級統治秩序的價值觀念乃至整個文化形態的鬥爭。托克維爾說，民主是人類的命運，就是看到思想啟蒙、知識擴展、文字大眾化、小說報刊等公共輿論的發展推動人與人日趨平等。在這個意義上，我們才能理解馬克思為什麼強調人與動物的區別不是言語文字，而是勞動，實際上就是站在長期被壓迫者勞動大眾的立場上，將他們建構為世界的主人，比較之下傳統的勞心者就變成了不勞而獲的寄生階層。由此，我們才能理解新文化運動為什麼從改革文言文、推廣白話文開始，而推翻幾千年的封建秩序也就從「打到孔家店」開始，打破語言文字建構的意義牢籠的束縛，重建生活秩序的意義體系。

在這個立場上，毛澤東寫「人猿相揖別」就是思考人類社會的歷史命運，實際上就是批判人類被囚禁在語言文字的牢籠中，以至於人類歷史變成了比動物更野蠻恐怖的戰爭歷史：「人世難逢開口笑，上疆場彼此彎弓月。流遍了，郊原血」，而這種戰爭的歷史恰恰源於歷史上代表統治階級的帝王將相將自己的利益用文字的東西加以粉飾美化，用來壓迫被統治階級，把反抗統治階級的鬥爭定義為盜匪。而毛澤東恰恰站在歷史上被壓迫的人民群眾的立場來反思用文字編織的整個人類歷史和人文意義世界。「一篇讀罷頭飛雪，但記得斑斑點點，幾行陳跡。五帝三皇神聖事，騙了無涯過客。有多少風流人物？盜跖莊蹻流譽後，更陳王奮起揮黃鉞。」

因此，人與人的利益爭奪，也就會變成語言符號編織的理論武器

的爭奪，甚至就是大書與大書之間的戰爭，比如啟蒙思想家的著作既是與中世紀神學家的經典展開戰爭，也要和柏拉圖、亞里士多德的古典著作展開戰爭。正是由於 18 世紀以來，歐洲的各種各樣的哲學觀念，比如自由主義、保守主義、共產主義，展開難分難解的「諸神之爭」，歐洲哲學家試圖將哲學與政治區分開來，或者將純粹的、科學的哲學與政治意識形態區分開來，建構一套完全與政治觀念、價值觀念無關的純而又純的、有助於達致相互理解和共識的哲學分析工具，這就是在英美越來越流行的語言哲學和分析哲學。而這種科學主義的哲學傾向，實際上無法回答人生意義問題，其本質上必然是虛無主義，由此我們能夠理解為什麼科學理性、現代性和虛無主義是一個事物的兩個方面，而這種科學主義的進展必然在推動機器人時代的到來，機器人不需要思考人生問題，從科學的眼光看，思考人生意義恰恰是人性的弱點。我們唯有理解西方哲學的這種內在發展脈絡，才能激活自己的哲學意識，重新閱讀哲學著作，理解自己所學內容奠定在怎樣的哲學基礎上，也能理解為什麼我們中國將馬克思主義中國化奠定為自己的哲學基礎。

　　從這個角度，我們要理解今天我們正處在互聯網帶來的一場偉大的社會革命，尤其是知識的擴張以前所未有的方式展開，以至於圖書館的神聖地位被互聯網取代了，甚至大學的圍牆也把打破了。今天，大家的知識有多少是在互聯網上獲得的？有多少是在北大之外獲得的？尤其全球的網絡公開課程、喜馬拉雅這樣的聽書讀書網站軟件、B 站這樣開放的講座課堂，使得圖書館和大學扁平化、互聯網化。這樣，各種具體知識的獲得已經為社會大眾開放了，那麼你們作為北大培養的精英，優勢在哪裏？那就必須在知識的根基上下功夫，閱讀經典著作，培養自己的哲學意識和哲學思維，從而在如何整合知識、如何運用知識上下功

夫，而不是在簡單的背誦掌握知識。這就相當於別人都在做專門知識累積的網站時，你在搞搜索引擎，別人在做專業網站的時候，你在搞電子商務，別人在編程序做軟件的時候，你在做開放源代碼。這就是哲學思維與具體專業知識的不同，就是知識大廈的四梁八柱與具體房間的不同。一句話，大家是在不同的維度上思考問題，高緯度對低緯度就會構成降維打擊。

如果明白了這個問題，大家就能在課堂上區別哲學家與哲學課教師的問題，二者就處在不同的維度上。後者傳授的是專業知識，清晰地講述一個哲學家的思想及相關知識，但前者卻通過講述這個哲學思想引導你去思考哲學問題，激活你的哲學意識，從而讓你和這個哲學家展開對話，明白他們說的是什麼，更明白他們為什麼這麼說，他們這麼說的時候想的是什麼問題。如果你也在思考這個問題，那麼這個哲學家的思考也就自然地內化你自己的思考的一部分，就成為你思考世界的知識資源和儲備，這個哲學家的思想精神就活在了你的身上，他給了你看世界的問題框架、思路和眼光。如果從這個角度看，很多人也許不是教哲學的，但卻具備了哲學家的氣質。比如華為的任正非，當他說華為的科技探索已進入茫茫大海，陷入迷航時，其實已經是進入到哲學家或科學家對宇宙萬物法則的思考。而這樣的思考會激發你的哲學意識，推動你去思考和探索這樣的問題，即科技發展的未來方向什麼？人類未來的命運是什麼。相反，有些哲學專業老師的哲學課程講得非常精彩，但這些哲學知識不過是謀生的工具，他傳授的僅僅是哲學家的哲學知識，他並沒有沿着這個方向展開進一步的思考，在生活中完全不遵循這些哲學的教導，他們有自己的一套生活哲學。柏拉圖的《理想國》中形象地區分了哲學家和哲學課教師。如果我們用韋伯的話來說，哲學家是「為了哲學

而活着」，他們的人生就是回應哲學意識，踐行自己的哲學理想，而哲學課教師是「依賴哲學而活着」，當哲學老師不過是一種職業而已，與專業老師僅僅存在分工的區別。我們學習哲學，不是為了「依賴哲學謀生」，而恰恰是激活我們天生的哲學意識，讓哲學思考指導我們的生活，讓我們成為自己的哲學家，指導自己的生活。明白了這些道理，你們在法律課堂上就能區分哪些是法學家，哪些是法律專業課教師，在自然科學課程上也能區分誰是科學家，而誰是這些科學課程的教師。

問題與知識

大學本科一年級應該多讀文學和歷史，這樣與中學的知識培養起來的能力可以無縫對接，在這個基礎上增加理論難度。對於各種專業領域的理論也是從史入手，建立一個知識圖譜和框架。比如先要讀中外哲學史和政治法律思想史，現代社會理論和經濟理論的各種思潮和流派等，這些思想史著作也儘可能選擇經典著作。唯有對這些領域中的思考傳統和思考脈絡有一個基本的了解，才能理解各個學科和專業一以貫之地思考哪些問題，並且不同時代、不同思想家提出怎樣的理論、概念給予不同的回答。這樣閱讀有兩個好處，一方面自己的腦子理建立了一個思想書架，以後學到的理論和知識就可以放在這個書架上，知道這個問題在何時由哪些思想家有過類似的思考，而且可以比較你看到的論述和這些不同思想家論述的關係，理解這些論述的問題意識從何而來，有哪些理論創新；另一方面你遇到各種理論、概念就不再覺得陌生，而且可以把這些知識圍繞這些問題展開來，不斷豐富、不斷積累。在把握了整個思想理論的脈絡和框架之後，再深入閱讀和研究自己學業中經典著作

或者自己喜歡的經典著作，就能起到事半功倍的效果。

這樣的閱讀方法實際上讓我們逐漸學會區分「問題」與「知識」。人類之所以創造語言符號以及各種知識說來說去是為了解決問題，知識隨着問題而產生，而這些知識解決了問題之後，又會帶來新的問題，由此又需要新的知識來解決新的問題，由此循環往復，問題不斷在推進，知識不斷在增長，問題越來越複雜，回答的知識也越來越複雜乃至專業化。古代社會是一個簡單社會，問題簡單知識也簡單，現代社會是一個複雜社會，問題複雜，知識自然多樣繁雜。因此古代往往有幾個偉大的思想家進行無所不包的整體性思考，而現代社會必須建立起複雜多樣的學科劃分和專業化分工，是一種知識的工業化大生產形態，由此形成專業的知識壁壘，形成「隔行如隔山」的局面。

大家在中學所學的各門知識就是這種對應着未來的大學之後的專業化分工。在大學之前，大家習慣於學習各種「知識」，但忽略了對「問題」的思考。大家滿足於做筆記，畫思維導圖，然後記憶背誦，但是卻沒有經過思考問題的訓練。孔子講，「學而不思則罔，思而不學則殆」，就是強調思考問題與學習知識這兩個方面必須形成有效的互動和接力。因此，思考不是抽象地、空洞地朝思暮想，甚至不是一上來就思考北大保安的人生三問：你是誰，你從哪裏來，你到哪裏去。哪怕你有如此宏大的對宇宙人生意義的思考，那你也必須認識到，你思考的問題不是什麼新問題，你思考的問題在人類歷史上很多人都思考過了，我們所說的偉大思想家和經典著作就是對這些重大而關鍵的恆久性問題給出了系統全面的回答，以至於後來的人不得不在這種基礎上思考，以至於如歌德所言，「太陽底下無新事。」因此，真正熱愛思考的人必須「切事」，首先就是尋找解答自己問題的書籍，然後在讀書中思考，在掌握

具體知識中思考，通過讀書與作者形成潛在的交流對話，獲取相關的知識來解答自己的問題。王陽明曾經講「心上用功，事上磨練」。實際上就是將自己的思考從空洞的問題轉化或者分解為各種具體的問題，通過讀書獲取知識而變成實實在在的可以把握的思想問題，在讀書、思考和寫作中磨練。很多問題，尤其是宇宙人生的大問題，沒有標準答案，不可能一下子獲得解決，甚至需要一生去思考，因此，重要的不是找到答案，而是尋找答案本身。但是，「不積跬步，無以至千里。」我們可以把自己心中的大問題化成中間問題，然後化為小問題，分門編類，按照學科專業知識的範疇，一個一個去解決。這樣，思考問題要成為推動讀書獲取知識的動力，而獲取知識的思考再將問題進一步深化推進，從而展開系統的思考，這就就在「學」與「思」之間、「知識」與「問題」之間形成相互接力的推動和深化。

因此，讀書一方面要從「知識」角度掌握這個思想家的理論觀點和概念方法，但更重要的是對「問題」的思考：這個作者在本書中思考怎樣的一個問題？他是運用怎樣的理論和知識來解決這個問題的？他是如何論證的？在這個過程中，就要有意識地和已經閱讀過的其他相關理論著作展開比較，這些問題有什麼不同，同樣的問題為什麼給出不同的答案，這些不同的答案在前提假定、方法論和推論過程又怎樣的不同。在這些比較過程中，你也會慢慢形成自己的觀點。因此，閱讀和思考實際上就是一個對話的過程，讓不同書本和作者之間對話，你和這些作者就這些問題展開對話。唯有通過這種對「問題」的反覆思考、對解決問題的知識和理論的仔細琢磨，我們才能說真正理解這本書，並把這本書放在這個問題思考的脈絡中，看到其理論貢獻或者不足缺陷，從而把這個書放在你在大腦中建立起來的「問題書架」中。在這個過程中，你也逐

漸將自己的閱讀放在一個問題和知識的脈絡中。

這樣，我們就會看到「問題」與「知識」之間的有效互動。尤其讀經典著作，不要一開始就總想着怎麼反駁。因為你的反駁往往從他的一句話，或者一個主張開始，但你忽略了他的這個觀念是建立在怎樣的前提上，他的觀點恰恰可能是為了反駁你支持的一些觀點。因此，首先是要理解，吸收其理論養料，然後在保持一種反思。只有在吸收相應的知識和理論之後，你才有能力反駁他的觀點。如果要形成有效的反駁，要麼從「知識」的角度入手，看到新的知識對同樣的問題給出不同答案，更重要的可能是這個「問題」本身就問錯了，你可以在這個基礎上提出新的問題。所以，知識儲備非常重要，但更重要的是思考問題。所有的知識、觀念都附着於問題的思考，服務於對問題的回答。

做一個比較，知識就像樹葉一樣，而問題就樹幹一樣。知識是套路，而問題則見功夫。雜亂的各種知識不過是一堆樹葉，而問題的思考則是枝幹，根本問題套着大問題，大問題套着不同的小問題，形成不同形狀的樹木，而這些葉子就附着在枝幹上，就會形成不同形狀的樹木。學而不思，則學到的知識就像不斷撿到大量的樹葉一樣，幾片葉子或許很美麗，但越多就會雜亂無章，就像我們看到一堆樹葉一樣，相互之間缺乏有機的關聯，最終不過是一堆垃圾。由此，我們看到不少同學顯得很「博學」，哪個領域知識說起來頭頭是道，但是往往相互矛盾，面對任何問題都缺乏見識，在重大問題缺乏定見，缺乏問題思考的主心骨。思而不學，反覆思考一些問題，可能已經形成了輪廓性的思考，但總是在這些問題上繞來繞去，無法在知識和問題上推進，就像冬天光禿禿的樹幹，總體枝幹很清楚，但缺乏生機和生氣，無法感染別人。二者雖然各有利弊，但比較之下，枝幹清晰勝過一堆樹葉。比如我

們讀《論語》，往往幾句話總結了對一些關鍵問題的思考，構成了關鍵性的枝幹，但你可以圍繞這個枝幹畫出更多的枝葉。因此，我們看到很多沒有讀多少書的基層幹部或老人，對問題的看法往往一針見血，他們往往瞧不起誇誇其談的知識分子就是這個道理，是因為誇誇其談就是在炫耀各種時髦的知識、概念和話語，但缺乏對問題的思考。因此，無論從學習研究的角度，還是從生活實踐的角度，「問題」比「知識」更重要，知識可能隨着時代更新，但問題往往不變的，我們只有緊緊抓住問題，才能化繁就簡，理解這個世界上的形形色色的知識，不被時髦的話語和知識所迷惑。因此，在閱讀中形成思考問題、把握問題的習慣，就會調動一切可能的知識為這些問題服務。大家很容易被書本上的理論所說服，就在於大家在知識上用功，但在問題思考上琢磨不夠，一旦問題設定變了，整個知識也要變化，甚至很多知識都變得無效了。這就是知識領域的降維打擊。比如啟蒙思想對於神學來說，就是降維打擊。因為神學思考的問題是上帝在想神什麼，而啟蒙思想家提出了新的問題，人在想什麼，因為問題變了，整個知識都變了。同樣，如果時代變了，知識變了，那麼對同一個問題的答案也就變了。比如政治統治的正當性問題，在科學革命之前的神學時代，回答這個問題的知識就是神學的知識，形形色色的「君權神授」，而在科學革命的啟蒙時代之後，回答這個問題的基礎就是科學知識，就是啟蒙哲學提供的新的答案：統治建立在同意之上。

就拿剛才提到的哈特（H. L. A. Hart）的《法律的概念》來說。你們可能記住了所謂的「原初規則」「輔助性規則」「最低限度的自然法」等等的概念和知識。如果從「問題」來說，他首先思考了一個問題：就是「強盜的命令」是不是法律？他提出這個問題是為了批評「法律乃是

主權者的命令」這個法律實證主義的核心命題。他給出的答案就是法律必須要獲得人們的認可，「強盜的命令」不是法律，由此他給出了初級規則、次級規則最終要建立在「認可規則」的基礎上。可見，這些具體概念和知識就像樹葉一樣生長在這個問題的枝幹上。然而，如果我們從問題的角度繼續追問：如果法律需要獲得認可，那麼不同文化中人們認可的具體內容也不同。這就意味着法律從來不是普遍的，而是地方性的。「強盜的命令」之所以不是法律，是因為強盜和被搶劫者處在不同的文化意義體系和社會組織體系中，而你一旦進入黑幫的文化意義體系和社會組織體系中，「強盜的命令」當然是法律。黑幫老大的命令對於黑幫外的人（outsiders）不是法律，但對於黑幫內的打手們（insiders）當然是法律。同樣，主權者的命令對於黑幫老大（outsiders）或許不是法律，因為他不認可主權者建立的法律秩序，而對於公民而言才是法律。如果從這個角度看，哈特認為主權者的命令要有效，就必須獲得公民（insiders）的認同，否則主權者的命令就變成了強盜的命令。可問題是，即使你不認可國家的法律，國家法律的暴力依然施加在你身上。二戰中美國佔領日本是因為日本認可美國的法律嗎？國家鎮壓審判「黑幫」，是因為他們認可了國家的法律嗎？可見，我們不能說哈特駁倒了法律實證主義，而只能說在這個路徑上豐富了我們對法律的理解，用目前時髦的話說，哈特的理論實際上在強調：法律統治不能僅僅建立在國家暴力的「硬實力」上，而且還必須要建立在文化政治認同的「軟實力」上。

從這個例子，就可以看出，重要的不在於你記住了哈特理論中的具體知識和概念，而是琢磨他思考的問題，理解他對推進法律理論的思考做出了怎樣的貢獻。當然，我們可以反駁哈特，就像我舉出的美國佔

領日本的例子，這依然證明法律實證主義的有效性，即法律必須依賴暴力的強制，只不過你認為要給強制暴力賦予文化認可的正當性，這就意味着主權者不僅要掌握暴力統治權，而且要掌握文化領導權，通過文化教育讓臣民接受主權者給出的正當性。因此，無論哈特的自然法觀點，還是規則理論等，如果着眼於這些細節知識上的論證，就忽略在根本問題的把握。理論爭論不是哪一個對、哪一個錯，這裏沒有標準答案，而是這些爭論豐富了我們對世界的理解。

法學新生：通識教育與專業教育

學法律有相當的難度，尤其對於你們高中剛畢業進入大學一年級學生。教育有其規律，因為人的智力發展變化也有規律，不同知識在不同年齡階段學習剛好具有比較優勢。比如小時候記憶力最好，就應當大量背誦，不要過分區分文章簡單還是複雜，因為小孩子並不是因為理解才記憶，而是當作聲音或圖畫來記憶的。因此，不僅可以背誦古詩，完全可以背誦唐宋八大家的散文和古典思想的經典篇章。這些從小背誦的東西，會隨着年齡增長不斷有所理解。若錯過這個年齡，上了研究生才開始背誦，很容易忘記。這就是我們所說的童子功。

反過來，對於法律這樣的東西，你在本科四年所學的內容，可能在研究生學一年就夠了，研究生記憶力沒有本科好，但理解力要比本科強很多。法律是解決社會問題工具，唯有理解社會問題自身的內在邏輯和法則，才能理解法律要麼順勢而為，要麼根治弊端。由此，我們才能理解法律為什麼要這麼規定，並思考這樣的法律規定好不好。而對社會的理解不僅需要年齡和閱歷，更需要關於社會的各種知識。如果缺乏經

濟學的知識，不理解市場交易和資本主義的相關理論，理解民法、公司法、商法、金融法無疑有很大困難，只能死背硬記；同樣沒有政治學知識，不理解國家，不理解政黨，不理解權力，不理解西方啟蒙運動，不理解現代社會興起和主權國家理論等，讓你們高中一畢業就來學習憲法，雖然你可以背誦很多條文和內容，可實際上依然不理解為什麼要有憲法，為什麼憲法要這麼規定，為什麼不同的國家有不同的憲法。由此，我們才能理解為什麼美國在本科推行通識教育，而把法學、商學和醫學放在研究生階段的職業化教育，而且在英美普通法傳統中，只有具有豐富社會經驗和人生閱歷的法律人才能成為法官。法學院本科畢業還沒有結婚就成為法官來審理婚姻案件，怎麼能理解家庭生活的複雜性。

我們的法學教育一開始採取了歐洲法律教育模式和司法體制，認為法律是一門科學。儘管如此，我希望大家不要把精力放在背誦法條上，而是儘可能將時間和精力放在閱讀我剛才所說的經濟學、社會學和政治學的著作上，去選修這些領域的課程，尤其是我們推出的通識教育核心課程。哪怕你將來從事法律職業，法律規則和法律知識耳濡目染自然就學會了，而且很多法律知識要在實踐中來學習，今天背誦記住法條過些年就修改了。更重要的是，不同的法律職業需要的知識不一樣，完全沒有必要掌握整個法律的知識體系。畢竟，法律教育乃是職業教育，要服務於未來的職業發展。如果說你將來作刑事辯護律師，法學院一大半的課程對你沒有什麼意義，相反多讀一些社會學、心理學甚至小說對你理解這個犯罪、理解人性更具有幫助。同樣，如果準備作非訴業務，很多課程也沒有什麼用，最好畢業到英美法學院留學。以前，我們僅僅是申請 LLM 學位，近年來更多申請 J.D. 學位，甚至可以申請到哈佛、耶魯這些一流法學院的 J.D. 學位。這不僅是因為大家的英語水平

提高了，考出好成績，更重要的是中國經濟迅速增長了，中國富人給美國大學捐款越來越多。美國大學的法學院也迫切需要開發中國的校友資源，以便中國律師將來捐款。因此，在英美法律教育中，財富和知識同等重要，二者共同建構全球法律職業的金字塔。

大家為什麼要來北大，北大教育究竟好在哪裏？北大法學院永遠不可能圍繞司法考試來上課，否則司考培訓機構就夠了，要大學做什麼。大學意味着塑造一個可能的自己，一個看不見而且根本無法觸及的未來的自己。沒有一個人在大學時代就知道自己未來是什麼樣，就像毛澤東在北大並沒有想到自己成為建國領袖。大學的重要在於有一個自由的環境來想像各種可能的自己，而且這不是你一個人想像，而是老師和同學們在一起碰撞中激發出來的想像。當你看到這個大學的畢業生成為思想家、大學者或科學家，成為政治領導人或商界精英，你會不由自主地想，我是不是也可以？當老師在課堂上講授深奧的哲學問題、科學問題或者社會思想問題，你會不由自主地想我是不是也可以這樣去思考？當你的同學在閱讀經典著作，或從事社會公益活動，或進行創業，或去爬珠峰，你也會不由自主地想我是不是也可以？ 因此，大學就像是發現自己的酵母，讓你在這個環境中想像自己，發現自己的潛能和天性，並開始朝着美好的方向塑造自己。在這個意義上，大學好壞的差別就在於相互激發出想像的環境的差別，這就是我們常說的大學氛圍或思想生態。我們說大學差，就是從大學老師到周圍同學，都將思想的視野局限在很低的層次上，甚至一個優秀人才在這裏知音難覓，奇妙的想法非但得不到支持，反而受到嘲笑，久而久之也會變得平庸。就像同樣的種子，在不同的土地上，在不同的生態中，就會成長為不同的模樣。而好的大學就在於能夠在各個領域中樹立起優秀的標杆，無論是學

術思想的、政治和商業的，而恰恰是這些標杆能夠激發出自己的潛力。

因此，大家進入北大就要放下自己的小我，思考整個中國乃至整個世界。用各種更高的標杆來衡量自己，甚至考驗自己，從而發現自己的興趣、愛好和潛力在哪個領域，圍繞這個目標和方向來塑造自己。就拿讀書來說，要選擇那些具有理論挑戰和智力挑戰的課程，從而挑戰自己的思考能力。而僅僅這個標杆，就會發現大多數同學對理論的領悟力、閱讀思考艱深問題的能力比較弱，只有少數同學在這方面顯示出超常天賦，那或許就可以成為好的學者或思想家。如果你選擇了「水課」，可能有很好的成績，但你甚至無法測量自己的閱讀能力和理論思考能力，甚至一不小心，自己將自己潛力和能力給埋沒了。目前，雖然北大比國內的很多大學要好，但是我們和西方世界一流大學相比，依然有很大差距。這個差距就在於西方一流大學中的教授和學者在思考研究真實世界面對的普遍問題，探求普遍性的知識，他們以世界主人的心態站在人類知識的巔峰來俯視這個世界，整個世界就在他們眼前，在他們思考的大腦裏。而我們中國大學的教授往往是跟在這些學者的問題和理論背後來思考，像他們的學生那樣去思考問題。美國人在思考全球治理，是因為那是一個真切的問題，而中國人若要思考全球治理，你覺得在思考一個虛假的問題，能把中國治理好就不錯了。這就是差距，思想思考的差距首先是思考的立足點、態度和起點的差異，這就是為什麼世界一流大學一定出現在世界強國，因為他們有這樣的心態、胸懷和眼界。因此，是否成為世界一流大學，不僅在於學者和教授們是否能夠真切地思考自然宇宙和人類社會的整體性問題和未來發展的前沿問題，同樣在於這些問題是否能夠成為這個國家的政治家、商業精英和社會大眾普遍關注的問題。文明的崛起是一個整體，大學是其中的一部分。在這

個意義上，只有國家和民族不斷崛起，才會有助於本國學者思考這些問題，從而成為世界一流大學。也就是說，邁向「世界一流大學」關鍵在於培養其成長的政治、經濟和文化的土壤生態。

比如，大家對比一下北大法學院與耶魯法學院、哈佛法學院的課程表，從課程名稱簡單判斷一下，就會發現除了一些名稱類似的基礎課程，美國法學院講授很多法律前沿的理論，而我們的課程名字看不出法律實踐的前沿問題。我們的課程將法律作為一門專業知識的灌輸，因此課程必修的門類很多，專業方向很細碎，至於你本科畢業是否從事這個專業的工作並不重要，重要的是你要全面系統掌握各種法律知識。而美國法學院課程門類就很少，大家按照自己的職業傾向選擇對自己有用的課程，而且很多課程的具有問題感，針對解決某個新型的法律問題而開設。另外一個重大區別就是它們的課程更體現學科的交叉性，法律與各種人文社會科學乃至自然科學的交叉，有很多甚至不像法律課，以至於耶魯法學院的課程被戲稱為 ABL，即教授們什麼內容都可以講授，但就是不講授法律。比如美國法學院會開設「全球化與領導力」這樣的課程，感覺類似商學院的課程，那是它們要培養全球的法律領袖，培養全球最大律師事務所的合夥人，那當然要學習管理學和領導力的問題，學習如何將全球的高智商的法律人才集中到自己的事務所裏進行有效管理。

北大法學院與這些知名法學院的差距，就像國內普通法學院與北大法學院的差距，大家首先看開設什麼樣的課程，用什麼樣的教材，思考什麼樣的問題，發表怎樣的研究成果。而這個時候，一個綜合大學的效果就顯現出來了，即你可以在經濟院系中聽管理學的課程，在哲學系聽高深的理論課，而不是把自己局限在法學院天天背誦法條。因此，我

的建議是你首先想自己是一個「北大學生」，然後才認為自己是法學院的學生。這就意味着要充分利用北大帶給你的好處，充分利用大學校園的自由環境，與不同院系的同學打交道，聽不同院系最好的課程，在這種相互的激勵和啟發中選擇自己未來的發展方向，唯有如此才會儘可能避免法律本科教育帶給你的不足。

人格養成與心靈生態

中國人講「學以成人」。這個「學」，不僅僅是一個知識的學，還有道德的學，學怎麼做人，怎麼才能成為一個真正的人。我們要理解孔子的一句話，「古之學者為己，今之學者為人」。他說的「古」和「今」，當然是針對他的那個時代說的，但反過來說，其實和「古」「今」的時間沒有關係。他其實說的是兩類人：一類人讀書是為了別人，服務於社會，用我們常說的話，就是找一份工作，這個工作沒了，你學的知識就沒有任何意義，這類技能性質的、職業性質的知識就屬於「為人之學」。但有另一類讀書學習不是為了服務他人，而是為了自己，為了自己的人格養成，培養自己的精神氣質，讓自己的心靈變得很開闊，人格更為健全，品德更為高尚，讓你自己理解了這個大千世界的祕密，知道何為真、何為善、何為美，從而把自己人格和境界不斷地提高，乃至和宇宙大千的普遍法則融為一體。這樣的知識與自己的生命意義緊密結合在一起，就成為「為己之學」。如果把人生比作一棵樹，後者關注的整棵大樹的成長，而前者僅僅關注樹上結出怎樣的果實。職業、工作作為果實固然美麗，但我們必須明白，果實是挂在樹枝上的。所以，大家不僅要關注「為人之學」的果實，更要關注「為己之學」的大樹。

　　如果要追求後一種讀書的境界，就必須注意給自己培養出美好的心靈生態。人的精神氣質就是在這種美好的心靈生態中滋養薰陶出來的。如果說專業知識需要刻意的訓練，那麼人文修養和精神氣質則需要在心靈環境中長期的薰陶。就像我們在自然環境中，要生長出參天大樹，不是如何精心栽培某一棵樹，而是如何創造一個好的生態環境，讓參天大樹自然地生長出來。同樣，北大為什麼好，就是有一個好的學術生態，自由思考和辯論的學術風氣，諸多學術大師的問題引導，優秀學生在一起的相互激勵和競爭。在這樣的學術生態氛圍中，優秀的學生天天耳濡目染受到薰陶，精神氣質自然與眾不同，在各個領域也就脫穎而出。自然有其生態環境，大學有其思想氛圍，那麼每個人能不能給自己的心靈創造專屬自己的小環境，建構美好的小生態。某種意義上，人格養成，品德培育，氣質薰陶最終是通過我們自己內在的心靈生態所滋養的。我們每天所讀所寫，所思所念，所期所盼，都就像陽光雨露一樣，一點一滴地滋潤着你的心。有人一直思考國家、民族乃至人類的未來，他的心靈生態像高山大海一樣，氣象萬千。有人開心快樂，心靈生態一片花香鳥語、陽光藍天，非常美好。有人思想陰暗，到處是污泥濁水。有人時常焦慮不安，容易嫉妒怨恨，甚至生氣暴怒，那他建構的心靈生態則是一片陰霾，其結果只能雜草叢生，甚至像荒漠一樣。所謂「念念不忘、必有迴響」，就是強調我們心中的所思所念不同創造出的心靈生態也不同，自然就會滋養出不同的性格，造就不同的命運。因此，希望大家把自己的人格養成，就放在每天的讀書、寫作、交朋友、社會實踐活動中。重要的不出做什麼，而是以什麼樣的心態去做。雖然行為是外在可見的，心靈是內在不可見的，然而外在行為會在時間中完成並消失，可行為過程中的情緒、心念和心態會在心中存留下

痕跡並積累起來，變成心靈生態的一部分發揮着持久的作用。在這個意義上，「人格的養成」恰恰說的是隨着時間的推移，真正留給自己的財富就是建構起自己的心靈生態體系。它是一個巨大持久的能量場，影響着你的所思所念，所作所為，塑造着你的性格，影響你的命運。因此，如果說老師是園丁，與其說如何具體澆灌剪枝，不如幫你看護營造一個良好的心靈生態。

古人講「慎獨」，就是在告誡人們，重要的不是你的外在行為，而是內心的想法，因為你的所思所念所想就會存留下來，變成你心靈生態的一部分。因此，即使你一個人，也要像在有人監督你的公共場合一樣，心存正念，養護你的心靈生態。古人講「非禮勿聽，非禮勿視」。今天很容易批判這種禮教，但大家忽略了一點，就是你聽怎樣的音樂，看怎樣的圖像、視頻，會直接影響到心靈生態的塑造。而且小孩越小，心靈生態越純淨弱小，也越容易被污染。如果讓小孩看恐怖電影，那麼很容易導致後來的心理問題。而隨着年齡增長，你的心靈生態就像自然生態一樣茂盛廣博，小小的污染就不算什麼。而大學時期，恰恰是人的心靈生態迅速成長的時期，多給自己心靈生態中存留積極向上的陽光雨露，充滿勃勃生機的樹木花草，少給自己心靈生態中增添急躁焦慮的陰霾，嫉妒怨恨的污水。

從這個角度看，讀書最重要的是養成一個良好的讀書心態，選擇自己喜歡的某個思想家的書，系統地讀，這樣會慢慢在讀書中把這個思想家的所思所想慢慢轉化為你自己的所思所想，讓他的思想進入到你的心靈世界中，然後你也會像他一樣，學會用他的眼光看世界，用他的思考方式面對問題，以至於讓這個思想家的心靈在你的心靈中復活，成為你的心靈生態的重要建構力量。這樣，我們會在不同的時期，針對不同

的時代問題，讓不同的偉大思想家幫助你構築自己的心靈生態，最終隨着自己的成長，也就慢慢成長出你自己的心靈生態，形成你自己的思想風格和人生風格。

因此，在畢業以前，一個學生是在校園裏生活，但畢業以後，是校園在這個學生身上生活。這個校園的思想風格和精神氣質就會不自覺地成為你們的心靈生態的一部分，在你們未來的成長中發揮着重要作用。我們在大學裏究竟教育的是什麼樣子，你們學到的是什麼樣子，把你們培養成什麼樣的人，不是看你們的畢業成績，而是只能在你們畢業後的工作、成長中展現出來你們的風格，我們才能知道這個大學是什麼樣子。某種意義上講，我們說北京大學好，不是說這個園子有多好，而是你們在這園子裏學習生活，受到思想環境的熏陶，構築你們的心靈生態，以至於畢業以後，在你們的人生中展現出美好的東西：那就是美好的品德、情懷和創造力，才讓大家覺得這個園子真的好。在這個意義上講，北京大學就活在我們每個人身上。

通識教育的三點希望 *

陳老師好，歡迎您和榆林博雅班同學們的到來。

我在榆林給大家講過為什麼要進行通識教育，希望這次冬令營北大遊學讓你們對通識教育有切身的體驗。今天下午助教帶着你們參觀北京大學校園，欣賞圍繞「一塔湖圖」展開的皇家園林景觀，共同回憶蔡元培、陳獨秀、李大釗、胡適、魯迅和毛澤東等歷史偉人在這個園子裏的故事以及北大歷史上的思想文化名人。我希望大家不要將這當成是通常的參觀旅遊，而是要像參加王母娘娘的蟠桃壽宴一樣，與這些偉大的思想家們相聚。在這個園子裏，他們並不是過往的歷史，而是活着的思想生命，他們的生命就體現在你們要讀的這些鮮活文字中。旅遊的人看到的往往是塑像，而你們通過閱讀文字却可以和他們親切相遇，他們也由此在你們心中復活並與你們展開對話，偉大的生命就是通過這種方式獲得永恆。讀其文，想見其人。你們一定因為不能親見、不能當面聆聽他們的教誨而感到遺憾。那麼在接下來幾天的大師對話中，你們有機會和甘陽、李猛、戴錦華、韓毓海、漆永祥等文化名人面對面交談。我不知道這樣的交談對你們產生怎樣的影響，但相信你們中一定有人會不斷

---

* 2019 年 2 月陝西榆林中學組織的「博雅教育‧冬令營」開辦儀式上的發言。

回憶起這些對話。因此希望大家珍惜這次機會。同時，也想對你們提出三點希望。

第一，希望變得單純，就是要放下在高中考試壓力下形成的想法。暫時不要考慮高考的事，不要考慮這一周的博雅課堂對你們高考或自主招生產生多大幫助，甚至都不要考慮這些學習對你自己的思考視野、思維能力、心智成長都多大提高。拋棄掉任何功利的計算和考量，讓自己變得非常單純，非常純粹。這樣，你們就可以是讓自己全身心地享受閱讀、交流、討論、表達所帶來的快樂。只有放下這些外在功利的負重，用心融入到這個思想交流、碰撞和激盪的河流中，就自然可以享受到其中的快樂，真正領略到思想的魅力，真正體悟其精神所在。當然，還包括藝術展和音樂會。對藝術和音樂的欣賞更要打開自己的心，變得單純而快樂。我相信，你們變得越單純，收穫也會越大，如果你們抱着功利的想法，隨後可能會很失望。

第二，希望變得自由，就是要放下你們在高中課本中學到知識，想那些因為繁重的課業壓力而無法繼續思考的問題，尤其在與老師對話的課程中，你們可以問一下你們發自內心想問的問題。大到宇宙、自然、家國天下等問題，小到讀書、寫作、職業選擇等問題，可以有信仰、生死、人類命運這樣深不可測的問題，也可以有讀他們的文章所產生的理解問題，甚至包括老師們的私人問題，比如他們如何選擇這條道路，他們在研究中面臨的困惑等問題。我們要看一下給你自由，你的自由能夠帶你飛得有多高，飛得有多遠。當然不是說問越大、越深奧的問題就好，而是說讓你的心有一個自由飛翔的機會，而且要看到自由交流如何讓她在飛翔中獲得快樂。

第三，希望找回真正的自我，無論單純、還是自由，都是讓你擺

135

脫外在的負擔來審視自己，看看自己一顆自由的心靈是什麼樣子，而且在與他人的交往中將他作為自己的一面鏡子，從他們那裏看到自己的影子。你可能會發現這就是我想要的，或者發現這不是所想要的。但無論如何都是在這種單純和自由中尋找自己，把握自己。在課程安排中，有大量的寫作、交流表達的訓練。這些寫作訓練不是高考作文寫作訓練，而恰恰是要把你們從高考作文八股的訓練中解放出來，讓你自由地表達自己的思想。以「我手寫我心」的方式，把自己在單純和自由狀態下的所思所想記錄下來、表達出來，把真正的內心世界展現出來。每天表達交流環節就是思想與思想的碰撞，心與心的交流。由此我們才能真正認識自己，知道自己內心真正的理想和渴望是什麼，熱愛和追求是什麼，從而聽從內心的召喚，以蓬勃向上的生命狀態努力實現自己的夢想。

通識教育的理念與關鍵 *：
以北京大學通識教育的經驗為例

一、緣起　從法律教育到通識教育

在 1999 年我博士畢業留校做老師的時候，我並沒有思考過做老師意味着什麼。當時是因為喜歡學術研究而留校當老師的。在我自己的法律社會學研究中，我關注法律人共同體的問題，也自然關注法律知識、法律教育和法律職業的內在關聯。可以說，我在這個階段對教育的關注集中在法律教育領域。關注法律作為一種職業化的特殊知識的含義所在。換句話說，我關注的是專業教育甚至職業教育。

然而，非常幸運的是，我們是在一個共同體中成長起來的。這裏所說的「我們」，就是趙曉力老師所說的「無形學院」，我們一起在北大的讀書小組（福柯小組）中成長起來的。大約 2000 年之後，我們的閱讀從福柯轉向了施特勞斯，這當然有一個更大的學術共同體的建構背

---

*　本文最初是 2015 年 12 月接受微信號「通識聯播」編輯的訪談。後來訪談內容修改
　　成文，以「通識教育的核心課程與經典閱讀」為題，發表於甘陽、孫向晨（主編）：
　　《通識教育評論》，上海：復旦大學出版社，2016 年秋季號，發表時刪去了第一和第
　　八部分。這裏是未刪節的全文。

景。我注意到，是李猛老師最先在我們這個小組中提出「公民教育」這個講法。這個提法對我們學法律的可能有特別的意義。法律就奠基在「公民」概念上，但法律假定「公民」是天然的、給定的（自然人、自然權利），而且是完全均值化、普遍化的（人人平等）。但我們沒有考慮過，「公民」是可以教育的、培養的，因而是不同的（德性的等級）。如果公民不同，國家自然也就不同，好公民會構成好國家，壞公民就會構成壞國家。這應該是一個自然而言的道理。

但法學界普遍認為，憲法好才能國家好。憲政體制設計好國家才能好。這當然是基於現代法律實證主義的理念。可是如果大家熟悉柏拉圖的《理想國》，應該知道好的憲法、好的政體恰恰是從好的社會風氣中產生出來的，而好社會風氣的培養恰恰和教育息息相關。就像我們過去三十年，憲法文本的修改變化遠遠比不上社會風氣的變化。由此，我對法律問題的思考，也就自然帶入對通識教育問題的思考。

而在法學院的教學活動恰恰給我思考通識教育提供了最直接的經驗。本科生 18 歲進入大學，這是怎樣一個對未來充滿理想、對人生充滿渴望、對意義充滿疑惑的年齡。然而，我們的大學並沒有提供文學和藝術的想像，歷史的廣闊天地，科學、哲學和宗教對無限的探索以及對經濟、社會、政治複雜性的理解，而直接把他們塞到法律教育的加工廠。一句話，我們法學院的教育並沒有提供任何偉大的、超越性的、精神性的東西，而是在職業、工作、薪水和地位等功利性目標的直接誘導下，讓他們開始背誦法條，學會如何精緻地計算權力關係和利益關係。他們對政治、社會、經濟問題可能一無所知，但卻要讓他們理解法理、憲法、刑法、民法、公司法，金融法等問題。而且他們很快就面臨司法考試的壓力，大多數法學院的學生很快就變成「刷書」「刷題」

的機器，很少思考這些法條背後的政治、經濟和社會問題是什麼，道理、法理是什麼，這些東西和歷史、文化、哲學等有着怎樣的關聯。

　　大家可以平心靜氣想一想。一個人 18 歲就開始技術化、職業化的培養，22 歲大學畢業就通過司法考試進入法律職場，開始從事律師工作。這難道不是一個職業技術專科學校嗎？怎麼能配得上稱之為「大學」呢？他們在這四年中究竟學了哪些知識可以配得上稱之為「大學」的知識呢？無論中文中的「大學」，還是英文中的 university，其含義就在區別於具體的職業技術培訓，探索普遍真理和高深學問。遺憾的是，我們不能不承認，法律教育原本就有強烈的職業教育傾向，本科生來讀法律，很容易接受的是職業技術學校的訓練。在本科教育中開設法律職業教育本身就是一個制度上的錯配。正是我這些年在法學院從事法律教育的體驗，讓我對推動通識教育具有特別的感受。

二、通識教育的理念：探索「自由之道」

　　經過學界十多年學的努力，通識教育已經成為中國大學中日益流行的概念。然而，對於通識教育的內涵每個人可能有着不同的理解。有人理解為素質教育，不僅有人文素養，而且有行為舉止的修養；有人理解為道德教育，培養學生的健全人格的，樹立起正確的世界觀、人生觀和價值觀；有人理解為培養學生的批判性思維，從而不同於流行的俗見，具有創造性思維，能夠進行創新；有人理解為開闊視野，拓展知識的廣博教育。這些理解都從一個側面把握了通識教育的目的，然而，如果讓這些不同的主張在通識教育實踐中達成共識，就必須尋找這些不同立場背後的共同基礎。

　　在我看來，通識教育的核心就在於啟發人們探索「自由之道」。我之所以用「自由之道」而不是「自由」這個概念，是因為「自由」概念在今天已經變成了日常用語，是一個非常容易引起分歧的概念。今天對「自由」概念最流行對的理解和用法就是法律往往強調保護各種「自由」權利，包括合同自由、言論自由、結社自由等等，但這種「自由」和通識教育所說的「自由之道」有非常大的差異。

　　「天命之謂性，率性之謂道，修道之謂教」。「自由之道」這個概念試圖表明在「自由」背後有一個廣闊複雜的世界，「自由」恰恰意味着面對這種廣大無邊的世界意識到個人生命的有限性，而如何擺脫這種有限性的限制而進入到無限的存在領域，無疑構成了對「自由之道」的思考、探索和實踐。而通識教育之所以強調「教育」，就意味着對這種邁向無限性的「自由之道」的探索不是通過宗教信仰的方式，也不是通過社會革命的方式，而是通過語言、對話、學習、交流、探索的方式，構建一種共同的文化世界和文化傳統，由此共同逼近這種「自由之道」。

　　所謂「素質教育」就體現在通過通識教育進入到文化符號表達出來的人文世界中，由此對人的思維和行為舉止方式形成薰陶和教養。而「道德教育」則是通過通識教育在最根本意義上理解了世界和人生意義，從而確立其堅定不移的價值標準和行動準則。所謂「批判性思維」恰恰是依憑這種最根本的自由之道來批判流俗的意見，如果沒有這種根本的自由之道的支持，批判性思維就變成無所憑藉的反對思維或主觀主義和個體主義立場的態度表達。而對自由之道的探索要在文化傳統塑造的共同體生活中展開，在政治、經濟和社會等組織在一起的有限性生活中展開，因此對「自由之道」的探索不可能脫離廣博而具體的專業知識，無論是人文的知識，還是現代社會的專業知識，這些知識是我們進

入「自由之道」的門徑和渡河之舟，「博雅教育」也就是在這個意義上展開對各領域知識的廣泛閱讀和思考。

三、探索「自由之道」：從文明經典開始

既然通識教育的理念在於通過教育的方式來探索「自由之道」，那首先就要尊重教育自身的規律。教育就意味着有傳授者和繼承者。通識教育就意味着我們對自由之道的探索不可能是在一張白紙上進行，必然有先行者和傳授者。這恰恰與我們現代人所理解的「自由」有根本的不同。

人類從古至今都在經歷着對自由之道的探索，由此形成了一系列偉大的經典著作。之所以用「偉大」「經典」這兩個詞，就在於這些著作對自由之道的探索到達了一個非常的高度，我們需要站在巨人的肩膀上開始思考這個問題。而在不同的歷史空間中，人們通過不同的方式來探索這些自由之道，從而在軸心時代形成了不同的經典表達，並圍繞這種經典表達形成了一整套的文化行為模式，就形成我們今天所說的「文明」。因此，通識教育必須要從理解「文明」開始。

「文明」之所以區別於「野蠻」，就在於文明包含了超越有限性的無限性的思考和探索，而「野蠻」就意味着局限在有限性的生命之中，缺乏對意義的探索。這種區別往往類比於人與動物的區別，主人和奴隸的區別，君子和小人的區別等等。在這個意義上，我們可以說，只有在探索自由之道的進程中形成偉大的經典著作，並按照這種經典塑造了人們的生活方式和行為方式的國家，我們才能稱之為「文明國家」，否則就是「野蠻國家」。

今天，我們之所以說西方文明，就在於從柏拉圖、亞里士多德一直到當代，不斷在傳承和革新對自由之道的探索而形成了一系列偉大的經典作品，沒有這些經典作品，西方世界也就不能稱之為「文明」。歷史上有許多偉大的帝國，甚至偉大的國家，但他們並沒有形成探索自由之道的經典作品，或者即使產生了這樣的偉大經典，後人也沒有按照這些經典作品來塑造自己的生活方式，因此不能在這個意義上稱之為「文明」。這就是為什麼今天世界上有一百多個國家，但提到「文明」這個高度的，屈指可數。

四、通識教育的課程模塊：文明視野與古今中西

通識教育正是通過經典著作進入到一個文明傳統中，理解這個文明傳統中探索自由之道的路徑和方法。而這個問題落實到教育的技術層面上，就涉及到課程建設的問題。目前，大學中對課程建設的劃分是按照專業系科的一般知識分類來劃分的。比如中文系，外文系、歷史系、哲學系，法律系、社會學系、經濟學系等等。這些專業系科的目標不是為了理解和探索不同文明探索自由之道所形成的文明傳統，而是以探索某種客觀普遍的知識作為自己的研究目標，這些知識有來自中國的，也有來自西方的，也有來自其他文明的，但無論是西方還是中國，都被這些不同的系科分割為專業化的具體知識，我們看到的只是「文明的知識碎片」，而缺乏對文明的完整理解和把握。

因此，通識教育的目標首先就應當是對這種系科知識的專業教育進行校正，希望大學生在自己的系科知識之外，了解和把握其他系科的專業知識，進而在整體上把握「文明」。今天中國大學中的通識課程

（包括通識核心課程）的劃分依然是從知識的專業性質和功能意義上來劃分通識教育的課程模塊，由每個系科專業向非專業的學生開設介紹本學科專業知識的通選課程，供其他專業的學生選修。以北京大學為例，北京大學早在 1980 年代就率先在「專業課」之外建設「通選課」，就是希望學生在專業課程的知識之外多選一些專業外的知識，由此擴大知識面和知識視野就成為通選科的重要目標。1990 年代，在教育部倡導的「素質教育」的基礎上，北大教務部開始加大通選課建設的力度，明確規定了學生在專業課程之外必須選修其他專業通選課程的學分，通修課由學生完全自由選，變成了相應學分要求前提下的自由選。目前，北京大學已經建設了 200 多門這樣的課程，這些課程就在專業院系提供的課程基礎上劃分為六大模塊：數學與自然科學類（課程來自除心理系的理工科各院系）、社會科學類（課程來自政管學院、國關學院、法學院、經濟學院、光華學院和社會學系）、哲學與心理學類（課程來自哲學系和心理學系）、歷史學類（課程來自歷史系）、語言學文學藝術與美育類（課程來自中文系和藝術學院）和社會可持續發展類（課程來自地空學院、城環學院和環工學院）。要求每個學生至少在自己院系所在的專業之外，選 12 個學分的課程，其中上述六大模塊的課程中，每個課程模塊 2 個學分。其他高校有不同的分類標準，但格局基本上大同小異。

之所以產生這種課程模塊的劃分標準，一方面是從便於管理的操作角度將專業院系提供課程加以簡單歸類，但更重要的是體現了通識教育的理念，即將通識教育理解為突破本專業課程和知識，提供一種知識面更廣、視野更開闊的、專業更豐富的知識，這實際上是從「知識」的角度理解通識教育，將通識教育理解為「博」學，知道很多知識，這無

疑是通識教育的重要內容。而在「素質教育」的理念下，了解一點詩詞歌賦和音樂藝術，理工科學生具有必要的中文寫作能力，被看作是提高文化素質的重要表現。這種基於知識廣播的「素質教育」理念，在實踐中很快出現兩個問題：

其一是「教」的問題，也就是老師的上課心態。每個老師都有自己的專業，日常生活面對的都是本專業院系的學生。他們會認為，本專業學院的學生是他們自己的學生，希望學生對本專業具有持久的學習熱情，甚至會考自己的研究生，因此他們對專業課非常重視，要求也非常嚴格，以體現他們的專業水準。可一旦這門課程變成了通選課，讓他們面對非專業的學生。他們就覺得這些學生對課程僅僅是業餘興趣，或者完全沒有興趣，只是為了拿到學分，因此不需要很認真，講一點常識性的東西就夠了，如果有專業難度，學生就会聽不懂。在這種心態的影響下，這樣的課程從一開始就設計成了通俗性的「導論」課程，介紹一些通俗簡單的知識。不僅上課的知識門檻很低，而且上課的態度也不很認真，覺得上課的學生不是自己的學生，應付一下就可以了。久而久之，這樣的課程就變成了同學們說的「水課」。「通識教育」變成了蜻蜓點水、擴大点知識面的「通俗教育」。

其二是「學」的問題，就是學生的上課心態。學生一進大學就有自己的專業劃分，這樣專業課程就變成了他們必須認真對待的課程，專業課學不好會影響到他們將來读研究生而且影響到未來的職業方向，影響他們在老師和同學中的學業形象。一個學生專業課沒有學好，大家都會說他是「差學生」，可一個學生的通選課沒有學好，沒有人說他是「差學生」。在這種背景下，學生自然願意在專業課程上花精力。一個法學院學生即使將來不從事法律職業，但也會很努力地學好這些用

不上的知識，因為他們希望要一個好成績，至少表明他們是一個好學生。但對於通選課，儘管可能有興趣，但他們也不願意投入更多的時間和精力去閱讀和思考，況且他們的時間已經被專業課或雙學位佔用了絕大多數。即使有的學生想認真學一門通選課，可是由於通選課的課程缺乏體系性，就像雜貨店一樣，選了一門哲學類的，馬上就要選一門自然科學的，由此他們感興趣的問題無法通過課程的學習獲得持久的鼓勵和深入，往往不同的課程帶向不同的方向。結果，學生更多把通選課程看作是休息、放鬆、不需要嚴肅思考的興趣課，甚至是為了提高績點，專門選一些沒有知識難度的「水課」，或者老師期末給成績非常好的所謂「厚道」的課程。

真正的教育乃是教師和學生之間的互動過程。我們常說「教學相長」，但是當這兩種心態放在一起，學生感受不到老師的思想啟發，老師感受不到學生的學習熱情。這樣的素質教育導致「教學相損」，長久下來導致「通識教育」就變成了「通俗教育」，甚至「劣幣驅逐良幣」。「水課」成為普遍受歡迎的課程，如果通選課程有專業難度或有閱讀要求，選課的人數就大大下降。

要擺脫這種「教學相損」的狀況，我們不能從要求學生開始。學生的心態實際上是我們老師（包括我們的課程和大學的通識教育理念）導致的。因此，我認為通識教育首先面臨的問題就是必須讓通識課擺脫「通俗教育」的現狀。要改變這種局面，首先就要在理念和目標上區分「通識教育」和「專業教育」，即通識教育不是擴大版的專業教育，也不是不同專業教育的知識拼盤，從根本意義上，通識教育不是「知識教育」，而是服務於探索「自由之道」的教育。通識教育探求的是「道」，專業教育提供的知識只是探尋「自由之道」的方便工具、可能路徑，屬於「器」

的層面。這就意味着在通識教育的課程設計不在於課程模塊的劃分上，必須打破專業知識的分類，從通識教育的角度對課程模塊重新組織和分類。

因此，我主張直接從「文明」的角度來劃分課程模塊。首先就要理解我們身處其中的「中國文明」，這就意味着要打破現有的專業知識的分割，把中國作為一個文明整體來理解，理解其發展和演化，理解其為探索自由之道開闢的獨特路徑。「中國」這個概念不僅僅是現代意義上的民族國家或者主權國家，而是文明意義上的「文明國家」。「中國」之所以成為「中國」就因為從古至今圍繞探索自由之道形成了偉大的經典傳統。而這些偉大經典不僅塑造了我們中國人的生活方式，而且也塑造了整個東亞人的生活方式。日本、韓國、東南亞國家如果要在這個意義上自稱「文明國家」，其「文明」的根源就必須追溯到中國文明。

所以，中國文明不是我們中國人的，而是全體東亞人的，甚至是整個世界的，它對西方現代文明的興起發揮了重要的作用。中國古人講的「中國」和「夷狄」的劃分，不是民族或種族身份的劃分，而是「文明」和「野蠻」的劃分。我們在民族身份或者國家公民身份是中國人，但我們是不是文明意義上的中國人？關鍵在於看我們對自由之道的思考和實踐多大程度上受到了中國文明經典的薰陶和影響，在多大程度上認同並踐行中國文明探索自由之道的生活和行為方式。

近代以來，中國文明受到了西方文明的巨大衝擊，我們中國人對自由之道的理解和探索經歷了巨大的轉折，從中國古代文明的自由之道轉向了西方現代文明的自由之道，并籍助西方現代文明的自由之道探索西方古代文明的自由之道。今天許多中國學生對柏拉圖和亞里士多德熟悉和認同程度，可能會遠遠超過對孔子和老子的熟悉和認同程度。面對中國古典文明和西方現代文明這兩種對自由之道的思考傳統，今天的中

國人就需要深切地體會到我們生活的複雜性，今天中國人的生活實際上這兩種文明傳統混合的產物，如果我們對這兩種文明傳統缺乏深入的思考，實際上就無法理解我們中國人的現代和未來，無法探索我們未來的自由之道。

因此，在北京大學通識教育核心課程的課程模塊設計上，我主張打破目前的學科分工基礎上形成的院系專業知識的劃分，不能按照院系課程進行簡單組合，而是按照「文明」的內在傳統思路，首先劃分出兩個最大的模塊：「中國文明及其傳統」和「西方文明及其傳統」。這種劃分就打破了目前對知識專業的劃分，不是按照哲學類、人文類或社科類來劃分，不是把中國哲學課程和西方哲學課程放在一個模塊中，讓學生理解什麼是「哲學」。而是把中國古典詩歌、中國古代歷史、中國古代哲學、中國考古、中國古代社會、中國古代法律之類的課程放在「中國文明及其傳統」這個模塊中，讓不同院系的老師從不同的專業角度加入到對中國文明及其傳統的理解和討論中，通過這些不同專業知識之間的相互對話、相互啟發，共同探討我們中國人的自由指導：中國人是如何生活的，中國人的生活方式究竟是什麼？中國人是如何理解自己的人生和世界的，中國人的精神究竟是什麼？我們今天應當如何做一個中國人？等等。

如果說文明傳統重點在於強調古典，那麼第三個課程模塊就是：「現代社會及其問題」，這個課程模塊打通了中西，將對現代社會的問題思考共同放在這個課程中，經濟問題、國際關係問題、政治和法律問題等等，只要是涉及到對現代社會的理解，就放在這個課程中。這三個課程模塊形成古今中西的內在張力。最後一個課程模塊就是「人文與自然」，涉及到文學、藝術和自然科學的課程。如果說前面三個課程

涉及到古今中西問題往往集中於世俗社會生活，或者共同體的生活，那麼這個課程模塊希望提供一些超越性的、個體性的思考，人文學科中音樂、藝術等課程提供了非常個人化的、超越性的思考，自然科學提供了一個比人類生活更為廣闊、更為精微、更為基本的世界。

五、通識教育的關鍵：「核心課程＋」

最近這些年，很多大學都在搞通識教育。有不同的改革模式，有的建立獨立的博雅學院，有的把院系打破，推倒重組，有的提出改革課程體系和學分結構等。而北京大學從 2010 年開始，就在試點的基礎上，從課程入手，一門一門建設「核心課程」。

大學的核心就是老師和課程，沒有好的老師和好的課程，在制度上怎麼折騰都沒有用。建設世界一流大學就要從教師、課程和研究上入手。通識教育的關鍵就在於「核心課程」建設。如果用目前流行的「互聯網＋」這個口號，通識教育的關鍵就在於「核心課程＋」。「核心課程」是根本，有了這個根本，其他的機構改革、學分改革等等都是配套性的。如果沒有好的核心課程，改來改去都是「換湯不換藥」的折騰。在這一點上，北大的領導，從校長、副校長到教務部長，都非常認同和支持。所以這幾年來，其他高校都在大搞通識教育，搞出很多新名詞，幾年就搞了幾個不斷升級的版本。但北京大學一直很低調，沒有提供任何全盤改革的系統方案。我們之所以在通識教育上沉得住氣，就是因為我們抓住教育的本質，必須着力於調動一流的老師，開設一流的通識核心課程。教育的關鍵在課程和課堂，關鍵在於老師和學生以怎樣的觀念、心態來上課、互動。

那麼，究竟什麼是「核心課程」，不同大學有不同理解，每個大學都有自己的分類體系。北京大學的通識教育就按照上述理念，確立了「中國文明及其傳統」「西方文明及其傳統」「現代社會及其問題」和「人文與自然」這四個課程模塊，然後按照模塊的要求一門一門課程建設。這樣課程的模塊的劃分，就把許多通選課程排除在外，比如一些專業知識類的導論課程，可能是非常好的課程，但性質上不符合通識教育的上述理念。因此，建設這些通識教育核心課程，關鍵要把握通識教育的理念。

其一，如何將通識教育理念貫穿到教學環節？這首先就要讓老師明白什麼是通識教育，我們展開通識教育的理念是什麼，然後再將這個理念貫穿到課程中。目前，我們的教師都在某個專業領域做研究，那麼，我們就要對他們提出一個問題：如何從自己的專業角度出發來開設通識教育課程？自己所開設的課程準備回應上述「四大模塊」中哪個模塊的問題呢，而這些問題如何與「自由之道」建立起直接或者間接的關聯呢？這些都是開課老師應該思考的問題。因此，核心課程無疑要圍繞「自由之道」這個問題展開。當然，不同的老師對「自由之道」的理解完全不同，在這個問題上，我們反而持開放的態度，但需要老師將自己對「自由之道」的理解通過課程的講授轉遞出來，從而啟迪學生們的思考。如果你的課程非常好，講得好，學生也很歡迎，但與思考和探索自由之道無關或者關係太遠，那麼也無法進入到核心課程之中。這樣，許多單純知識性、專業性的導論課程就被排除在外。而我們原來通選課的建設主要是從知識專業的角度，是為了彌補本專業不足，拓寬知識視野，增加其他領域的專業知識而設計的各種導論性課程。因此，通識教育不是專業外的跨專業教育，而是專業基礎上的超越專業教育。這個問

題還要在下面繼續展開。

其二，提倡經典閱讀和小班討論，着力解決通選課變成「通俗課」的問題，通過教學大綱的改革，改變教和學的態度，確立「通識核心課程」在整個課程體系中崇高地位。不同文明、不同時代對「自由之道」的探索往往凝聚在經典作品中，那麼圍繞經典作品開展課程，閱讀經典大書，圍繞經典問題展開討論，是修習「自由之道」的必由之路，因此閱讀經典乃是通識核心課程的一個重要特色。為此，差不多每門課程我都要和任課老師有各種形式的溝通，就是讓老師們認識到目前通選課面臨的問題，鼓勵和引導老師開設以經典閱讀和小班討論為特徵的課程。為此，我們首先從教學大綱改革開始，要求授課教師提供明確詳細的教學大綱，即使是閱讀一本經典，也要求提供每章的閱讀內容，二手參考文獻，並具體到頁碼。

從教學大綱入手看起簡單，但對老師是一個挑戰。老師選擇哪些經典，準備讓學生讀哪些文獻，就可以看出老師對這個問題的研究深度和理解思路。有了這些閱讀文獻，學術界的同行和學生也可以監督老師，看看這個老師的學術水準如何，看看老師上課時如何理解這些文獻的，是充分理解文獻基礎上的提升，還是不考慮文獻提供的學術路徑，自說自話？這就意味着老師對課程的準備要非常認真，上課也自然非常認真，不能把通識教育核心課程當作業餘的通俗課程，而是當作和專業課程一樣嚴格要求的課程，甚至比專業課有更大的難度。開設專業課程不需要思考，比如在法學院，開設法理學天經地義，想都不用想，按照課本講授就可以了。但是，如果要給全校開法理學的通識核心課程，就要思考為什麼要讓非法律的學生學習這門課程，這門課程與探索「自由之道」有怎樣的關聯，哪些法律思想家或者法理學問題需要重

點講授，這些問題如何構成對「自由之道」的思考。這就意味着要對這門課程的設計有一個全新的思考。

更重要的是，通過這種方式試圖從根本上改變目前流行的教學型態，即教學不再是舊式的老師個人宣講，課堂不是展現教師個人思想的地方，而是把課堂變成引導、討論和對話，即老師和學生共同面對經典文本和文獻，通過教師對文本和文獻的解讀，引導學生閱讀經典文本和有助於理解經典文本的二手文獻，而老師的貢獻在於通過自己對相關文本的理解和批判，引導學生真正回到經典，而學生正是在與老師的對比中，才能理解為什麼老師的理解比自己更好，從而學到老師思考問題的角度和方法，而老師也會從學生的理解中看到了自己通常理解存在的盲區，正是在這種教學相長中，經典、老師和學生之間構築一個探索自由之道的共同世界。因此，通識教育核心課程是幫助學生進入文明傳統，領悟文明傳統，繼而將這種文明傳統發揚光大。

因此，我們對教學大綱都有硬性的要求，除了剛才具體到章節的閱讀文獻。而且要求學生提交讀書報告和課程小論文，其中至少有30% 的成績來自課程讀書報告或者小論文，這就要求學生讀書、思考和寫作，而不是像過去那樣簡單聽課做筆記，最後背筆記考試。這些看起來是細節，但恰恰是通過這些細節讓老師和學生對該課程有不同的態度和理解，將閱讀、思考和討論作為重點，而知識背誦反而成為不重要的內容。與此同時，我們組織了課程沙龍，在一個自由的環境中，老師和學生就課程的問題或課程之外的其他問題進行交流討論，這是傳道授業解惑的重要環節。為此，大學通識教育恰恰是要透過課堂這個環節，構建一個新的大學校園，一種閱讀經典、討論經典、將從經典中獲得的領悟貫穿於校園生活乃至社會公共生活中的文化氛圍。在這樣的教

學文化環境薰陶中成長起來的人無疑會獲得教養，培育出健全的人格。

通識教育雖然強調古典和經典，但在管理和推廣上，我們採取最現代的手段。其一，上述對教學的要求，我們教務部門與每一個授課教師簽訂嚴格的書面合同，從課程大綱、助教的職責、課程作業和沙龍討論等都規定其中。每個上課老師都是出於自願和熱愛來從事通識教育，而我們要將這種熱愛轉化成一項持久的責任。其二我們對通識教育核心課程進行嚴格獨立的評估，專門聘請專家進行細緻的課程跟蹤和評估，而評估結果對每一個核心課程老師公開，其目的在於相互學習、取長補短，每學期都召開通識教育核心課程授課教師的經驗交流會，在老師們中間尋求對通識教育的共識。其三，我們藉助「通識聯播」這個公共微信號的現代宣傳手段，按照通識教育所要求的價值觀念、行為準則和審美情趣來對待每一位老師的課程推廣，以課程的形式、師生討論的形式和課程作業的具體生動案例來展現什麼是通識教育，通識教育的目標和效果是什麼。這樣的具體的文化展現遠遠勝過抽象的理念推廣。

經過幾年的探索和實驗，我們已經建立起四十門左右的示範性課程，摸索出經典閱讀，大班授課，小班討論這些基本的授課模式。通過核心課程凝聚了一批志同道合的老師，大家一起相互交流經驗，共同推動通識教育核心課程的建設，逐步探索全校的通識教育和各院系的專業教育相結合的北大模式。

六、核心課程：專業基礎上超越專業的教育

講通識教育，我們往往強調與專業教育的差異，以至於目前不少人傾向於將通識教育和專業教育對立起來。其實這是一種偏見，恰恰可

能導致通識教育誤入歧途。現代社會建立在專業之上的，所有的老師都要從專業訓練中產生出來。脫離專業教育的通識教育就會變成我們所說的業餘的通俗教育。好的通識教育必須從專業入手，但要在專業的基礎上超越專業，通過專業的門徑而進入到對自由之道的探索。

比如說，不同的文明有不同的路徑進入自由之道。柏拉圖和孔子可能思考同樣的問題，但他們的路徑有根本的不同。如果一個老師缺乏對西方文明的系統訓練，他甚至無法進入理解柏拉圖的門徑，怎麼可以通過教授柏拉圖引導你進入柏拉圖所開闢的探索自由之道呢？自由之道一開始看起來很簡單，孔子的話我們每個人都懂一些，一些在媒體上講的孔子很有影響力。但是，當我們從一些簡單問題不斷深入下去，進入到精微之處，就發現這些細微的差異和精妙的地方才展現出其真正的博大精深，才是真正高深的地方。而大學作為專門研究高深學問的地方，就是要展現這種精微高深之處，而不能變成社會上的常識教育。

因此，「大學教育」必須區別於「大眾教育」，後者要的是一些簡單的常識，只有前者才需要提供支撐這些常識的真正精微高深的知識。我們許多老師在社會上，在媒體上很流行，很有名，但在通識教育核心課上可能就是另外一副樣子了。因此，通識教育核心課程的老師首先是專業院系從專業研究的角度看一定是非常好的老師。一個在專業領域非常出色的老師不一定能夠成為通識教育核心課程的老師，但在專業中缺乏相應的學術水準（注意不是學術成果）能否成為合格的通識核心課程老師，我持謹慎的懷疑態度。

目前不少大學中思政課、大英課面臨的問題就源於體制上將這些老師與專業院系相隔離，形成公共課程教研室，這很容易放鬆了對相關老師嚴格的專業水準要求。這些老師缺乏學術成長的環境、要求和激

勵，也逐漸喪失了專業學術的要求和尊嚴，課程也就逐漸喪失了學術研究的滋養和支撐，以至於在「大學」這個地方，公共課教研室就變成缺乏學術水準、缺乏專業精神的業餘機構。這樣的思政課教育怎麼能夠確保思想政治在「大學」這個探求高深學問地方獲得尊嚴和地位呢！

七、核心課程的教學法：經典閱讀與問題思考

通識教育的首要任務就是通過經典進入到文明傳統中以探索「自由之道」。因此，在「中國文明及其傳統」和「西方文明及其傳統」這兩個模塊中，我們強調閱讀經典文本，通過經典文本的閱讀和思考，領悟不同文明傳統對自由之道的理解和探索，從而激勵年輕的一代人思考探索中國未來的自由之道。這實際上也是在中國文明和西方文明相啟發、相結合的基礎上，探索中國文明的未來之道。因此，通識教育不僅意味着文明的傳承，而且包含了文明的創造和文明的更新。中華民族偉大復興歸根結底是中國文明偉大復興。

換句話說，歷史並沒有「終結」，中國人應當探索為人類提供新的自由生存之道。我們中國人今天在核心價值問題上存在着模糊，不知道我們中國人生存的核心價值究竟是什麼，其根本原因就是在中國傳統文明和西方現代文明的衝突中找不到自己的方向和出路。學術界、思想界和意識形態領域的分歧和辯論，其根源在於我們如何在自由之道這個文明的根基上思考中國人的現實處境和我們的生存意義。

因此，文明傳統系列的課程主要集中在文史哲這些領域，這三個專業對同一個問題有不同的專業理解路徑和專業門檻的要求，但我希望在這些專業知識和專業路徑之上，引導大家共同思考文明問題，古代的

中國人或西方人究竟如何理解其生存處境、生存方式和生存意義的？從而引導我們現代人進入古人的精神世界，理解他們對自由之道的思考。也許能讓同學們意識到古人的世界和我們今天或許格格不入，但依然能夠對保持同情理解，或許能讓同學們體會到自己在心靈深處是一個古代人，從而找到生活的知音和生存的榜樣。因此，我們就要和任課教師一個一個談，希望將通識教育的理念貫穿到原來的專業課程思考和設計中，從而讓原來的專業課程按照通識教育的理念和思路展現出新的風貌。

而對於「現代社會及其問題」這個模塊，主要依賴社會科學，因為這些專業就是現代社會發展出來的，要理解現代社會包括現代社會的自由之道，必須從這些專業入手。而要理解這些專業，也要藉助經典閱讀，因為這些專業是通過經典著作形成其基本的思考邏輯和脈絡的。因此，「現代社會及其問題」模塊的課程特別強調要超越專業，從「問題」入手，要領悟這門專業的最終目的是解決某個問題，而不同的專業就是從自己的角度共同解決現代社會面臨的普遍問題。因此，這個模塊的課程就希望透過對「現代問題」的思考將不同的專業知識串聯起來，形成專業知識之間的對話，促進學科之間的交叉。

對現代社會及其問題的課程設計中，專業水準是必需的要求。但這些課程不一定是專業院系中最核心的專業課程，因為專業院系這種專業課程是鑲嵌在整個專業知識體系中，對這些問題的理解必須在相當的專業知識基礎才能完成。比如法學院開設的民法課程和經濟學院開設的金融學課程就不適合作為通識教育的課程，這些課程需要大量的專業知識的鋪墊才能理解，而且開課的目的就是讓學生作為律師、銀行從業人員掌握並學會在職業生涯中運用這些知識。要將這些課程改造為通識課程，需要將專業知識的講授轉化為對專業知識背後的「問題」的理論思

考，比如將民法問題與探索現代人對「權利」的思考結合起來就是非常好的通識課程，但這樣的課程對專業院系的老師提出更高的挑戰，而我們目前的教育中，民法老師的培養往往從本科、研究生到博士都是在專業領域中培養起來，他們的本科教育本身就缺乏跨學科的訓練，對現代政治哲學問題缺乏深入的研究和理解，往往沒有能力開設這樣的課程。相比之下，美國法學院沒有本科教育，只有研究生教育，每個學生都是跨學科的，由此美國法學院非常鼓勵跨學科研究，以至於一流法學院在法律職業教育中依然延用通識教育思路，透過法律問題來思考普遍的理論問題。比如耶魯法學院的課程就戲稱為 ABL（anything but law）——什麼都可以講授，但就不講授法律。曾擔任耶魯法學院院長的克羅曼（Anthony Kronman）講授的合同法課程就被看作是講授亞里士多德的倫理學。正是通識教育強調的對「問題」的思考，而不是「知識」的灌輸或積累，美國社會才始終處於科技創新、思想創新、制度創新的前沿。

因此，對於通識教育而言，這些領域中最適合的通識課程往往是專業院系中的專業基礎課程。通識教育要從這些專業的基礎課程入手，讓學生理解這門專業是如何理解和思考世界的，它的問題意識、思維方式、邏輯假定和推理過程等等。這些對問題的不同理解方式和解決問題方式，剛好展現了這種專業的獨特性或特殊性，學生通過這些特殊性來理解現代社會作為一個分化社會如何在專業技術化的分工領域中來解決現代社會的問題，而這種分化專業化的解決問題方式又如何產生的現代社會的新問題。這種對現代社會問題的深入理解恰恰可以與古典文明傳統的閱讀形成對照，從而不僅在中西文明傳統之間形成對話，而且在古代與現代之間的形成對話。

因此，作為好的通識課程，這種專業基礎課應當能夠對這門知識

本身提出批判，恰恰讓學生看到這門學科和知識不過是專業分工中的一部分，是理解社會的一個視角，一個側面，一個系統，而不是整個世界的全部真相。通過這門專業來把握整個世界的時候，一定要理解其專業本身帶來的限度。專業和知識的假定就意味着這門知識本身的局限性。這就要求社會科學專業的核心課程老師既要能進入專業，但又能夠超出專業，從專業內部的問題出發對專業限度進行批判，而不是完全無視專業的外行批判，變成大眾傳媒中缺乏專業積澱的「公共知識分子」。這才是社會科學作為通識教育課程的關鍵點。

遺憾的是，目前不少專業課老師都有意無意持一種「專業帝國主義」的立場，認為只有自己的專業才稱得上科學，才是真理，其他專業（尤其人文）都是非科學的迷信。從而把社會紛亂的根源歸結為專業不夠或者專業不徹底，就像今天經濟學很容易主張徹底的市場化，將市場作為靈丹妙藥，法學很容易主張不斷累加的法條主義或形成司法無限擴張的迷信，以為法律可以解決一切問題。這種專業主義的僭妄本身就證明這些老師自身缺乏通識教育所提供的基本教養。我相信，一個系統接受通識教育的人在進入專業之後，都會對專業本身的限度持一種警惕和反思的態度。這也就是我剛才所說的，只有專業領域中的優秀的學者才能真正理解專業本身的限度，從而對專業持批判的超越的態度，從而進行跨專業的對話，思考和探索普遍的問題。

如果要跨出專業、超越專業，就需要從「問題」入手，而不是像專業課程那樣從「知識」傳承入手，也不能從某些專業所採取的「方法」入手。比如我們想開設一門關於民主問題的課程。在這個問題在哲學專業往往從政治哲學來思考，而在政治學專業會形成政治科學的思考，而在法學專業可能變成了關於選舉技術的制度設計。如果作為通識教育核

心課，就不能簡單把上述不同學科對民主的理解方式匯總在一起，從而知道有「多數人暴政」「集體行動的邏輯」「比例代表制」等等這些不同的知識點，也不是讓這些哲學的價值理念思考、政治學的科學計量和法學的制度設計這些「方法」之間進行對話。如何要跨出這些專業，讓不同的專業之間真正進行對話，實際上要激活對原初民主問題的思考和想像，即人類究竟為什麼要民主，民主社會展現出怎樣的命運，民主政治如何從精英轉向大眾，大眾民主何以變成政黨政治，政黨政治如何變成選舉制度，而對這些問題的思考恰恰可以將不同專業的知識串聯起來，看到其內在的一致性，即從不同的角度來解決民主帶來的問題，人人平等的社會怎麼建立起人對人的統治，而這些思考也是批判性思考的出發點。再比如，一門憲法課，在法律專業中就是法條分析和判例分析，而在政治學專業就是制度運作和政黨運作的分析，而在歷史系可能就是憲法史的探討。因此，作為通識教育的核心課程，如果要讓這些不同知識傳統之間進行對話，那就要思考古代社會沒有憲法嗎？現代社會為什麼需要一部憲法？憲法一定是成文的法律嗎？權力為什麼要劃分？政治權力和國家權力有什麼不同？政黨政治與憲法的關係是什麼？憲法至高無上的地位有何而來？既然是憲法是最高的，那麼如何理解摧毀國家和憲法的「革命」？憲法秩序如何面對例外狀態或緊急狀態？從這些根本問題入手，不斷展現這些專業知識本身的路徑及其限度，調動不同的專業知識資源來回答問題，從而建構一個相對整全的知識和理解。

八、通識教育生態建設：「傳道授業的友愛共同體」

通識教育雖然以核心課程為抓手，圍繞經典閱讀和問題思考這兩

個關鍵展開，但作為一個文化教育理念，更重要的是要讓通識教育理念滲透到大學的方方面面，從而形成通識教育的「生態」。這種生態就是一種無所不在、潛移默化的影響力，這才是教育的最高境界。就像自然界，如果要長出參天大樹，關注點不僅在於如何種植樹苗、澆水施肥，更要關注的土壤、氣溫、降水這些更大的生態環境，就像在南方有了好的生態環境，種棵樹就自己拚命生長，而在北方的沙漠地帶，非常辛苦的努力之後，能長出灌木就不錯了。而在大學中，首先就要樹立起尊重經典、熱愛閱讀、鼓勵自由探索和思考辯論的風氣。在這方面，北京大學的閱讀思考氛圍是最好的。而大學生態的好壞，又是有一門一門課程形成的，需要我們在每一門課程中形成通識教育的風氣或「小環境」，然後影響甚至改變「大環境」。比如我自己雖然在法學院講授法理學，但這些年始終按照通識教育理念來講授的。重要的不在於具體知識的傳授，而在於努力打開思考的視野，思考法律為什麼會是這樣，通過經典閱讀和討論激發靈魂的覺醒，讓同學們思考法律如何回應現實生活提出的挑戰，從而激發法律人追求卓越的精神動力。這樣法學院學生思考的問題就不局限於具體專業知識、不再於局限於未來的職業和工作，而是思考如何成就自己的人生。

不少同學也很喜歡這些經典作品，但大家往往是從專業的角度來閱讀經典，閱讀經典意味着他掌握了一些看起來「高大上」的知識，寫文章的時候可以引經據典，顯得有學問。如果是這種讀法，經典閱讀僅僅讓大家掌握了一些以前不知道的知識。在這個意義上，經典知識和部門法中的專業知識沒有層次的不同，只有種類的不同。而通識教育的意義就在於這些經典有助於引導大家共同思考自由之道，思考人生意義，思考自己將來要成為什麼樣的人，過什麼樣的生活。而選擇什麼樣

的職業反而變成了一個技術性的方便而已，無可無不可，所有的職業和工作不過附着在人生上的外衣。

因此，通識教育不僅要改變課程，更需要改變老師教學、學生學習的態度，營造尊重經典、探討真理、平等交流辯論的課堂氛圍和校園文化氛圍。換句話說，這個校園中最重要的不是如何培養政治家或企業家，而是如何培養思想家和科學家，這才是真正衡量大學是不是世界一流大學的尺度所在。因為政治家和企業家不是大學培養的，是由國家和社會培養出來的，甚至是由一個國家的政治經濟地位決定的。在統計學上，每個國家的大學都可以產生出有影響力的政治家和企業家，但不一定能培養出具有影響力的思想家和科學家。中國大學已經培養出了多少了不起得政治家、企業家和幹練的管理階層，但培養出的思想家和科學家太少了。要培養思想家和科學家，就需要大學校園的文化生態，崇尚讀書、思考，熱愛自由，探求真理。而我們目前校園文化生態中，崇尚的不是讀書和思考，而是各種各樣的職場規劃，熱愛的不是自由，而是早早變成職場的打工仔，甚至金錢的奴隸。從過早的專業規劃到社團活動，北大的商業氣味很濃，學術風氣不夠。這一方面與社會風尚有關，但另一方面也與我們大學的教學有關。現在的課程普遍採取大班集體上課，老師下課就離開，不認識學生，也沒有和學生的互動交流，缺乏對學生日常交流的思想引導和精神激勵，以至於大學生的心理問題非常嚴重。因此，我們在通識核心課程的建設中，要求課程必須組織課程沙龍的討論，創造一個老師和學生共同交流的機會，他們可以交流課堂內容，也可以交流對社會的觀察和人生的思考。這些場合對學生的啟發和激勵絕對不亞於課堂授課的意義。

在推動通識教育生態建設中，我們特別注重定期組織通識教育核心

課程的老師進行教學經驗的交流，讓不同專業的老師在通識教育這個平台上尋找到思想的共鳴，從而相互學習、相互激勵。通識教育在人文社會科學中比較容易推動，因為與其專業的關聯性比較大，理工科學生也比較容易掌握。但在理工科中就遭遇很大的困難。一方面文科學生的理科背景很弱，一旦有理科的專業概念和簡單的計算就覺得難度很大。另一方面是理工科的科研高度專業化，專業分化很細。比如在物理學中，很難找到一個老師可以講授類似《物理學的基本原理》或《物理學如何認識世界》這樣的通識課程。他們對自己的專業研究的很深，可一旦跨出自己的狹小專業，對其他專業的研究比較有限。而要打通這些專業的壁壘，理解物理學的普遍原理，需要花非常的功夫和精力，這顯然與他們科研目標是相牴觸的。因此，理工科專業中的通識教育要麼有資深的教授經過長年積累才有能力打通專業壁壘講授普遍原理，否則就要將自己將精力放在通識教育方面而耽誤其科研。比如北大化學學院的卞江老師講授《化學與社會》，為了讓文科學生也聽明白這門課程，他不斷修訂教學大綱，甚至還要閱讀大量的文科著作，從而將化學的原理與文科的知識結合在一起。他在教學上投入非常大的精力，必然耽誤了科研，以至於影響到評教授。學校推動通識教育就要找到這樣熱愛教學的老師，他們在院系中可能是主流邊緣的「另類」。然而，我們這些院系的邊緣另類組織在一起，反而成為大學通識教育的主流，讓大家形成一個教學的共同體，讓大家成為大學的教員，而不僅僅是專業院系的一分子。

除了大學內部對通識教育的認同，還需要大學之間在通識教育領域的溝通、交流、相互激盪而產生共鳴。比如北京大學承辦了很多次甘陽老師組織推動的「通識教育暑期班」，後來我們乾脆把這個暑期班就定在北京大學。通過暑期班的形式來建構大學中通識教育的文化生

態。後來我們通過「通識教育四校聯盟」發展為「中國大學通識教育聯盟」來共同營造中國大學的通識教育生態。在這個過程中，我們創辦了「通識聯播」公眾號，就是藉助現代互聯網傳播手段，推廣核心課程、老師的文章、學生作業、學術沙龍、講座等系列學術活動。就是讓同學們意識到大學中最重要的人物不是我們在電視上媒體上看到的「公共知識分子」，而是課堂上與你進行交流、對話，共同探索真理，思考人生意義的老師。由此，我們要在學生中樹立一個觀念：講授通識核心課程的老師是大學最優秀的老師，他們作為「老師」的地位要高於作為發表專業論文的「專家」「學者」或「知識分子」，因為前者「傳道」，後者最多「授業」，前者關注的「道」，後者關注的是「器」，前者關注的「靈魂」，後者關注的是「身體」。因此，通識聯播的主人不是「學者」，不是「專家」，也不是「知識分子」，而是「老師」和「學生」。通過這個平台，我們希望在「老師」和「學生」之間建構一個「讀書共同體」「思考共同體」和「傳道授業的友愛共同體」。

在創辦「通識聯播」的時候，我確立兩個原則。一是學生主導，從主編到編輯，都是學生，而且編發什麼樣的文章，組織什麼樣的活動，我只給出目標要求，具體都由學生組織。二是要體現通識教育的品味。從內容、活動、版式、配圖等等，都要體現學生在接受通識教育之後形成的閱讀旨趣和心靈品味。應該說，我的這些想法都實現了，而且效果完全超出了我的預期。之所以確立這樣兩個原則，就是基於我們對「學生」的信任。這個校園中無與倫比的地方就是永遠不缺乏熱愛自由的學生，不缺乏有創造力的學生，缺乏的可能是我們的大學、我們的老師能不能把學生的心靈引導向一個超拔的高度。這應該是我們通識教育的方向和使命。

靜悄悄的革命[*]：
《北京大學通識核心課》編後記

　　通識教育的話題在過去的十多年中獲得了前所未有的關注。作為改革開放以來中國大學改革運動的有機組成部分，通識教育不僅是中國大學精神的自我探索和自我塑造的有機組成部分，更是中國經濟崛起引發文化自覺和文明復興運動的有機組成部分。儘管人們對通識教育的理解不同，但關心大學通識教育的人不可避免關注到兩個話題：一是中國的大學究竟應當培養什麼樣的人以及如何培養出這樣的人？二是中國大學教育究竟應當為中國崛起提供怎樣的文化傳承、思想滋養和精神引導？

　　然而，無論人們對通識教育秉持怎樣的理念，而要將這種理論落到實處，那就必須尊重高等教育教學固有的規律，必須尊重每個學校特有的教學管理體制。北京大學的通識教育有一個漫長的發展過程，從全校通選課的設立到教學方針的逐步調整，從元培教學改革試點到自主選

[*]　本文 2021 年 2 月 21 日以「'通識聯播'編輯部」的名義給《北京大學通識核心課》（五卷本，北京大學出版社 2022 年）寫的編後記。「通識聯播」是我負責北京大學通識教育期間創辦的公眾號，由學生擔任編輯，致力於推廣通識教育和通識核心課。

課制度和自由選擇專業制度的建立，北京大學的通識教育是一個不斷探索試錯的過程，也是一個漸進的累積的過程。因此，與北京大學過往改革的大刀闊斧和激辯不同，與其他高校聲勢浩大、不斷升級的通識教育改革方案不同，北京大學的通識教育改革更像是一場靜悄悄的革命。而這場靜悄悄的革命恰恰在於遵循一個基本的理念：在不打破現有強大專業教育傳統的基礎上慢慢疊加通識教育，從而將通識教育理念滲透到專業教育中，形成「通識教育」與「專業教育」相結合的思路。而這個改革思路秉持的恰恰是「守正」與「創新」相結合的理念。

正是基於這樣的理念和思路，通識教育改革從大學教育的基石——課程入手，首先從改革通選課，建立通識核心課程，將通識教育的理念貫穿到這些標杆性的課程中。正是透過通識核心課程這根紐帶來培養通識教育的生態環境，從而在教師、學生和學校管理者在專業院系主導的院校中逐漸接受通識教育的理念。因此，北京大學的通識教育改革從來不是自上而下的行政推動，而是在不改變學校現有教育教學體系的前提下，由一批支持通識教育理念的優秀教師通過課程建設在大學中塑造出通識教育的生態環境。可以說，「通識核心課」是北京大學推動通識教育最重要的支柱，而通識核心課程的老師們無疑是北京大學通識教育真正的靈魂人物。正是由於這些通識核心課在教學中樹立的標杆典範作用，保持相當高水平的課程質量，在全校學生、教師羣體、學校和管理層乃至其他高校和整個社會中產生積極正面的影響力，各院系就會自然而然地接受這些有真正育人效果的課程，在培養方案的調整中會主動壓縮專業學分、增加通識教育學分，各院系也開始接受學生自由選課制度、自主選專業等制度安排，並積極組織跨專業的本科生培養項目。

　　相較十年前，從通識教育理念到具體制度安排，從元培學院的改革到通識教育跨專業項目的發展，北京大學的通識教育都發生了革命性的變化。如果說當年「元培試驗班」是一個通識教育的改革試驗田，那麼今天北京大學就是一個擴大版本的元培學院。而今天的元培學院則要繼續承擔起新一輪的通識教育改革的探索重任，開展住宿學院制、新生討論課等改革。然而，這場靜悄悄的革命不是來自聲勢浩大的宣傳或行政力量的強行推動，而是首先來自通識核心課程身體力行的示範作用，讓所有參與其中的人都理解了通識教育的意義，感受到通識教育的魅力，配套的行政改革措施更多是順勢而為。

　　關於如何建設通識核心課，我在以前的一篇訪談中已經講過了（參見《現代社會及其問題》），這裏不再贅述。現在呈現在讀者面前的這五冊著作大體展現了北京大學通識核心課程的面貌。我們將通識課程劃分為五類，每一冊就是一類課程。這樣的劃分標準是為了和國內目前的學科與知識體系進行有效對接，而沒有採用國內大學普遍流行的——但實際上是從西方大學模仿而來——名目繁多的分佈式課程分類。在這些課程中，每一個老師都結合課程闡述了自己對通識教育的理解，我們可以看到不同專業、不同課程的老師對通識教育的理解有所不同，但這恰恰展現了通識教育理念的包容性和開放性。通識教育不是僵死的教條，而是對每個教師開放的多元空間。比如在很多理工科的教師看來，如何讓理工科學生邏輯清晰地表達一個完整的思想，哪怕是寫一封合格的求職信，起草一份項目報告書，也是通識教育的一部分，而中文系的老師往往希望每個大學生能夠寫出詩意盎然的小散文。因此，不少大學將寫作課程看作是通識教育的基本要求，但每位老師對於寫作課內涵的理解或許是不同的。實際上，我們只有將這些不同的理解放在一

起，才能展現出通識教育的真意，即通過不同方式和途徑達到不同層次的目的，而通識教育本身就是這個不斷向上攀登的「階梯」。從小時候的家庭教育到中小學教育，從大學教育到社會政治生活中的教育，從追隨老師和經典的教育到自我教育，通識教育的理念貫穿人的一生，而大學階段的通識教育就是為了打開邁向「終身教育」的階梯。

在這些通識教育理念的欄目中，我們分別收錄了幾篇經典的通識教育文獻，包括北京大學原校長林建華教授、中山大學原校長黃達人教授、復旦大學校長許寧生教授、清華大學新雅書院院長甘陽教授和復旦大學通識教育中心主任孫向晨教授關於通識教育的文章。這四所大學在在 2015 年共同發起成立「中國大學通識教育聯盟」，依靠大學和教授們自發的力量來共同推動大學通識教育的發展。可以說，他們的通識教育理念和決定有力地推動和影響着北京大學的通識教育。林建華教授是北京大學目前通識教育方案的設計者和推動者，他率先提出了「通識教育與專業教育相結合」的理念，這個理念後來也出現在國家十三五規劃中，而目前北京大學學生自由選課、自主選專業的制度，更是他全力推動的。黃達人教授關於通識教育的論述已經成為中國大學通識教育的必讀書，他在 2015 年通識教育暑期班上的講話推動了大學通識教育聯盟的發起。甘陽教授是中國大學通識教育最有影響力的倡導者和推動者，他組織的「通識教育暑期班」為眾多學生和青年教師展示了通識教育核心課程的典範，後來也成為北京大學推廣通識教育理念的重要工作，他曾經在中山大學和重慶大學分別創辦了博雅學院，為中國大學的通識教育提供了可以參考的樣板，而他在清華大學主持的新雅書院與北京大學的元培學院相互促進，成為兩校通識教育合作的典範。孫向晨教授是復旦大學通識教育的主持人，復旦大學與北京大學在通識教育核心

課程建設上分享了共同的理念，兩校的通識教育核心課程建設也相互借鑒、相互促進。

通識教育的理念只有通過課程才能落實到育人過程中。對於一門課程而言，教學大綱最能反映出授課的思路、理念。不同於傳統的課堂講授、學生做筆記、背誦考試，通識核心課程始終將文獻閱讀和寫作思考貫穿始終。因此，通識核心課程要求教師在教學大綱中列出具體的閱讀書目，最好是每個章節圍繞授課內容提供必讀文獻和選讀文獻。在學生課前閱讀文獻的基礎上，課堂講授就變成了一場對話，即師生面對共同的問題、面對已經思考並回答這些問題的理論文獻，共同思考我們如何理解這個問題，如何理解文獻所提供的答案，我們自己又能給出怎樣的理解和解答。恰恰是圍繞這些問題和文獻，我們將過去的思考與今天的思考、老師自己的思考和學生的思考構成了跨越時空的對話。在這個過程中，我們理解了問題的開放性和文獻解讀的開放性。

在課堂上，我經常聽到學生說，聽了老師的講解，好像老師閱讀的和學生自己閱讀的不是同一個文獻。其實，這種差異恰恰是老師和學生的差異，也恰恰是學生需要向老師學習的地方。如果教科書已經寫得明明白白，老師照本宣讀，即使講得妙趣橫生，滿堂生彩，對學生的思考又有何益呢？因此，通識核心課從來不追求類似桑德爾（Michael J. Sandel）的公開課所精心設計的那種劇場式的修辭效果或表演效果，相反，我們希望課堂更像是一個思想解剖的實驗室，讓學生理解一個具體的問題是如何在理論中建構出來的，這種理論構建又形成了怎樣的傳統，時代變化又如何推動後人對這種理論傳統的革新，從而針對新的問題提出新的理論，而在當下的語境中，我們究竟應當如何思考這些問題，從前人的思考中汲取怎樣的營養。這個過程實際上就是通過課堂將

學生引入到一個巨大的文明歷史傳統中進行思考。老師和學生對問題和文獻的不同理解，首先在於思考問題的深度和廣度有所不同，畢竟老師對相關問題的理論脈絡比學生的更為清楚；也可能是由於不同的生活經驗對問題的關注角度有所不同，畢竟對問題的理解是隨着人生閱歷而加深；也可能是解讀文獻的方法不同，畢竟老師經過嚴格的學術思想訓練。學生從老師那裏學習理解這些內容的過程，其實就是通識教育的過程，是通過老師和課程這個中介與經典文獻直接對話的過程。儘管如此，並不能以老師的標準來說學生的思考和理解就是幼稚淺薄的，更不能說學生的思考就是錯的，相反可能學生恰恰看到了老師忽略的問題，進而有可能開放出一個新的問題域，這有可能是學生未來超越老師的地方，也是老師需要向學生虛心學習的地方。教學相長恰恰體現在這個討論、問題甚至辯難中。因此，對於通識核心課程而言，老師與學生的討論交流、學生之間的討論和交流非常重要，但這種討論和交流面對共同的問題和文獻就更具有針對性。因此，我們在通識核心課的設計中，閱讀文獻要求、小組討論和師生交流是其中最重要的環節，而助教在這個環節中扮演了重要角色。助教在幫助老師查找相關文獻、主持小組討論、組織師生討論的過程中成為了師生溝通的橋樑。

通識核心課程要求課程的成績不能完全由最後的考試來決定，必須要求有平時成績，包括小組討論的成績和課程作業或者小論文的成績。這些作業或論文的寫作也是通識教育的重要環節，通識教育中雖然有不少人主張開設寫作課，但不小心就變成了公文寫作的格式化要求。白話文乃是「我手寫我心」，寫作是對閱讀和思考的延伸。從這個意義上來說，寫作並不難，難的是把自己想要表達的內容想清楚，因此寫作必須是針對具體內容的寫作。很多同學說起來滔滔不絕，似乎

無所不知，然而一寫作就露餡了，因為可以列舉很多「知識」或者「現象」，但缺乏將這些「知識」和「現象」串起來的「問題」意識，以及思考解決這些問題的邏輯思維和推理表達。同樣，邏輯思維也是針對具體問題的邏輯思考，學習形式邏輯並不是培養邏輯思維的必要條件。因此，對邏輯思維和寫作能力的訓練必須貫穿在具體的課程所關注的具體內容中，寫作訓練離不開對具體問題的思考，離不開對具體文獻的閱讀和討論。而對於具體課程的寫作，我們也是採取一種開放的態度。有的課程作業已經變成一種學術論文的寫作，而有的課程作業可能就是一種報告，而有的也可能是一篇隨筆或者評論。不同的形式服務於不同的目標，但都以不同的形式展現課程所帶來的思考。我們把這些可能顯得稚嫩的課程作業選登在這裏，恰恰是懷着平常心來看待通識核心課程。通識核心課真正的魅力正是在於這些日常教學活動中的閱讀、討論和寫作本身。我們編輯這一套書就是為了記錄通識教育核心課程的點滴，以期進一步推動並完善北京大學的通識教育。

北京大學通識核心課程建設雖然是由北京大學通識教育專家諮詢委員會共同組織起來的，但整個通識教育的理念和方案都是由校長們構思、教務部具體推行的。從林建華校長到郝平校長、從高松常務副校長到龔旗煌常務副校長，北京大學通識教育工作始終堅持守正創新的原則，穩步扎實推進，並進一步將通識教育核心課程建設的經驗運用思政課建設中。而教務部作為通識教育的主責單位，從方新貴部長、董志勇部長到傅綏燕部長，每一位部長都着眼於北京大學的長遠發展，以功成不必在我的精神，持續推動通識教育工作的順利開展。在這個過程中，復旦大學高等教育研究所的陸一博士一直為我們提供第三方課程評估，並對課程的改進提出了非常中肯的建議。而《通識聯播》公眾號的

所有編輯都是北京大學的學生，他們積極參與有力地推動了通識核心課程的建設，將課程承載的通識教育理念向課程之外更廣闊的範圍傳播，為創造良好的通識教育生態環境發揮了巨大作用。

在此，我們要感謝所有北京大學通識教育工作的參與者、支持者、關注者和批評者，尤其是郝平校長和傅綏燕部長為這套書作序，指明了北京大學通識教育未來發展的方向。北京大學通識教育工作始終在路上，讓我們共同努力，繼續推動通識教育的發展，推動中國大學精神的復興，推動中國文化的自覺與中國文明傳統的重建。

信念、知識和勇氣[*]：
在元培學院 2021 年畢業典禮上的演講

謝謝元培學院的邀請，讓我作為元培導師給畢業的你們講幾句話。過去十多年來，我一直在教務部負責通識教育，對元培學院也格外關注。你們中間有的選修過我的課，有的參加過我的讀書會，也有的來我辦公室討論問題，結束後會讓我在導師談話表上簽字，似乎是為了完成一項任務。遺憾的是，我對元培的認知缺乏與同學們在一起相處的真切感受。不像李猛老師，他剛才回憶元培同學們的成長點滴，禁不住流下熱淚，讓我們深深感動。

元培是通識教育的產物，其目的是尊重每個同學的天性，讓每個同學自由成長。我們允許元培學生自由選修課程、選擇專業，甚至設立一些交叉學科專業，就是尊重每個人在天賦、秉性、興趣和愛好方面的差異，我們鼓勵每個同學將自己的個性差異展現出來，做最好的自己。因此，元培就是大學理念的縮影，把大家從高中階段同一本教材、同一份考卷、共同上早操自習、共同熄燈睡覺所塑造的共同生活中

---

* 2021 年 7 月在北京大學元培學院畢業典禮上的發言，現場發言因時間關係省去很多內容。

解放出來，賦予你自由閱讀、自由思考、自由探索、自由成長的空間和環境，鼓勵多樣化、差異化和個性化的發展。

在這種自由探索的生態環境和生活氛圍中，每個人都邁向探尋自我的歷程。有的在文學和藝術中感受到心靈顫動的巨大喜悅，有的在研讀經典中心智不斷被打開，因通透頓悟而驚歎叫絕，有的在交叉學科無盡探索中，在黑暗隧道的最後突然看到光亮，體會到科學發現的魅力。當然，各種愛好的輪番自由選擇也會帶來人生的迷茫，反而開始「逃避自由」，看着周邊同學在不同領域中的出色表現，自己不免緊張焦慮，體會到「他人即地獄」。有時，想奮起直追但卻感到無邊的空虛無力，有時想乾脆「躺平」算了，但即使「躺平」也想以北大元培的方式「躺平」。同學們每日都在這喜悅與焦慮相伴、成功和失敗交織、幸福與痛苦相隨的洪流裏挾中，跌跌撞撞就來到了畢業門口。作為導師代表，我祝賀大家，希望畢業後的你們前程似錦，目光依舊遠大。

站在這畢業門口，回望燕園，回望元培，每個同學都會有不同的感悟。在我看來，大學四年是人生中脫胎換骨的四年，真正的大學教育對於每個人無疑是一次重生。大學教育意味着每個人在成長過程中從信念轉向知識，然後從知識重新回到信念的艱難歷程，是信念與知識相互搏鬥並最終走向相互激勵的艱難歷程。家庭教育和中小學教育，除了教會你們相應的知識，更重要的是灌輸人生的信念，讓心靈向真善美打開，開啟人生向上攀登的旅程。正是這信念力量讓你們考入北大，來到燕園，加入元培。然而，大學自由教育不是灌輸信念，樹立權威，而是用知識來質疑信念，批判權威，甚至顛覆了同學們此前已經確立的人生信念。這種質疑和批判實際上要求每個人將自己對真善美的理解，建立在理性和知識基礎上。無論「我思故我在」，還是「理性法庭的審判」，

都強調未經知識審查的信念是不穩固的。正是在理性基礎上，人類告別了迷信，用科學和知識為我們今天的生活世界奠定了基座。因此，大學教育就是推動同學們從信念轉向知識，致力於自由探索科學真理、不斷發現新的知識，從而區分哪些屬於沒有理性和知識根基的迷信，哪些是基於理性知識審查之後確立起來的真理，從而將信念建立在理性和知識之上。

我相信，每個同學進入北大圖書館都會心生敬畏。人類幾千年文明中所有高貴靈魂、非凡智慧和偉大成就，最終濃縮成各種文字符號，形成各種書本知識。大學之所以是探索真理的地方，就在於我們通過這些文字符號重新經歷一遍人類幾千年對探索真理的艱難歷程，從而在前人智慧的基礎上進一步接近真理。守護大學、守護大學的理性和知識，實際上就是守護人類文明本身。然而，當你們迫不及待地打開書本，所經歷的並非像中學作文所說的「遨遊在知識的海洋」那麼美妙，你可能一不小心就會迷失在黑暗森林，一不小心就迷失在豺狼、虎豹出沒的地方。從小家長和老師都告訴你們，讀書、學習、追求知識是最大的美德。然而，唯有在大學教育中，大家才會明白，分別真假、善惡和美醜是非常艱難、痛苦的挑戰。眼前的知識是相互矛盾的，書本與書本之間正在展開一場生死搏鬥。自以為增長了知識，可不小心卻成為某種偏見的奴隸。大學的通識教育鼓勵發現自我，可你在自我中既能發現善，也能看到惡。有些知識會護佑着善的成長，可有些知識卻滋養着惡，會為每個惡念喝彩壯膽。

比如一旦學會用「理性人假設」來看待世界，你會誤認為自私自利才是世界真相，甚至追求美德的信念也看成是謀求利益最大化的偽裝。你會認為這個世界的唯一真理就是你的理性、你的利益、你的判

斷，從此你人生的旗幟上就寫上不斷膨脹大寫的「自我」兩個大字。這個時候你會發現，大學中原來有如此美妙的知識幫助你滿足自己的欲望。商學知識教會你如何積累資本來控制商業活動，法律知識教會你如何用正義的言辭為強者辯護，傳媒知識教會如何操縱輿論、飼養撕咬他人的「暴民」，而一旦掌握了「算法」，你或許就能滋生出統治宇宙念頭。在這個過程中，你會深深體會到「知識－權力」這個詞語的含義。有人說「知識就是權力」，有人說知識是服務於權力的意識形態。地理大發現以來西方崛起的祕密就是這種知識與權力之間的相互促進，從文藝復興到工業革命，每一次知識領域的重大變革都會促進西方權力在全球範圍內展開殖民主義和帝國主義的擴張，而每一輪擴張都會推動知識和思想的翻新。這種知識－權力在全球擴張摧毀各種文明的古老信念，讓整個世界臣服於知識－權力相互建構的世界帝國體系。

因此，通常人們會認為，是社會這個大染缸讓我們可愛的大學生變得油膩、庸俗，以至於在畢業之際呼籲大家要始終保持單純和善良。殊不知同學們早已通過書本知識建構起自己的理想生活，甚至沙盤推演過自己要扮演的角色。大學中所學到的各種知識原本就是對大千世界和現實生活的描摹和記錄以及對其運行法則的探索。面對充滿危險的複雜世界，面對這個知識－權力相互塑造的世界帝國體系，標榜「單純」不見得就是高尚，因為它很難與未掌握知識、未能認知複雜世界的「幼稚」區分開來，標榜「善良」也不見的是一種美德，因為它很難與缺乏實踐行動能力的「軟弱」區分開來。

校園並非漂浮在雲端的象牙塔。大學教育必須始終面對複雜的世界。知識有可能導向光明大道，但也不免要面對黑暗深淵。面對知識的汪洋大海或黑暗森林，通識教育無疑是一項自由的精神冒險。通過知識

的真理探索往往要陷入黑暗的深淵。正如馬克思的名言：「在科學的入口處，正像在地獄的入口處一樣，必須提出這樣的要求：這裏必須根絕一切猶豫；這裏任何怯懦都無濟於事。」我們不能因為害怕學生誤入歧途而禁止他們運用自己的理性來自由地探索，更不能重新採用教條化的灌輸或壓制個性的規訓把學生層層保護起來。通識教育必須勇敢地向前走，重新喚起學生理想主義的人生信念，引導每個人以自己的方式勇敢地穿越黑暗，尋找光明。

因此，通識教育不能僅僅強調自由的知識探索、對信念和權威的質疑，更應當培養起探索真理的信念和勇氣。康德曾經將「啟蒙」概括為「勇敢地運用理性」。過去我們在通識教育中始終強調「理性」，強調自由探索，而如今我們必須認真對待「勇敢」這個詞。之所以能勇敢地運用理性，就在於有一種「前理性」的堅定信念，即宇宙有其大道，世界有其真理，我們心中早已播種下真理的種子，我們唯有勇敢地運用理性才能培育它茁壯成長。如果忽略了這個根本信念，遺忘了人心中早已播下信念的種子，那麼一切知識就像離開大樹的落葉，迅速枯萎。因此，從「信念」轉向「知識」，然後運用勇氣從「知識」重返「信念」，這兩個看似相反的運動，實際上形成通識教育的完整閉環。元培四年，大家經歷了從信念向知識的轉變，然而能不能從知識重新回到信念，這依然是一個未完成的歷程。在這個意義上，大學中經歷的始終是「未完成的通識教育」。因此，在你們畢業之際，我希望大家將通識教育理念帶入到現實生活中，從書本上的通識教育轉向現實生活中的通識教育，不斷在理論與實踐之間相互參照印證、檢驗修正，從而獲得真知。社會是一個更大的學校，在社會生活的錘煉有助於你們重新找回人生信念。

　　從 2017 年入學到今天畢業，你們剛好見證了中美貿易戰和新冠疫情給整個世界帶來的巨大變化。我們在此歡聚，但不要忘記全球有多少老百姓苦苦扎掙在疫情的生死線上。僅僅以美國為例，美國在二戰中的死亡人數近 30 萬，可今天美國因新冠疫情死亡的人數已超過二戰死亡人口的兩倍多。所謂的「自由民主國家」寧願結成「人權」的神聖同盟來制裁中國，也不願關注本國發生的這場人道主義災難。我們也不要忘記，美軍在阿富汗、中東展開「新十字軍東征」二十年之後，留下的是怎樣一個滿目瘡痍的世界。更不要忘記孟晚舟依然要在加拿大的法庭上接受審判，這場審判難道不像卡夫卡的小說，足以看出「正義的門前」佈滿「美國陷阱」的荒誕。在你們人生剛剛開始就經歷如此複雜的局面，相信隨着大家的成長，世界終將在你們手中改變。

　　百年前帝國主義列強在瓜分世界，年輕的中國知識分子推動中國進入「覺醒年代」，有了新文化運動，有了中國共產黨的成立。北京大學就處在推動時代變化的中心。百年後的今天，我們依然處在「強權戰勝公理」的世界，中國面臨着更為嚴峻的考驗。我們必須認識到，西方主導的世界帝國體系是幾百年來西方現代性知識與權力相互支撐的複雜綜合體。唯有從根本上挑戰其知識基礎，才能從根本上挑戰其權力秩序。在這個意義上，知識覺醒和思想覺醒比起政治覺醒需要更強的信念、更新的知識和更大的勇氣。這意味着我們要推動進入新的覺醒年代，更加勇敢地運用理性，審視五四運動以來引入的西方知識體系，審視被五四新文化所推翻的古典知識體系，在中國文明的基礎上建構新的現代知識體系。唯有推動新的知識增長和創造，我們才有能力面對未來更加複雜的世界。因此，我希望把「信念」「知識」和「勇氣」這三個詞送給新覺醒年代中成長起來的你們。

　　「信念」是一切知識和行動的開端。我們唯有對宇宙大道和真善美有一種堅定不移的信念，才會充分運用人類累積起來的智慧探索宇宙和世界的法則，從而發現和創造新的知識。信念不是迷信，而是相信世上沒有救世主，自然和世界的運行有其法則，有其道理，需要我們運用理性去認識、去發現，並由此構築更美好的世界。無論世界如何變化，希望大家做一個正義的人，正派的人，走人間正道，從事正義事業，一切偉大的創造都來自這樸素的人生信念。

　　「知識」是運用理性力量發現的世界法則，是將人不斷從迷信和教條中解放出來的力量，也是建構美好生活的基礎。知識是達致真理的階梯，唯有不斷經歷質疑、挑戰和創新，才能回應時代變遷。百年前的覺醒年代是因為農業時代形成的知識無法回應工業化時代的挑戰，一代中國人轉向西方探索救亡圖存的現代新知。今天我們進入新覺醒年代，不僅是因為數字智能時代對工業化時代形成的舊知識體系構成挑戰，更重要的是世界格局的變化迫使我們從根本上思考：為什麼幾百年來西方提供的現代性知識塑造的始終是「強權戰勝公理」、少數人剝削多數人的不義世界？面對時代巨變，希望大家成為善於思考、不斷學習的人，以理性、包容的態度看待新知，不迷信、不僵化、不教條，不斷創造新知應對變化的世界。

　　「勇氣」是生命中生機勃勃的正能量。信念在心中，知識在腦中，而唯有勇氣才將我們心中所念、腦中所想轉化為行動，才能將理想變為現實。百年前的中國處在沉淪中，可覺醒年代的新青年勇敢地說出改造天下的宣言：「天下者我們的天下，國家者我們的國家，社會者我們的社會，我們不說誰說？我們不幹誰幹？」百年後的中國在民族復興中面臨新的挑戰，你們是否有同樣的勇氣承擔起改造世界的重任？面對時代

的挑戰，希望大家做一個勇敢的人，承擔責任，解決問題，直面生活意外和世事艱難，哪怕經歷挫折和失敗依然能奮起，這原本就是我們中國人的精神。

信念、知識和勇氣這三個概念不過是重複中國古人所強調的「仁、智、勇」三種最高的美德。「勇敢地運用理性」只強調「智」和「勇」。然而，如果沒有對宇宙和天下的仁愛之心，勇敢地運用理性難道不會製造更大的災難？西方崛起帶來的世界災難是不是與此有關？中國古代思想始終面對天下疾苦，思考解決之道，它既是普遍的，也是現代的。因此，在你們的畢業行囊中，應當裝上一本《論語》，時常閱讀體悟，涵養信念、啟迪智慧、激發勇氣。在你們順利時不一定想起這本書，但你們遇到困難和挫折，這本書一定能幫你們度過艱難時刻。

願仁、智、勇與你們同在，

願你們心存美好，永葆青春，建設國家，服務社會。

再次祝福同學們！

拳道與中道 *

　　十多年之前，有緣通過霍震寰先生結識了程岩師傅，經常聽他講起王薌齋先生和大成拳的故事。那個消逝的武林世界就像天邊落日的餘輝，壯觀而寂寞。武林世界固然有武術較量、門派紛爭乃至江湖恩怨，但程師傅念念不忘的是王薌齋先生「以拳悟道」的精神理念。程師傅特別強調王薌齋先生開創了特殊的「拳學」。這個「拳」不僅是武林中用拳頭打人的「拳」，更是恭持善道於心的「拳拳服膺」之「拳」，即使面對武林競技，「其爭也君子」。

　　因此，程師傅講站樁，方法很簡單，但在一起經常討論的卻是如何理解站樁以及為什麼站樁這些根本問題。他反覆強調一個「鬆」字，就是在緊張與鬆弛之間找到中間舒適狀態，因為現代生活中太「緊」，唯有強調「鬆」才能達致「中」。因此，站樁最終要將緊鬆、動靜之間的「中」貫穿到日常生活中，用程師傅的話來說，「行走坐臥都是樁」。可見，站樁的根本乃是妙悟中庸之道。中庸的核心恰恰是如何在變化的環境中找到「中」與「鬆」，妙在如何應對變化，在變化中把握不變，而不是找到永恆不變的絕對真理。正如王薌齋先生所言，「拳道亦在妙

---

* 本文為給程岩先生撰寫的回憶錄所作的序言。

悟」，「大成拳即大乘拳也，不立招式，乃透徹之悟也」。

中庸之道乃是中華文明之精髓，它不僅體現政治秩序和文教秩序中，而且體現在站樁、太極、武術、中醫、書法、繪畫、音樂、歌舞乃至飲食習慣等日常生活的方方面面，構成一種完整的生活方式。近代以來源於西方科技理性及其塑造的現代文明摧毀了中華傳統文明秩序，導致中華文明從一個完整的生活方式變成了缺乏內在有機聯繫的碎片，被編織到按照西方文明塑造的專業化分工的現代文明秩序中。由此，武林世界追求與西方搏擊相對接，而忽略站樁及其背後的中庸之道，同樣講授中庸之道的學者致力於與西方哲學理念相會通，但不一定能理解程師傅所講的「處中、守中、持中、用中」這些概念，更難有站樁、太極中生生不息、一氣流行的切身體驗。可見，中華文明復興的關鍵是在現代社會基礎上，重建中國文明要素之間的內在聯繫，讓這些知識的碎片在人的生活中重新統一起來，形成一個整體，在傳統的「鬆」與現代的「緊」之間，重建現代中國人一以貫之的生活方式。

現代社會是一個高度競爭的社會。面對越來越「內捲」的「緊」，「躺平」式的「鬆」顯然不是出路，而要在生活中找到緊鬆、動靜的平衡。因此，站樁理應成為現代人日常生活的一部分。如果說一定要給「站樁」下個定義，或許可以將其比喻為「心靈洗澡」，讓身體處在放鬆狀態，呼吸天地之氣來沖洗欲望和緊張在心靈中留下的污濁。我們每天都會刷牙、洗臉或洗澡，可為什麼就不能每天堅持站樁給心靈洗澡呢？我們在關心外在身體的同時，無疑更應當關心內在靈魂，客觀世界往往是精神世界的外在呈現。

如今，程師傅採取「如是我聞」的方式，忠實記錄跟隨王薌齋先

生站樁的生活點滴及自己練習站樁的心得體會。這本書的出版不僅讓真正喜歡站樁和大成拳的愛好者從中找到門徑，更重要的是，讓王薌齋先生倡導的「以拳悟道」「恢復人之本能活力」的精神理念能夠進一步發揚光大，助力中華文明的偉大復興。

數字智能時代的大學通識教育 [*]

　　隨着工業化的不斷演進，信息技術和人工智能的日益發展推動人類社會邁向數字智能社會。工業化時代的實體建構正在數字化、虛擬化，人工智能的算法正在取代人類制定的律法，數字智能技術以高速迭代和跨時空流通重構人類生產方式、社會結構乃至生活方式。「後工業社會」原本是一個含混的概念，表明社會各個領域出現了諸多不同於工業社會的特徵，然而這些初現的特徵不足於勾勒出一個新社會的特徵。就像商業貿易和城市化的發展展現出「後農業社會」的特徵，然而直到工業革命之後我們才逐漸認識到這個「後農業時代」的工業社會特徵。同樣，隨着信息革命，「後工業社會」正在日益清晰地展現為「數字智能社會」。

　　人類社會的每一次技術飛躍都加速全球化進展。技術主義與全球化議題相重疊，使得技術競爭更加激烈，不斷推動新技術革命的迭代升級，以至於今天的大學教育越來越被整合在科技產業競爭的浪潮中。知

---

[*]　2019 年 11 月「北京論壇」大會通識教育專題討論會上的發言整理稿，發表于《復旦教育論壇》，2023 年第 3 期。感謝曹宇老師協助準備和整理發言內容並處理本文注釋。

識與人才在全球範圍內日益增強的流動導致教育從不同文明的多元化圖景轉向科技和全球化驅動下的日益趨同的傾向。通識教育理念所涵蓋的「整全教育」「人文教育」和「公民教育」等內涵，正遭受數字智能時代的技術主義與全球主義的巨大衝擊和挑戰。面對數字智能技術的高速發展和社會分工日益細化之後的技術化整合，我們必須思考數字智能社會是否還需要通識教育？或需要怎樣的通識教育？只有直面數字智能時代高等教育發展所面臨的危機，才能釐清通識教育在這個時代所肩負的使命和責任。

一、全球化：技術主義對通識教育的衝擊

隨着數字信息在全球範圍內的高速流通，全球化跨入新的時代，互聯網和數據重組跨越時空的阻隔，傳統人文知識不斷被數字技術重組。全球各國高度重視人力資本的引進與再生產，高等教育變成人力資本再生產機制，通識教育也不可避免地服務於人力資本的再生產。各國把支持頂尖大學發展、培養和吸引國際一流人才、推進前沿科技創新作為重要的國家戰略，政府對高等教育的投入從過去工業化時代的規模擴張轉向對少數頂尖的所謂「世界一流大學」的集中投入。中國也正是在這一背景下於上世紀末啟動了「創建世界一流大學」為目的的 985/211 工程，並開啟了高等教育國際化的進程。這就意味着中國高等教育和知識創新傳承被日益裹挾到全球高等教育的競爭體系中。隨着「雙一流」工程的推進，越來越多的中國高校在與全球高校的人才與創新競爭中開始嶄露頭角，這首先體現中國高校在世界大學排名體系中的飛速上升。

然而，近年來圍繞世界大學排名體系的爭議越來越多，許多享有

國際聲譽的高校和院系宣佈退出商業力量推動的大學排名體系。全球大學排名在推動高等教育全球化的同時，恰恰以一種數字量化的方式評價高等教育，突顯了高等教育的價值危機。唯有理解「世界一流大學」背後的邏輯及其引發的價值危機，才能為通識教育的未來發展提供可行的方案。

　　首先，「世界一流大學」必然是「世界性」的，這意味着需要一套在全球範圍內可以通行的計量標準和價值體系。儘管各家排名機構進行測量的模型和工具各有差別，但其共同特徵在於形成一套在統計學意義上「可測量」的量化指標，這不僅要求教育的「去個性化」，更要求將各國大學的所屬文化屬性或文明屬性也在計算過程中加以均質化。世界大學排行榜單誕生之初，就是為了給學生跨國高等教育提供擇校信息參考，因此，「國際化」一直是指標體系中非常重要的要素。儘管一些排名試圖通過「服務社區」「國家貢獻」等測評指數對其進行平衡，但在指標量化過程恰恰抹平了地域間的差異性。例如，發展中國家的普通大學對本國的貢獻，可能遠高於擁有多所一流大學的發達國家從其中某一所大學的收益，然而由於發展中國家所處發展階段的局限性，這種貢獻程度很難被區分出來，以至於在世界大學排行榜中，鮮見發展中國家的高校。這種世界大學排名導致優質教育資源進一步集中在某些發達國家，形成了全球範圍內高等教育的「中心-邊緣」格局，發達國家的大學將其所屬的文化屬性向發展中國家推行，導致發展中國家自身獨特的文明價值被進一步削弱。類似北大、清華這樣的發展中國家的著名高校長期淪為所謂「留美預科學校」，成為給西方世界主導的「世界一流高校」輸送優質學生的篩選基地，以至於在這些高校中，英語學習和學習美國歷史文化和西方文明傳統在大學教育中佔據着核心地位。因此，

世界大學排名機制成為「中心」對「邊緣」地區進行人才掠奪的機制，無疑成為世界體系中邊緣地區的發展中國家的大學展開通識教育的主要障礙。

其二，「世界一流大學」要確定所謂的「一流」標準，必須在一個相對封閉的系統裏進行等級化的評價。然而，在多元文化和多元文明格局下，要在不同文化、文明中區分「一流」無疑面臨諸多困難。這就導致對「一流」的評價標準一方面更多採取「去文化」「去文明」的技術化標準，另一方面潛在地以「世界一流大學」所在地的文化和文明為標準。發展中國家面對「一流」「二流」「三流」的等級體系劃分，必然按照所謂的「一流」標準來配置本國的教育資源，由此形成全球高等教育的中心 - 邊緣等級體系不斷固化。在「優勝劣汰」的達爾文主義邏輯下，為了追求更好的辦學資源，在排名中取得更高的位置，大學的辦學指導思想必然受到量化指標的牽引，從學科評估的打分標準、教師職稱晉升的論文發表排名到學生評價的績點計算，無不體現出這種量化排名的邏輯。從權威世界大學排名的榜單看，各個大學排行榜單的前十名差別不大，年度間的位次變動也不明顯。大學的縱向發展在很大程度上已經被橫向比較所掩蓋。在這種量化排名體系中，通識教育很難用量化指標來衡量，而且往往不具有橫向可比性。這種不具有橫向可比性的要素往往被排名體系所忽視，難以轉化為直接的「提升辦學水平」的助力，從而得不到大學的重視，這導致在爭取成為「世界一流大學」的競賽中，通識教育在大學發展戰略中往往被置於次要地位。

其三，「世界一流大學」試圖製造「大學」的標準化模板，在這個過程中，大學的文化價值和人文屬性被削弱。如果回到現代研究型大學誕生初期，大學作為「國家 / 民族精神」載體的價值十分重要。世界第

一所現代研究型大學的洪堡大學，正是伴隨着普魯士的崛起與改革，國家取代教會成為大學的辦學主體，因此以洪堡大學為代表的國家大學也成為構建普魯士王國知識階層民族文化認同的關鍵環節。[1] 儘管在發展過程中，不同類型的大學盛行着以哲學作為核心學科的理性主義和以文化研究為主體的歷史文化主義，但大學作為民族性與文化連接的文化價值屬性一直在延續。同樣，通識教育在美國研究型大學中的興起也伴隨着哈佛大學等高校對於公民教育的反思，即致力於「培養學生成為一個負責任的人和公民」[2]。然而，隨着大學辦學指標的通用化和標準化，無形中對大學的辦學理念採取了一種「去價值化」的處理，「愛國主義」「民族情懷」之類的公民精神培育被無形中削弱。在這一背景下，大學的通識教育自然更加追求西方文明推行所謂「普適價值」，而在地化屬性的本土文化價值，乃至文明特性則進一步被弱化。最終採取的多元主義的價值中立選擇不過是對大學精神採取了一種技術化的處理。而具體到通識教育體系內部，對自然科學、抽象的方法論或所謂的批判性思維的追求不斷上升，人文教育、人格養成部分的佔比在下降，對西方文明和西方經典的認同遠遠超過對本民族文化經典的認同。即使在中國這樣擁有豐厚歷史資源的文明古國，在高等教育中對西方經典的閱讀和研究遠遠超過對中國古代經典的閱讀和研究，更不用說其他文明地區的大學教育。

可見，在全球化時代，「世界一流大學」實際上隱含着將全球作為

---

1 ［加拿大］比爾‧雷丁斯，《廢墟中的大學》，郭軍、陳毅平、何衛華、周利娟等翻譯，北京大學出版社 2008 年版，第 66 頁。

2 哈佛委員會：《哈佛通識教育紅皮書》，李曼麗譯，北京大學出版社 2010 年版，第 55 頁。

一個整體進行教育資源和文化知識生產的再分配，人才、智力作為一種資源通過大學教育這個機制進行全球流動，導致全球潛在的卓越人才集中在西方主導的「世界一流大學」中，首先為西方世界培養出創新人才，推動西方世界引領全球科學技術和文化知識生產，並因此來捍衛西方世界在世界體系中的「中心」地位。因此，西方世界對「世界一流大學」排名的控制，就像對全球金融行業的信用評級體系的控制一樣，成為捍衛西方支配世界的「中心」地位的文化再生產機制。正是在這種全球中心－邊緣體系的再生產機制中，全球中心地位的所謂「世界一流大學」正在變成這種普遍量化指標下的跨國企業，在跨越地理界限和文明邊界的同時，大學的人文精神也日益缺乏立足之地，走向「失去靈魂的卓越」。工業時代以培養「國家精英」為己任的大學，在數字智能時代則日趨被編制在培養全球通用的「世界公民」的跨國教育體系中。而立足於「人的教育」的通識教育，原本立身於人文精神與公民精神的培養，即《哈佛通識教育紅皮書》中所強調的「使他們作為自由人繼承並發展文化傳統的核心思想」[1]。這些特徵在「世界一流大學」的指標體系中被均質化的計算拉平，通識教育的價值屬性被進一步淡化，以至於通識教育中只能討論西方文明傳統中「自由教育」，很少提「政治教育」，可以談論抽象的「人文素質」，但不敢提「民族情懷」。在這個意義上，發展中國家的通識教育在「追求世界一流大學」的技術主義、價值中立的多元化選擇中，不得不放棄本民族的文化傳統而潛在地認同西方文化傳統，削弱本國的公民培養而潛在地培養認同西方文明主宰世

1　哈佛委員會：《哈佛通識教育紅皮書》，李曼麗譯，北京大學出版社 2010 年版，第159 頁。

界的世界公民。

二、數字智能社會的治理：優績主義對通識教育的衝擊

　　人類社會是從簡單社會向複雜社會的發展過程。從漁獵遊牧到農業社會、從工業社會到數字智能社會，每一次社會形態的飛躍都建立在科學技術的飛躍基礎上。在這個發展過程中，社會結構越來越複雜化，從而需要的社會治理技術和知識也隨着科技發展而不斷發展。漁獵遊牧社會的治理依靠巫術和宗教，而農業社會的治理則需要複雜的道德禮法體系，而工業社會的治理需要現代科學理性化的知識，而在數字智能社會的治理最為需要計算機和人工智能的大規模運用。從這個發展歷程看，科學技術的每一次飛躍意味着社會分化進一步拉大，以至於教育在社會治理中扮演的角色也越來越重要。一方面，每一次技術進步帶來知識的擴散推動身份等級的民主化趨勢，但另一方面每一次技術飛躍意味着專業治理知識和日常生活知識的鴻溝進一步擴大，從而導致通過教育和知識而建立起來的社會等級秩序進一步擴大。在數字智能時代，一方面互聯網的知識傳播打破了大學圖書館壟斷知識的局面，慕客課程、開放大學、電子圖書和網絡課程紛紛興起，但另一方面真正能夠掌握數字人工智能技術的機會越來越集中在少數手中，而這些少數人往往由少數的所謂「世界一流大學」大學來培養。由此，我們看到，科技進步在打破舊的社會等級體系，推進社會民主化的同時，也在建立起新的更加壁壘森嚴的等級體系。如果我們把社會治理比喻為金字塔，那麼每一次科技飛躍在擴大金字塔底座的同時，也讓金子塔的頂尖變得更高。

　　在這樣的社會治理體系中，整個社會運作越來越掌握在少數人手

中，就像我們在金融和商業領域看到的少數跨國巨頭統治世界一樣，社會治理越來越掌握在通曉數字技術、人工智能技術、生物技術少數人手中，一個新的工程師治國或專家治國的時代正在面臨。正因為社會治理高度依賴越來越複雜的技術，社會治理也越來越依賴少數「世界一流大學」培養的精英人才。由此，「優績主義」（meritocracy）成為社會治理的基本法則，面對社會治理的越來越龐大的金字塔結構，尤其要在通過互聯網掌握大學知識的龐大羣體中脫穎而出，意味着競爭越來越激烈。因此，全球化時代越來越激烈的全球競爭必然演變為教育領域競爭。這種競爭從大學高考競爭不斷傳遞到中學、小學、幼兒園教育中，甚至傳遞到胎教階段。在日益「內捲」的壓力下，從學生到家長和社會都被這種功利主義的數字化管理所裹挾，「刷課本」「刷題」乃至「刷簡歷」，學生對書本知識的獲取採取一種技術化操作，關注的重心不是通識教育對心靈塑造和人格養成的影響，而是通過量化的成績獲取被標識出來的大學等級身份符號的追求。

優績主義強調更為優秀的人獲得更多的資源，在教育領域表現為「擇優錄取」「精英教育」，在工作領域則表現為各種人才項目和人才帽子下的「績效管理制度」。[1]而大學中的優績主義可以迅速轉化為社會治理中的優績主義。通過高等教育等級體系的劃分，國家的教育資源被相

---

[1] 優績主義（meritocracy）一詞最早出現於 Micheal Young 的諷刺體小說 The Rise of the Meritocracy 一書中，他創制了 IQ+Effort=Merit 這一公式，並想像了基於優績主義構建的社會必將走向失敗的前景。當代美國學者重新啟用這一概念解釋技術官僚主義治理下的美國社會狀況。參見：,Michael Young，The Rise of the Meritocracy, 1870-2033: An Essay on Education and Equality，A Pelican book, 1961；Daniel Markovits, The Meritocracy Trap, Penguin Random House, 2019；Michael Sandel, The Tyranny of Merit, Allen Lane, 2020。

對固化，並顯示出明顯的等級差異，而這種等級差異，正好與「白領」的精英勞動階層相對應，只有經過層層選拔進入所謂的「世界一流大學」接受精英教育，才能獲得進入華爾街、硅谷、北上廣等大公司獲得高薪工作的機會，成為金融家、律師、程序員、醫生等靠專業技能和勤奮吃飯的高收入知識精英。而「一流大學」通過標準化考試等手段，進行分數上的擇優錄取，從而在教育體系中形成一個高度競爭的層層選拔機制。這就導致精英階層如果想讓子女複製其成功，維持住階層的流動*趨勢*，就必須從子女出生起就進行需要大量時間、金錢、文化資本的精英教育投入，以保證他們在競爭體系中佔據優勢。然而，中產精英階層及其子女也並不輕鬆，父母透支自己的人力資本，以獲取高薪收入，維持子女受教育水平和家庭生活水平。而子女則從小也要接受高人力資本投入的教育，以應付整個教育體系中層層選拔的競爭，保證自己獲得進入精英大學的機會。「海淀媽媽」承受的教育競爭壓力，實際上是數字智能社會的「優績主義」產物。

因此，在高速運轉的數字智能社會，以透支人力資本進行層層選拔性競爭為特徵的知識精英階層取代了古典時代以「閑暇思考」為特徵的貴族精英階層，使得整個社會精英階層陷入了「內捲」的焦慮。少部分通過上升通道進入到精英階層的人，也通過整個教育體系和選拔機制，在同儕壓力中繼續沉浸在繁忙而充滿競爭的機制中，不斷透支着自己的身體與精神，不可能擁有通識教育特別是人文教育所需要的足夠的閑暇，進行沉澱、體味和思辨。與此同時，缺乏相關資本優勢的中下階層子女，在競爭中獲得向上流動的機會則被最大程度地擠壓，看不到希望的大多數往往會選擇「躺平」。但這種「躺平」並未換來閑暇的思考時間，更不可能對通識教育感興趣，相反他們更樂於追逐平庸的大眾

商業文化，成為商業明星的「粉絲」，陷入缺乏自我方向的放縱與勉強應付生活的瑣碎。這種社會分化不斷通過代際進行再生產，一個符合數字智能社會的社會等級體系會迅速建立起來。然而，無論是競爭中獲勝的不斷「內捲」的精英階層，還是競爭中落伍的採取「躺平」的網絡大眾，都在不同方向上扼殺通識教育的社會空間。而隨着人工智能的發展，機器的學習的引入，會進一步加劇教育領域的競爭壓力以及由此引發的社會等級分化的擴大，其未來發展前景無疑需要倍加關注。

在這種的背景下，大學教育中專業教育與通識教育的張力進一步加大。由於學生進入一流大學的全部目標在於進入中產精英階層，金融、法律、生命科學、計算機與智能技術等具有知識壁壘的高薪專業成為熱門學科，學習目標指向獲得專業技能與訓練的專業教育，通識教育對於繁忙到無暇思考與生活的精英階層來說，差不多喪失了意義。這些行業需要適應高度競爭和績效管理驅動的「優績主義」精英，要求整個教育體系提供基於「結果主義」的即時評估和考核，而通識教育追求的「人格養成」目標則是一個長期顯現的過程，其價值與成就很難在追求短期效應的優績主義評價體系中得到有效表達。

在數字智能社會的等級金字塔中，每個人都變成網絡社會的「網民」，日益依賴自己的數字身份，日益發達的網購和網上辦公導致人們越來越遠離真實的社會生活，從而生活在自己的虛擬世界中，成為遠離社會生活的「宅男」／「宅女」，成為日益原子化的個體。數字智能社會導致的社會結構進一步碎片化、個體化、虛擬化和數字化，導致通識教育所追求的「整全的人」似乎成為無法實現的理想。早在工業社會早期，社會理論家們已經普遍關注到社會分工導致的原子化、個體化和中間組織和社會紐帶的缺失，並因此關注如何通過教育來促進社

會整合。[1] 然而，隨着工業社會邁向數字智能社會，實體的虛擬化和數字化進一步加劇了個體的碎片化。最近一些年在運用數字智能技術應對新冠病毒的過程中，甚至催生了一個「無接觸」的社會，人與人之間的非必要聯絡被進一步弱化。人在虛擬世界中活躍的同時，在現實公共生活中則進一步疏離。而通識教育的一項重要內容就是教育人如何更好地作為其所屬共同體的一部分生活，培養學生的社會人格，使其更好地承擔公民責任。在這樣一個虛擬化、數字化的社會中，訴諸經典閱讀的通識教育對培養社會人格與公共生活的想像，已經與現實社會結構脫節，很難在學生的價值觀塑造中發揮積極作用。而大學教育在給予學生更多選擇自由的同時，也在支持他們開展更加個性化的學習，每個人自主多元的課程選擇和專業計劃，對通識教育賴以維繫的公共生活提出了挑戰。面對這種發展趨勢，大學試圖通過「書院式」的共同體生活塑造一種「孤獨而共同」的通識教育場景，[2] 從而將個性化課程學習與共同體公共生活結合起來。然而，面對數字智能社會的進一步發展，通識教育所強調的共同體生活在實踐中越來越艱難。

三、數字智能時代的通識教育：新的探索

在數字智能社會，通識教育賴以生存的社會結構發生了根本性改變，即公民教育面臨全球化的挑戰，人文精神面臨技術主義的挑戰，人

1　參見：[法] 塗爾幹：《社會分工論》，渠敬東 譯，三聯書店 2000 年版；[法] 塗爾幹：《教育思想的演進》，李康 譯，渠敬東 校，商務印書館 2018 年版。

2　孫飛宇，《化孤獨為共同：北京大學元培學院的通識教育及書院制探索》，《信睿周報》第 35 期。

格養成面臨現代性焦慮的挑戰，公共生活面臨社會原子化的挑戰。面對加速運轉的變化世界，通識教育又當何去何從？如果順應時代，通識教育必然在「精緻利己主義」的精英培養體制下變得面目全非；如果固守傳統領地，通識教育肯定與現實社會需求脫節，甚至被日益全球化的教育體系所拋棄。這意味着通識教育必須與時俱進，回答數字智能社會時代提出的問題，尤其是關注數字智能社會關於「人」的基本價值問題上來。

隨着新一輪科技革命的推進，與層出不窮的新技術相伴生的是新的倫理價值的困惑：生物技術對人類基因的干預會帶來怎樣的問題？生物技術發展會不會危及自然生態環境的可持續發展？高度發達的人工智能是否應對其行為負責？人類由於自身的缺陷是不是就應當被機器人所取代，從而機器文明取代人類文明？人類未來的發展是回到虛擬世界的元宇宙，還是將人類文明的生存空間拓展至地球之外的深邃太空？在工業社會來臨的時候，通識教育也曾經面對類似的問題。這意味着通識教育必須回到現代社會開啟的源頭，重新思考人類與自然的關係、個體與社會的關係，科技與倫理的關係。而技術越發展，這些關係的張力也就更加突顯，人類區別於人工智能的獨特價值就越顯寶貴，人本主義就成為對抗技術主義的蔓延與異化的最根本立場，人文精神也是成為涵育人類文明的最寶貴源泉。整個通識教育應當圍繞人文精神的培育展開，讓技術服務於人類生活。

人文精神的培育必須扎根於現實生活的堅實的土地，而鄉村、社會、文化傳統、家國情懷無疑是涵養人文精神的寶貴土壤，為虛擬世界數字化的個體信息構成提供堅實的生活基礎。同樣，也只有這些地方性的本土文明薪火不息的文化傳承，才能回應數字智能時代的身份危

機。因此，在數字信息毫無障礙地進行全球流通的數字智能時代，通識教育必須推動本土文明傳統的回歸，營造多元文明共生的新型國際化視角，從而以文明的土壤滋養人文精神的生長。

因此，面對數字智能社會的到來，通識教育必須以新的面貌承擔起新的時代使命。一方面，通識教育必須堅守住人本主義和人文精神的育人陣地，致力於在技術時代培養青年學生完整的人格，以「整全的人」應對更加不確定性的世界，這是數字智能時代通識教育的「守正」意義所在；但另一方面通識教育必須積極應對全球技術化浪潮，充分運用新技術的發展來改善通識教育，以更加包容的姿態融合科學與人文精神，以使得學生有能力在未來的發展中對時代新問題作出積極的人本主義的回應，這無疑是數字智能時代通識教育的「創新」所在。具體來說，可以包括以下幾方面：

其一，面對全球化時代的挑戰，通識教育必須認識到科技發展推動全球互聯互通已成為歷史發展的必然趨勢。通識教育的目標不是簡單地反對科技發展，而是思考如何運用新的科技實現通識教育的目的。在數字智能社會，大學教育可以充分利用互聯網技術的發展，建構互聯網世界的統一性和在地化的本土文化傳統和文明傳統多樣性的二元世界。具體而言，在工業社會中，發展中國家的大學要推動科技進步和知識的增長，必須學習英語並到西方發達國家的大學中留學，從而全面接受西方文化教育和西方文明。而在數字智能時代，發展中國家的大學教育可以充分利用互聯網上的教育課程和論文、信息和知識的擴散，不需要去西方國家留學就可以獲得相應的知識，真正實現「秀才不出門，便知天下事」。這樣就可以扎根本土大學來獲得全球一流大學的教育資源和知識儲備，從而提升本土教育的發展，將知識的全球獲取和本土文化

和文明的通識教育結合起來。

在文化和文明的交流中，最大障礙乃是語言。發展中國家學生之所以去西方留學，不僅是為了充分融入西方文化的語言環境來獲取知識，更重要的是英文已經成為一種國際通用語言，掌握了英文就能運用英文與非西方國家進行交流。正是由於語言的重要性，發展中國家的一流高校往往變成「留美預科學校」，大學教育甚至中學教育將最高貴的資源、智力和時間都花費在英語學習上，而大學教育和學術研究的國際化又導致他們用非母語的英語與西方國家展開思想和文化上的競爭，導致他們從一開始就處在不利的地位上。然而，在數字智能時代，機器翻譯軟件的發展和語音識別技術的飛速發展，藉助人工智能技術，讓語言之間的翻譯和轉化成本大大降低，非西方國家的大學吸收西方文化的語言成本大幅度降低，這無疑給這些國家大學通識教育中閱讀本土文化和文明經典提供了相應的時間。更重要的是，原來主要由非西方文化向西方文化學習的知識傳播，現在因為語言障礙的打破，促進了非西方文化之間的相互學習的可能性。過去，非西方國家往往藉助英語、英文文獻才能進行相互溝通，而現在藉助人工智能技術，不需要通過英文這種中介環節就可以實現不同語言的文化、知識之間的自由流動。比如中國學者可以通過翻譯軟件直接閱讀阿拉伯國家的報紙、著作和相關文獻來研究阿拉伯國家，從而擺脫過去往往要藉助英文文獻來研究這些國家和地區的情況。

因此，我們看到數字智能時代一方面在促進全球人才的流動，但另一方面，恰恰是數字智能技術的飛速發展和充分運用使得全球學者不依賴人的流動就能夠實現對話和交流。就像我們在疫情期間看到的那樣，網絡會議、網絡課程、網絡交流、網絡購物在全球範圍內大幅度增

加，實現了比過去更為頻繁和便捷的交流。可見，數字智能社會帶來的技術、信息和知識的全球擴散，構成了一個學者成長、研究和生活的多元本土化與對話、交流和討論的網絡全球化之間進行有機互動的二元世界。這無疑有利於大學，尤其是發展中國家大學開展通識教育。因此，不同於工業化時代以「歷史終結」意識形態所推動建構的扁平化的世界帝國體系（「世界是平的」），數字智能社會推動的是底層多元文明共存而頂層數字智能信息全球流動的二元世界結構。

其二，通識教育需要擺脫基於工業社會所形成的經典理論的束縛，從數字智能社會所展現出來的人類未來發展想像，立足人類命運共同體來探索未來發展的未來。在西方文明全球擴展的影響下，目前全球通識教育對經典閱讀往往以西方文明經典為主軸，而將本土文明經典作為歷史傳統進行適當補充。全球通識教育的這種局面很大程度上由於西方文明孕育了工業社會，而工業社會的全球擴張推動了西方文明經典在全球通識教育中的擴張。在這個意義上，西方文明經典的形成很大程度上圍繞工業社會理性化的自由、平等價值展開的，由此形成古希臘到西方啟蒙運動形成的經典理論的發展鏈條。而這些經典著作實際上指向一個現實目標：即西方文明主導的世界帝國體系，這就是今天所謂的「自由國際秩序」或者「自由帝國體系」的構想，以至於這些文明經典或多或少圍繞「歷史終結」這個命題展開。然而，要實現這種自由帝國的夢想，就必須將西方文明看作是普適文明，從而與其他非西方文明構成「文明衝突」。在這種背景下，通識教育必然形成西方文明經典與本土經典之間的潛在衝突。「文明」之間的政治衝突最終變成了大學通識教育文明經典之間的衝突。

數字智能社會表面上在強化科技經濟的全球化流動，似乎造成了

「歷史終結」的假像，然而恰恰是數字智能社會建構起信息流動和便捷交流的全球化，反過來因為技術、信息便捷擴散不斷打破工業時代西方基於對現代科技和知識的壟斷所形成的政治經濟和文化的霸權地位，促進了非西方國家經濟發展，從而強化了本土文化的復興乃至文明復興運動。由此，我們在世界範圍內看到一股「反全球化運動」和多元文明復興相互共振的趨勢。面對這種歷史趨勢，我們必須認識到所謂「歷史終結」與「文明衝突」相向而行乃是「世界歷史的雙向運動」，因此，人類社會的未來發展乃是建立起一個由數字智能社會建構的技術商業貿易的全球化與文化價值觀念的多元文明本土化的二元世界，而絕不是西方文明摧毀非西方文明實現的「歷史終結」的世界帝國景象。[1] 這就意味着通識教育中的經典閱讀必須超越基於「歷史終結」的世界帝國景象所形成的西方經典，超越工業社會想像形成的經典。而在數字智能時代，恰恰要構想的在技術商業貿易的統一性基礎上，不同文化和文明如何在政治和價值觀念上克服「文明衝突」帶來的毀滅性戰爭和衝突——就像目前俄烏戰爭所展現的那樣——從而建構一個不同文化和文明之間相互尊重、相互交流和相互學習的全新世界秩序。這就意味着通識教育必須展開對人類文明不同經典之間的閱讀和對話，審慎對待西方文明經典在通識教育中形成的凌駕性或主導性地位。因此，全球通識教育面臨的共同主題就是推動不同文明經典之間的對話，每個大學在提供多種文明視角的基礎上，彰顯本土文明的主體性，而這個文明主體性恰恰意味着對人類文明未來發展、人類命運共同體建構所要承擔的責任，唯有如此我們

1　相關討論，參見強世功：《文明終結與世界帝國：美國建構的全球法秩序》，香港三聯出版有限公司，2021 年。

才能構想一個與數字智能社會相匹配的人類文明未來的發展景象。

　　其三，面對數字智能社會進一步原子化、虛擬化引發的交流，通識教育要更加積極地展現各學科對現代社會問題的深刻思考，不僅要打通傳統到現代的人類文明延續脈絡，形成多元文明經典之間的對話，更重要的是思考技術發展與人類未來命運，以更加積極的價值教育引導學生正面思考「人何以為人」的關鍵問題，真正圍繞數字智能時代的問題思考何為「學以成人」。通識教育的核心問題在於「學以成人」，而人在不同的社會和時代中以不同的面貌展現出來，傳統社會道德宗教經典就是塑造與傳統社會相匹配的心靈秩序和人格養成，而現代自由主義的經典又在塑造與工業社會相匹配的心靈秩序和人格養成。西方通識教育中強調「自由」概念，但城邦時代奴隸主的「自由」顯然不同於全球商業貿易帶來的「自由」。然而，面對數字智能社會的形成，通識教育必須思考數字智能社會中的人應當以怎樣的面貌呈現出來？在這個意義上，通識教育對「人」的思考，就必須與數字智能技術所塑造的人類未來前景展現出來，人類的未來發展究竟走向虛擬世界的「元宇宙」，還是全人類團結起來的走向浩瀚宇宙的星辰大海？這種問題無疑是數字智能時代通識教育思考「人之為人」的核心問題。然而，在數字智能時代，這樣的問題還未能形成理論化的經典閱讀，唯有科幻小說卻以前所未有的方式展現了這個時代人之為人的核心主題。比如類似劉慈欣的科幻小說，無論是《三體》還是《流浪地球》，都是反映數字智能時代人類生存面臨的哲學主題。這就意味着這一類通常被看作是科幻小說的文學著作，理應作為政治哲學著作，就像古希臘的《荷馬史詩》和莎士比亞的戲劇那樣，列入通識教育的經典書目加以閱讀、研究和討論。

　　如果說，通識教育的重心是對經典著作的閱讀，而經典著作是對

一個時代經典問題的凝練、思考和解答，那麼通識教育往往是滯後於時代或社會發展的。通識教育的滯後性在今天這個科技飛速發展的數字智能社會中表現最為明顯，即時代已經開始進入到數字智能社會，然而，通識教育中閱讀的經典所思考的核心問題依然是工業社會甚至農業社會中的問題，這必然構成通識教育中經典閱讀與時代發展的錯位。然而，在數字智能時代的問題未能充分展現，還未能形成相應的經典著作之前，通識教育必須將引導學生思考數字智能時代面臨的前沿問題，積極引入科學與技術的視角，培養學生形成真正的信息甄別與思辨能力，同時也應當以更加積極的姿態推動通識教育與專業教育融合，致力於通過專業技能傳授之外，打開學生透過專業理解社會與他人的視角，超越技術主義與功利主義的單一價值判斷，以更加審慎的思考應對飛速變化的世界。這就意味着在通識教育的課程板塊中，「科技與人文」的對話佔有非常重要的地位，即推動人文社會科學與理工科、醫科和農科之間就前沿問題展開對話，共同探討數字智能時代的技術發展前景及其引發的社會問題和哲學問題。一方面促使人文社會科學的學者思考數字智能社會的問題並推動新的思想經典的形成，另一方面也讓技術專家具有人文情懷，意識到科技發展的社會責任。

然而，無論技術怎樣發展，無論人類未來走向「元宇宙」還是浩瀚宇宙，人始終是一個共同體的動物，是社會的動物，哪怕這是一個虛擬社會或數字智能社會。在這個意義上，無論人類怎樣發展，培養共同體意識，培養對共同體的認同，培養對共同體的責任始終是「學以成人」的根本。無論是農業時代的經典，還是工業時代的經典，無論培養對家庭的責任，還是對城邦的責任，無論培養對國家的責任，還是對民族的責任，這樣通識教育的主題無疑有利於培養起一個人在全球化時代

對全人類的責任。在這個意義上，面對社會數字化、虛擬化的挑戰，通識教育應當以更強的使命責任感，提供更加堅實的關於公共生活的體驗與思考，凝聚跨越專業、國籍、文明、身份等背景的學習共同體，引導學生思考其在公共生活中所扮演的角色和承擔的責任。

「老吾老及人之老，幼吾幼及人之幼。」儒家很早就意識到，培養學生對切近生活的家庭共同體的責任，實際上就是在培養學生模擬學會如何對國家天下承擔起責任。同樣，培養學生具有切身體驗的民族情感和愛國主義，培養學生對本民族文化經典的溫情和尊重，實際上也是在培養學生在數字智能的全球化時代，學會如何尊重其他文化、學習其他文明的經典，以及面對浩瀚宇宙的星辰大海，承擔起對全人類的責任。

第三部分

通識教育與法律教育

什麼是「案例教學法」*：
《憲法的精神》序

　　聽說，有個律師用一句話來總結自己在大學裏所受的法律教育：
「我學的那點東西早已經還給老師了。」無論我們如何理解這句話的含
義，我想從事法律教育的人都可能有坐不住的感覺。這倒不是說法律教
師已經形成了一個具有強烈職業榮譽感的共同體，而是說恐怕每個教師
都會害怕自己的學生某一天對自己說出這樣的話來。時代在變化，知識
也在更新，法律在修改，可我們傳授給學生的是什麼呢？我們傳授什麼
樣的東西，才不至於讓學生在多年之後有「全都還給老師了」的感覺
呢？看來，在給學生講授那些可變的法律知識和法律條文的同時，我
們還必須傳授給學生一些不易改變的法理。當然，我們這裏所說的「法
理」絕不是我們在法理學教科書裏學的那些東西，而是滲透於法律、支
撐法律的「道理」。這樣的法理不僅是在「法理學」課堂上學到的，更
是要在部門法的課堂上練習體會到的。

　　在民法傳統的法律教學中，對法律概念和法律規則的分析和註釋

---

* 本文為《憲法的精神》一書的序言 (北京大學司法研究中心編，中國方正出版社，2003 年)。

一直是探索法理的重要方法，「法律教義學」由此誕生。這樣的「法理」往往是從立法者的視角抽象出來的普遍之理。然而，當法律運用到具體案件中的時候，由於每個案件的具體案情、歷史條件和文化背景等都有很大的不同，書本上的普遍法理往往不能解決實踐中的具體問題。對於法律職業者而言，真正的法理不是抽象的道理，而是針對具體案件的道理——畢竟，從事法律職業的律師、法官和檢察官們每天面對的都是具體的案件。如此，這些年來法律教育中一直在呼籲引進美國的「案例教學法」（case method）。然而可惜的是，我們對「案例教學法」的理解卻一直處於某種誤區之中，以為「案例教學法」是在講授法條的時候增加一些具體的案例，由此增加對法條的形象化和具體化理解。這倒頗有些像現在媒體中流行的「以案說法」。

真正的「案例教學法」建立在判例法的基礎上。「案例教學法」是從具體案例的法律推理過程中，找出法官所發現或者公佈的法律原則和規則。正是在這些案例中，我們發現：可能法律規定沒有變，案件針對的具體問題也沒有變，然而也許是社會環境發生了變化，甚至是法官個人的價值觀發生了變化，這些變化會導致法律推理的變化，最終決定了法律判決的變化。因此，從判例法中，我們找到的不是普遍的抽象的法理。「此一時也，彼一時也」，在具體的案件中體現的從來都是辯證的法理。這種辯證的法理所堅持的不是形式正義，而往往是實質正義。在「判例教學法」中，重要的不是所謂的正確的答案，它關心的不是最後判決的勝負，而是法律推理過程。由此，我們才能理解普通法法理學中諸如「技藝理性」「實踐理性」這樣的核心概念，才能理解波斯納（Richard Posner）的實用主義法理學：在仔細閱讀美國憲法判決之後，怎麼還能相信法律具有科學客觀性這樣的說法呢。

因此，「判例教學法」真正教給學生的不僅是具體的法律知識，更重要的是這種法律推理的技藝；法律概念、法律規則、法律原則和法律學說不過是為法律推理準備的工具箱而已。當然，法律推理技術也可以說是一種知識，但那是一種「know-how」的知識，而不是「know-what」的知識：你腦子裏記住了一百種法律解釋的方法可能都不會進行最簡單的法律解釋。這種「know-how」的知識必須親身演練，就像工科生不斷地做工程實驗才能將原理爛熟於心一樣，法律推理技術也只有靠反覆研習不同的經典判決才能心領神會。

因此，我建議大家不要把這本書當作理論書來讀，也不要一個人蒙頭去讀，而是當作訓練自己的法律思維的實驗題來做，而且最好是找幾個志趣相投的朋友或同學一起來做。對於這個提議感興趣的朋友不妨可以參考我這裏提供的一套「演練方法」：

第一，寫「摘要」（brief）。每個人分別給案例寫一個「摘要」（Brief），其中包括三部分：事實（fact）、判決（holding）和理由（rationale）。當然重點部分在於「理由」。在「理由」的摘要中要按照一、二、三、四這樣邏輯次序分條縷析地寫出大法官在法律意見中的推理步驟和推理過程，尤其關注不同法官對同一個問題的不同理解以及由此形成的不同推理思路。

第二，比較「摘要」。就是每個人將自己寫的「摘要」與其他同學寫的「摘要」進行比較，看看有什麼不同，檢查一下自己對於案件事實的陳述是不是確切，是不是真正理解了大法官們的推理思路和推理過程，真正理解不同法官的不同法律推理的分歧關鍵所在。

第三，分析推理過程。在分析推理的過程時，千萬不要忽略「事實」，而且要對「事實」有一種職業的敏感（就像偵探對蛛絲馬跡的敏

感），因為「事實」的細微變化可能導致整個案件的性質發生變化，尤其是在「遵循先例」的原則下，找出此案與彼案是否具有關聯性就依賴這種精微的區分技術（distinction）。然後，着力分析大法官推理的要點在什麼地方，哪些段落是修辭性的，為什麼要有採取這種修辭；哪些段落是實質性的，要害何在。然後大家一起進行討論，看看大家的看法是不是一樣，檢查一下為什麼你的看法與別人的不同。

第四，比較並挑戰推理。在真正掌握了大法官們在案件中的法律推理過程之後，比較這些大法官們之間在推理中有什麼不同，究竟是什麼樣的法律要素導致他們持不同的立場，或者反過來，究竟怎樣的不同立場導致他們採用不同的解釋方法或者推理思路。尤其是比較這個案件中涉及的法律條款在其他案件中是如何理解的，為什麼在不同的案件中有不同的理解，導致這些不同的理解的法律要素是什麼。在經過這樣的比較之後，再來追問在本案中，法律推理的漏洞和瑕疵在什麼地方，你怎麼去反駁或者改進。針對這些分歧，重要的是要在幾個「同學」者之間展開辯論，在不同的原則或價值基礎上分別推進。由此，你才了解什麼是「蘇格拉底教學法」；才理解為什麼會有文本主義（textualism）、原旨主義（originalism）這些不同的法律解釋方法；才真正明白為什麼道德問題、價值判斷問題、政治立場問題是法律的根基；才知道如何通過法律推理的技術來捍衛自己的價值主張和政治立場；才明白為什麼自己厭惡那些訴諸意識形態的抽象價值辯論；才深深地意識到自己不再是一個「文人」或「公共知識分子」，而是一個純正的法律人。

這樣一個學習過程，無疑是法律人自我純潔、自我改造的過程，也是法律人共同體真正確立自我認同的過程。在這個過程中，你不僅在向歷史上偉大的大法官們學習，而且在向你的「同學」者學習，你的老

師就在你們自己中間，你們自己可能就是未來的大法官和大律師。只有這樣，「案例教學法」才使得法律的案例題真正不同於數學題，因為沒有最終正確的答案，只有充分發揮智慧的法律想像力。在這個意義上，法律不是科學，而是詩，是藝術。

因此，我以為本書可以作為我們學習法理推理技術、訓練法律思維的教科書。如果我們目前的法律教育還沒有這種訓練，那麼，就拿這本書找幾個同道一起進行自我訓練。但是，我們一定要掌握正確的讀法，正確的練習方法。如果說你從這些判例中讀出了某位法官（比如說霍姆斯吧）的法律思想，甚至記住了幾句名言警句，那固然是好；但是如果僅僅如此，而沒有學到推理的方法，那真是捨本求末。對於一個法律人來說，知道霍姆斯的思想固然重要，引用名言學會修辭固然重要，但更重要的是從他那裏學會如何通過法律推理在個案中來展現這種思想。只有這樣你才能將你的思想展現在你要解決的那些具體案件中，而正是由於你要解決的這些問題都是中國社會中生發出來的問題，你也就有可能真正成為中國的偉大法學家或大法官。記住霍姆斯在對法學院的學生進行演講時所說的：「我們所學的絕不是什麼神祕的知識，而是一門職業。」我們學法律的人一定要有自己起碼的看家手藝，這也是我們這個法律人共同體的最低共識：我們都是用同樣的技術或同樣的法律思維方法來表達我們對世界的理解。

經過我所理解的這種「案例教學法」的訓練，自然就培養起了一種法律思考的方法。因此，「像法律人一樣思考」不是口號，而是一種嚴格的訓練，並由此形成的思維方式。法律知識可能隨着時代在變化，但是這種推理技術和思考法律問題的方法不易改變。我們常說：「授人以魚，莫若授人以漁」。在這裏，具體的法律知識是「魚」，而法律思

維和法律推理的技藝就是「漁」。如果我們真的給學生傳授了法律職業中所需要的法律推理技藝，這時他想把這些東西還給老師時，我相信老師不會感到汗顏，相反可能會感到欣慰，因為我們少了一個法律職業者，或許多了一個文學家、思想家和政治家。

萌發翻譯美國憲法判例的念頭，是在我讀博士期間。這樣的念頭很快獲得了朋友們的支持，甚至大家希望組織一套「英美法官文集暨判例選」的叢書，很快我們與出版社簽訂了合同，開始選編並組織翻譯。幾年過去了，這套叢書的計劃落空了。原定的霍姆斯的重要著作沒有翻譯出來，只有零星的文章流傳在網絡上；波斯納的著作後來變成了更大的「波斯納文集」，而卡多佐（Benjamin N. Cardozo）的《法律的成長》（董炯、彭冰譯，中國法制出版社，2002）也已經在其他的叢書中刊出了，其他一些法官的重要著作還沒有來得及找到適合的譯者。

所幸這一本判例精選仍能在歷經曲折之後得以問世。本書的選編基本上依賴了 The Supreme Court and the Constitution（Ed. by Stanley I. Kutler，Norton & Company Inc., 1984）一書。從 1999 年開始，我們在北京大學法學院組織了兩個「判例研讀小組」，利用星期天大家在一起一字一句閱讀、翻譯、校對、斟酌用詞、討論推理邏輯，因此書中的大部分案例是經過我們集體討論校對的。本書在 2002 年差不多就已經譯好，但由於我出國訪問，這些譯稿又在計算機的硬盤上沉睡了一年。期間，中國方正出版社副社長胡馳博士得知了本書稿的情況，多次催促我將之整理出版，以利於學生的學習閱讀。如今經各方的努力和推動，本書終於付梓。在此，我要感謝所有的譯者，尤其是那些經常參加小組討論的成員們。他們是：陳實、鄧海平、金錦萍、勞東燕、劉曉春、史大曉、台冰、騰彪、王晴、汪慶華、王笑紅、王瑛、王元、魏雙娟、葉軍

莉、喻莉、趙君、趙曉力等。正是由於大家的耐心、細緻和真誠，我們才一起完成這項合作。我要感謝中國方正出版社副社長胡馳博士的熱心支持和本書責任編輯包甌鷗的細緻工作。在翻譯過程中，朱蘇力教授從個人的科研經費撥出專款來支持這項翻譯工作，在此一併致謝。

限於我們自己對英美法中理解的疏淺，譯文中定然存在這樣那樣的問題，尤其是參與本書翻譯的人很多，判決書又體現了大法官個人的文風，所以翻譯風格和概念用語可能也會有不一致的地方，而在短時間內的校訂往往很難統一，希望讀者們能夠諒解。所幸本書中所選編的這些案例的全文大家都可以在網上找到；此外我們在網上還可以找到一些案例摘要以及相關的比較性研究資料。我建議大家對照英文來閱讀，一方面可以訓練自己的英文閱讀能力，另一方面也可以儘可能避免由於我們中文翻譯中的疏漏和錯誤導致您的誤讀。我也真誠地希望廣大讀者在對照英文閱讀的過程中，能夠指出翻譯中的錯誤，以利於我們在今後的教學、學習和研究工作中，逐步校訂完善。

法律教育與國家建設 *：
寫在北大法律教育 100 年之際

　　一個民族的偉大，不在於其擁有領土的廣闊，不在於財富堆積的繁華，也不在於歷史上曾經擁有的某些文化奇跡，而在於一套成熟的政教制度能將廣闊領土上產生的多元文化統一為一種穩定的文明形態。

　　中華民族的偉大就在於儒法合流的政教傳統塑造了幾千年的東方文明。這個古老的文明在向現代轉型的過程中，法律不可避免地成為重建現代國家與復興文明國家的紀綱。法律教育不僅為塑造現代國家提供重要思想依據和制度建設，而且培養了承擔國家重建和文明復興之重任的棟梁。北大法學院的百年歷史就是我們這個偉大的民族試圖以法治為紀綱來重建文明國家的見證。

　　北大法學院的這一百年，正是現代中國處於風雨飄搖的百年。其間，社會變遷，國家轉型；政權更替，山河易色；革命、戰爭、割據、運動、變法、改革，在中國處於「亘古未有之大變局」中，法律教育也隨之一波三折。現代法律也正是在這種巨大的變遷中顯示出維繫現代國

---

* 　原載《中國法律人》，2004 年第 9 期，發表時因篇幅所限做了大規模刪節，這裏刊出全文。

家的巨大力量，從而深深地嵌入到現代中國的重建之中。

一

從現代法律進入中國的第一天起，法律就不是作為一種解決糾紛的手段來理解的，而是作為一個文明體系試圖理解世界的一種獨特方式。作為北京大學法學院前身的京師同文館開設的第一門課程就是丁韙良的《萬國公法》。法律成為我們這個文明帝國理解世界的窗口。通過這種窗口，清王朝在緩慢地改變着自己在世界中的角色，通過「約法」把自己從一個天朝帝國變成現代世界秩序中的「想像共同體」。法律不僅是約束中國對外關係中的重要手段，而且是現代中國建構自我認同的重要手段，它意味着現代世界秩序中的民族國家必須通過法律建構為一個國際秩序的主體。因此，法律成為塑造現代中國的重要手段。

用法律來馴服君主。這是法律塑造現代國家的第一步。戊戌變法中要變的就是重建政治統治關係之法。君主立憲就是現代法律對新型政治統治關係的重建。儘管維新變法的憲法改革失敗了，但是法律的種子卻在京師大學堂播種下來。法律要成為一種政教紀綱，首先必須要作為知識傳承和思想觀念、作為風俗習慣和公民宗教，在人們的心靈中真正扎根。1904 年，張之洞等人擬定《奏定大學堂章程》，規定大學堂分科事宜，法律學忝列十種專業之一。從此法律學始終成為我國大學教育的專業學科，北京大學的法律教育也由此發端。主張「中學為體，西學為用」的張之洞可能沒有意識到，多少年之後，法律正是在「體」與「用」的張力中探索自己的定位。

1917 年，蔡元培出任國立北京大學校長。秉持「思想自由」的蔡

元培最初主張把法科從大學中分離出去，辦成專門的法政學校，後因遭到普遍反對而作罷。為什麼當年蔡元培主張將法律教育驅逐出大學呢？這樣的想法或是我們這個民族對法律的普遍誤解，因為在儒法互補的政教傳統中，法律僅僅是解決具體問題之「術」，它不可能成為真正之「學」，因此也不配享受「大學」的名聲。但是，傳承洪堡教育思想的蔡元培有沒有真正想過，法律對於現代人的自由究竟意味着什麼？法律教育對於建構現代國家真正意味着什麼？

當然，蔡元培對法學專業的排斥與其說是由於他對法律的誤解，不如說是由於法律教育的現實的失望。在這一點上，那時的法律教育和今天又有着驚人的相似。就像今天所有的大學都紛紛開設法律學院，當時法科的興起在中國也如雨後春筍。今天的法科教育從學校到學生都為了攫取經濟利益，而那時的法科教育從學校到學生都是為了攫取政治利益。晚清取消科舉制度，引入了新式的學堂教育，而法科則隨着法律改革而備受青睞，被看作是新的科舉機制，成為選拔官吏的階梯。這樣的法律教育就像今天盛行的職業化法律教育一樣，自然喪失了對法律思想和精神的探索。可見，法律教育在當年就是一種職業培訓，這景象頗類似於蘭德爾（Christopher C. Langdell）當年所面臨的哈佛大學法學院的法律教育狀況。所不同的是，哈佛大學的法律教育是在培訓職業律師，北京大學的法律教育是在培訓職業官僚。因此，正像蘭德爾批評哈佛的法律教育與哈佛「大學」的名稱不相匹配，傳承洪堡教育理念的蔡元培也面臨着同樣的焦慮和困惑。

為了讓法律教育成為大學中追求知識，探求精神王國的一部分，蔡元培有計劃地改造法學。他擺脫法律職業所形成的對法律的狹義理解，將法學理解為更為廣泛的社會科學。因此，他在法科內部設立了三

個專業門類，分別為法律門、政治門和經濟門，由此形成了「大法學」的格局。與此同時，蔡元培還另外設立了一些旨在研究學術的法科研究所，防止法學研究的職業化路向。即便在法律門內，北大依然開設大量與職業教育似乎無關的課程，比如著名的王寵惠就講授「比較法」，康寶忠講授「中國法制史」，王景歧講授「中國國際關係及各種條約」，陳長樂講授「美國憲法之研究」等等。更為重要的是，蔡元培把法律教育定為人文教育的四年制，以利於對法律理念的整體把握，而當時普遍流行的法律職業培訓都是三年制的教育。

蔡元培通常被理解為近代中國偉大的教育家，他倡導的「兼容並包、思想自由」也被看作是北大的精神。然而，我們不要忘了，他也是近代中國最偉大的法學家，是一個繼承古典的禮法傳統並將其改造為現代的政法傳統的第一人。他的法學思想不是通過法學著作體現出來，而是通過他改造北大法學院的行動體現出來。偉人之所以不同於常人，就在於他比常人看的更深、更遠。當那些伴隨晚清法律移植運動成長起來的新興法律人階層為眼前的法律改革所迷惑，把法律僅僅理解為通過訴訟解決糾紛的工具的時候，蔡元培的目光早已經掠過了法庭，審視法庭背後的國家、法律背後的政治。他關注的不是晚清法律改革的亂局，而是中華文明遭遇西方文明所面臨的根本命運。

因此，近代中國法律革命絕不能從晚清的法律改革開始，而應當從北大前身的京師同文館開設的第一門法律課程《萬國公法》開始。正是「萬國公法」乃至後來發展起來的條約法和國際法，使得法律首先不是一種解決糾紛的手段或機制，而是構建政治共同體的手段。藉助法律的建構，我們才從一個古老的帝國開始轉向現代民族國家塑造，無論是戊戌變法、辛亥革命乃至新民主主義革命和社會主義革命，法律首先是

建構人民主權的紐帶。因此，法律在近代中國的發展始終與政治、革命和主權結構息息相關，這一切都構成了近代中國法律發展的主旋律——政法傳統。

經過蔡元培對法律教育的這種改造，法學在中國呈現出了新的氣象。法學不再是對職業的培訓或官員的選拔，而是對法律精神的探索。新的法律職業與傳統的政教傳統緊密地結合在一起。這一點我們可以從課程設置就可以看出來。北京大學法律系 1920 年給一年級本科生所開課程包括：憲法、政治學原理、民法、英國法、法國法、德國法、羅馬法、刑法總則、拉丁文、經濟學原理和法院編制法。從這些學科就可以看出當時法學教育的學術研究趨向。正是由於這種對法律知識和法律精神的學術追求，北大法律系吸引了當時一大批全國知名的法學精英，成為法律教育的領導者。如果說蘭德爾在哈佛法學院開創了美國法學中的古典傳統，即法律形式主義（legal formalism）傳統，而這個傳統其實是歐洲法學中古老的自然法理念以及由此發展而來的法律科學傳統。那麼我們完全可以說，蔡元培在北大法學院創立了中國法學的古典傳統，即將政治、經濟和法律熔為一爐的「大法學」傳統。這個傳統其實就是儒家文化中的禮法傳統，是政治、經濟、法律和倫理緊密結合的政法傳統。有不少學者認為，西方法律引入中國的誤區是由於嚴復將孟德斯鳩的《論法的精神》翻譯為《法意》，將 Law 翻譯為「法」，而不是翻譯為「禮」。假如他將《論法的精神》翻譯為《禮意》，或許中國的法律傳統就不會發生斷裂，中國的法制建設的步伐可能就會更快一些。無論這種說法能否成立，都表明中國古典文明中有着深厚的法律傳統，即禮法傳統而非西方的法律科學傳統，它從一開始就是一種政法傳統。

如果將晚清以來中國法律發展和法學教育作為整體來看，那麼在北京，無論北京大學、還是朝陽大學，整個法律傳統基本上堅持了古典的政法傳統，強調法律與政治的相互關係。這很大程度上與北京作為中國的政治中心有關。相反，全面移植西方法律職業教育傳統則主要體現在上海這個經濟中心。其中，東吳法學院就是這種法律傳統的縮影。東吳法學院完全移植了美國的普通法教學模式，從課程到教材完全按照美國的模式來設置，並且創辦了高水平的英文法律期刊 China Law Review。吳經熊教授的英文著作受到美國法學界的好評，他與當時美國大法官霍姆斯以及德國的法學家斯坦姆勒（Rudolf Stammler）保持着良好的學術關係。應該說東吳法學院是當時中國法學教育與國際全面接軌的典範。然而，我們必須認識到，東吳法學院培養學生的就業方向主要是上海租界以及上海、廣州和南洋的商業機構中。北大法律門與東吳法學院、政法傳統與法律職業傳統、政治與商業、北京與上海、中國與西方、內地與南方沿海、勞苦大眾與資本家，共產黨與國民黨，這一切構成了中國法律傳統的現代圖景：兩種法律傳統之間出現了前所未有的對立和緊張。而這種對立恰恰表明，法律必須被鑲嵌在更大的政治圖景中才能理解，才能獲得其生命。

二

儘管北京大學法律系把追求法律知識和法律真理的學術研究作為法律教育的目的，法學研究也呈現出繁榮的景象。但不可忽略的是，法律知識不是形而上學的純粹知識，而是服務於國家和社會需要的實用知識，是一種服務於政治原則和政治目標的知識，法律知識本身的這種特

殊性，導致它對於現實具有很強的制度建構性。中國法律教育的政法傳統就源於法律必須面對如何建構國家制度，服務於國家和社會的需要。法律教育也需要在政教之間架設其新的橋樑。

就在二十世紀三十年代，北大法律教育初成規模之際，法學界就展開了一場關於法律教育的大討論。這場大討論是在法律學科完全獨立以後，法律教育者和研究者們對法律教育的目的、方法論等層面的探討，它表明中國近現代法律教育已經達到相當的思想自覺。當時的法律學家們紛紛著書立說，闡述自己對法律教育的觀點。面對近代中國的兩種政治途徑，法律教育不可能變成純粹的知識傳授，而必須回答法律與政治的內在關係。在這兩種對立的圖景中，北大法學院在 1930 年代率先展開了關於法律教育的大討論。其中，著名教授燕樹棠在《法律教育的目的》一文中，一開頭就直接指向問題的核心：「我們為什麼要辦法律教育？造就什麼樣的法律人才？」他認為法律教育必須隨着時代的演進而前進，為了適應急劇變化的現代社會，法律教育的根本目的在於培養出「法律頭腦」。這種「法律頭腦」至少要包含四個條件：

其一，社會的常識。合格的法律人才並不在於神乎其神地賣弄一些專有名詞，必須通達社會人情。因為法律解決要解決「人事」，大到國家大事，小到孩童爭吵，解決這類「人事」必須具有社會經驗。

其二，剖辨的能力。從事法律職務的人必須具有一般人不具備的判斷是非曲直的能力，而這種能力是要通過科學的分析方法加以培養和訓練。學習法律的人得不到這種能力，沒有形成科學分析的習慣，就等於沒有受過法律訓練。

其三，遠大的理想。從事法律職業的人往往接觸瑣事和爭端，常常與壞人接觸，常常與壞事接觸，耳濡目染，容易墮落。因此，對於法

律人才而言，比如既要辦理俗事，又要具有超俗的思想。

其四，歷史的眼光。法律是社會之一組成部分，法律問題亦是社會問題之一種。不明社會的過去，無以明瞭社會的現在，更無以推測社會的將來。因此，學習法律的人只有把眼光放得更遠一些，才能實現自己的理想。

這四項條件全面表達了政法傳統的法律教育趨向，即法律是人間俗事，是社會生活乃至政治生活的一部分，學習法律，不在於陷入概念，而是要理解人情，理解社會，具有遠大的理想和歷史的眼光，既能辯論是非又通達社會人情。這是在培養怎樣的人才？這絕不是在培養解決訴訟的職業律師或者法官，而是在培養變遷時代所需要的偉大政治家。這是怎樣的一種氣魄與胸懷！這樣的法律教育理想即使在今天，也讓我們滿足於職業教育的法學家們汗顏。中國的現代法律教育儘管學習西方的職業教育，但是從他進入北京大學之後，他就以超越西方作為自己的重任。正如當時著名的法律教育家孫曉樓所說的，法律教育要「為改善中國法而研究外國法，而不是為標新立異而研究外國法。」

正是在這種法律的政法傳統影響下，北京大學法律系的師生並不崇尚在象牙塔裏空談法理，而是積極承擔起政治責任，參與到建設現代國家的偉大事業中。1930 年，北大法律系領軍人物的黃右昌先生出任南京立法院委員。1936 年南京召開「全國司法會議」上，北大法律系的戴修瓚先生與其他知名教授起草了完整的改革司法方案。然而，在政治風雲變幻，國家命運艱難的近代，這樣的司法改革事實上難以實施。當國家還無法建立，討論司法不僅多餘，而且有點奢侈。北大法律系的師生始終把關心國家命運放在首位。尤其是在日本侵華的歲月中，北大法律系師生更多地以公民的身份投入到保衛國家的政治鬥爭

中，而不是僅僅關心那些具體的法律知識。

1931 年 12 月，在北京大學三十三周年紀念會上，陳啟修教授發表題為《第二個「五・四」》的演講。他認為「五・四」之後的中國社會天天在變壞，因此，他認為要想負擔起拯救中國的任務，學生學習必須以救國為前提，單單讀書是不對的。因此，他號召必須改正「先讀書後救國」的思想，如果想做了愛迪生才來救國，那時恐怕早已無國可救了。因此，他號召行動起來，爭取愛國的自由權，讀書的自由權，和大學自治權。在這個演講中，陳啟修先生把法律中的權利概念與愛國、救國密切聯繫起來。正是在這種愛國思想的感召下，北大法律系的教授們學生們以各種方式參與愛國救國運動。

1934 年徐輔德先生主講「國際關係及國際組織」課程的期末考試題都直接圍繞「九・一八事變」，其中第三題為：「國聯盟約第十六條，對違約國有經濟制裁之規定，何以自東北事變以來，未能以之制裁日本，試論其原因。」這樣的考題已經不再是對法律知識的簡單考察，而是對學生關心國家和民族命運的激勵。「讀書不忘救國，救國不忘讀書」成為北大法律系法律教育的宗旨。正是秉承這樣的宗旨，北大的法學家們在西南聯大的艱苦歲月中用愛國心支撐了整個國家的法律思想。二十九歲就執教於北大法律學系的燕樹棠先生被推舉為聯大法律學系教授會主席，他帶領聯大法律學系度過了那段最困難時期，其擘畫經營，貢獻尤多；戴修瓚先生在聯大法律系教員最為缺乏的時候，身兼重任，一人同時為開設公司法、票據法、海商法、保險法、債權分論和刑事訴訟法六門功課，可謂殫精竭慮，誨人不倦；蔡樞衡先生成為這一時期法律教育的見證人，在抗戰結束，聯大分校時，法律學系教授只有蔡樞衡先生堅持到了最後；費青先生精通大陸法，也爛熟英美法。他於

1941 年 9 月忍痛將自己的藏書出售，以籌集治病資金。燕樹棠先生得知後，即以北大法律研究所名義將所有書籍買回，既解決費先生的燃眉之急，也可保費先生珍貴的書籍。

在西南聯大艱難的歲月裏，法律系的教授們不僅傳播法律知識，而且也積極參與到反對內戰、民主建國的政治運動當中。而在隨後遷回北京的日子裏，隨着內戰的到來，法律系的教授們以法律為武器，積極參與到反對國民黨專制統治的政治鬥爭中。1946 年的「沈崇事件」引發了反美軍暴行的政治鬥爭，燕樹棠、趙鳳喈、李士彤、蔡樞衡、費青和紀元六位法律系教授組織了法律顧問委員會，負責代被害人蒐集法律證據。然而，在當時西方列強在中國擁有「治外法權」背景下，對施暴者的法律懲罰必須由美國海軍部長核准和實施，案件最終不了了之。捍衛法律的尊嚴首先必須建立一個獨立強大的民主國家，這條法律原理已經刻在每一個法律人的心上。

由此，在 1948 年的紀念「五四運動」之際，北大法律系的費青、樓邦彥和王鐵崖等先生提出創造一個新的「五・四」，即堅持追求民主科學同時，同反動勢力作不懈的鬥爭。5 月 5 日，北京大學學生自治會召開「民主與科學」演講晚會，王鐵崖、費青等先生到會演講。王鐵崖先生發表「再談新五四運動」的演講，他說「今天我們應該發揚光大五四的精神，發動一個新的五四運動，反傳統、反權威、反壓迫，追求真理，以爭取個人人格和大眾福利……我們不要忘記五四的近因是外交，是日本的侵略政策，如果今天需要一個新的五四運動，那麼今天的對象，該不該就是我們的所謂友邦的美國？」

如果說王鐵崖先生所追求的「新五四精神」包含了反對美帝國主義的精神，那麼，費青先生所說的「新五四精神」就是反對國民黨專制的

精神。在題為「起碼的權利」的演講中，費青先生指出民主、科學與法治三者有一個共同的基礎，那就是看清了事實，並且把它說出來。「如果連把事實說出來的權利都沒有，中國將不成其為國家了。」為此，他專門批判了國民黨統治下反法治的專制本質。

北大法學院教授們所提出的「新五四精神」，意味着獨立、民主的共和國的到來。王鐵崖、費青、楼邦彦、龔祥瑞、芮沐這些早年留學歐洲、美國，悉心學習西方法的著名學者，構成中華人民共和國成立後北大法學院第一代法律思想家，他們雖然學習西方法律，但卻繼承了蔡元培開創的政法傳統，並在新中國的政治實踐中進一步發揚光大。隨着新中國的成立，1949 年 4 月，政治學家、憲法學家錢端升出任北京大學法學院院長，法律教育迎來了新的時期。

<h2 style="text-align:center">三</h2>

1949 年成立的新中國可以說是蔡元培開創的政法傳統的結晶，即通過法律來建構起人民主權，建構起人民共和國這個政治共同體，實現了國家獨立和民族解放。然而，新生的共和國從誕生的第一天起就面臨着國內和國際的敵人。國際上要面對冷戰的政治環境，國內不僅要清剿土匪、國民黨特務和形形色色的政治敵人，而且海峽兩岸依然處在內戰狀態中，可以說人民政權隨時都處在生死存亡的緊急狀態中。這種政治緊急狀態要求法律承擔起保衛新生共和國的政治任務，法律也就成為这种政治政策的延伸。1949 年之後，無論土地改革在全國全面展開，還是新婚姻法的制定和推廣，無論是鎮壓反革命運動，還是「反三五反」運動，法律與政策始終交織在一起，成為開展社會革命的手段，為新生

的共和國奠定人人平等這個全新的社會基礎。正是在這種新的社會基礎上，1954 年新憲法誕生，確立了人民民主專政的國家性質。從此，法律就成為捍衛人民民主專政的重要職能，尤其階級鎮壓、刑事懲罰的政治保衛職能被形象地稱為「刀把子」職能。

在這個新的政法傳統中，「政」的傳統主要依賴路線、方針和政策所形成的政策體系，而「法」依然被局限「律」的範圍中，古典的禮法關係轉換為現代的政策與法律的關係。這就意味着法律必須承擔起貫徹政策的政治職能。這一方面意味着從西方傳入的具有普遍性、一般性和相對自主性的法律完全變成了執行政策的工具，更重要的是，西方傳入的法律無論是歐陸傳統的大陸法還是英美傳統的普通法，都建立在市場經濟和市民社會相對自主性的基礎上，而在社會主義的國家性質中，經濟和社會完全被組織到國家體制中，這就意味着法律的主要功能被壓縮到刑事懲罰的功能，就類似古代的「律」始終以刑律為主。這就意味着必須對蔡元培所開創的政法傳統進行系統改造，接受馬克思主義的政治洗禮，用社會主義制度的政治和政策來系統改造晚清以來逐漸形成的法律傳統。這必然意味着法律理念和法律教育的轉型。

在這種背景下，1955 年北大法律系明確規定法律教育的任務就是「為了鞏固人民民主專政，適應國家建設需要與社會發展之前景，以新民主主義為領導思想，培養了解當前政策法令及新法學的為人民服務的法律工作幹部與師資。目前主要是培養一般的司法幹部。」法律教育與其說是為了探求法律之學理，不如說為了培養新生共和國所急需的政法人才。因此，在法律系的課程設置上，增加了馬克思主義原理的課程，原來強調法律一般原理的課程讓位於對具體法律、法規和政策的講解。然而，在這種法律教育轉型不僅僅在政法傳統上重建對政治的理

解，更重要的法律教育改為政法教育乃是整個國家的教育轉型，即整個中國的教育模式從蔡元培所模仿的德國大學模式轉向蘇聯大學模式。

其實，相對於英美的自由教育模式，德國大學的教育模式原本就是一種後發達國家的追趕模式，因此更加強調科學技術、科技創新在大學教育中地位，更加強調大學對於國家發展和民族崛起的精神塑造力量。只不過比起 19 世紀相對落後的德國這個工業國，20 世紀的蘇聯乃是更加落後的農業國，因此蘇聯大學的教育模式實際上是德國教育模式的升級版，更加強調科學技術的重要性。當這種大學模式傳到中國這個落後的小農國家，就會在蘇聯模式基礎上完全按照工業化分工的體系來重建中國的教育。由此，法學院全面改造為政法學院，法律教育全面改造為政法教育，與分門編類的文、理、工、農、醫等整合在一起，展開對中國大學體系和知識體系的系統重建。這種分門編類的專業知識體系與工業化分工的政治經濟體系緊密結合在一起，可以說系統培養現代工業化分工所需要的各種人才，從而直接推動中國從一個落後的小農國家躍進為工業化的國家。其中，政法教育的目標就是培養公檢法司的工作人員。在這樣一個計劃經濟的時代，由於缺乏西方意義上的市場經濟和市民社會，與市民社會相關的法律（比如民商法）以及法律職業（律師）也就不存在了。「皮之不存，毛之焉附」。晚清以來從西方引入的法律教育，無論是市民社會所需要的法律，還是在這些法律之上產生的抽象法學理論，都喪失學習和研究的意義。法學研究和法律教育也由此走向衰落。

在外部封鎖的政治經濟環境中，新生的人民共和國只能集中小農國家的所有可能物質資源，並試圖依靠強大的精神力量，一躍而為一個工業化國家。這意味我們的人民必然要付出巨大代價，犧牲掉個人的利益和自由，完全獻身於國家建設，從而將每個渺小的個人凝聚在一起形

成一個強大「利維坦」的主權國家。這是後發達國家試圖追趕和超越所必須邁過的門檻，德國曾經如此，蘇聯曾經如此，中國也走在這條道路上。這樣一種特殊的政治戰略和政治環境，使得蔡元培所開創的政法傳統向一個極端的方向發展。法律完全變成了直接服務於政治的簡單工具，變成了執行政策的工具，因而喪失了對政治和政策本身的規範和約束。法學也完全變成了意識形態的工具，喪失了對法律知識和法律技術本身的追求。在政法傳統向極端化發展中，尤其出現了 1950 年代的院系調整、反右運動中知識分子下放勞動以及「文化革命」中「砸爛公檢法」。

　　在這種背景下，早年接收了西方法律教育的一代北大法律精英，現在又必須接受馬克思主義的洗禮和社會主義思想的改造，兩種思想的衝突讓他們遭受靈魂革命的衝擊。以北大法理學奠基人沈宗靈先生為例。他生於上海，家庭經濟條件很好且有廣泛的海外關係。大學畢業後，他就留學美國賓夕法尼亞大學法學院，接受東吳法學院這一脈的英美法律教育傳統。他之所以留學美國，也是為了畢業回國做教授、做律師，然後做議員，從事政治，實現「經國濟民」的政治抱負。在美國政治法律教育下，他成為自由主義者，甚至接受威爾遜（Woodrow Wilson）的主張而成為國際主義者，希望用「世界議會」來取代主權國家，解決國際糾紛。然而，當他在 1948 年回國在上海執教不久，就遭遇南京政府垮台，新中國成立。他的內心遭遇了全所未有的苦悶和彷徨，用他自己的話來說，「人生觀破了產！」，因為「我那人生觀的實現是與蔣介石政權的存在，美國的存在分不開的，沒有了他們，我的實踐計劃就都垮台了。」沈先生的彷徨代表了一代中國法律知識分子的內心世界，尤其是以東吳法學院為代表的全盤接受美國法律教育的法學家

們，他們面對的是一個全新的政治秩序，而在這個秩序中，美國法律知識失去了存在的土壤。在这种背景下，沈先生最後來到北京，接受馬克思主義思想的洗禮和教育。而他在 1950 年的一篇學習心得體會生動地記錄在自己思想和心靈變化。

當他接觸了馬克思主義之後，才認識到自己原來的人生觀、價值觀和法律觀完全是站在傳統的精英階級或資產階級的立場上思考問題，將自己看作精英階層，看作理所當然的歷史主體，認為治理國家是他們這個階層的特權，而從不曾承認過勞動階層或社會大眾在歷史中的主體地位，更難以接受人民主權的現實。正是馬克思主義的階級觀，讓他看到這兩種法律教育傳統背後包含着深刻的階級衝突，甚至民族衝突，是依靠美國的統治來吃飯，還是「為一個崇高的事業而努力」，這才是兩種法律傳統衝突的根本所在。如果我們忽略了階級問題和民族問題，就看不清楚兩種法律傳統的衝突在特定歷史時刻的政治意義。而這一代法律精英之所以從信奉西方法律傳統轉向接受新型政法傳統，很大程度上來源於世界觀、價值觀和人生觀的徹底改變，即從「向勞動階層討飯吃」的落難精英觀向「為一個崇高事業而努力」的普通公民觀的歷史轉變。如果說古典的禮法傳統的政治基礎是「勞心者治人，勞力者治於人」這種不平等的精英政治觀，那麼現代的政法傳統的政治基礎則是「男女平等、勞工神聖」這種人人平等的人民主權觀。要從幾千年歷史形成的社會等級觀轉變為人人平等觀，無疑要完成思想上的革命，經歷靈魂上的洗禮。

「革命不是請客吃飯，不是花樣文章。」中國革命在政治上推翻舊的政權，建立了人民民主的政權，但在文化思想上的心靈革命還遠遠沒有完成。中華人民共和國成立後針對知識分子展開的各種教育運動，實

223

際上就是「繼續革命」，完成思想革命、文化革命和心靈革命。其目的無非是改造舊式知識精英的政治觀，使其樹立人人平等的政治觀，從而接受社會主義的政治秩序，而新型政法傳統就是這種秩序的有機組成部分。毛澤東是深諳禮法傳統的大立法者，他深知不完成這場心靈革命和文化革命，政治革命的成果隨時可能流產，若非「焚書坑儒」哪來的大一統秩序，人民民主政權必須扎根於人人平等的心靈土壤裏。

在這場文化革命中，像沈先生這樣接受了西方法律傳統的法律人而言，更廣泛地說對於接受了西方文化自由派知識分子而言，整個心靈衝突的焦點在於能不能接受人民羣眾的歷史主體地位，能不能接受人人平等的政治原則，能不能接受一個「人民共和國」，能不能接受共產黨的統治。和這一代自由派知識分子一樣，沈先生在經歷了痛苦的人生反思之後，毅然走下舊的精英階層的神壇，以普通社會一分子，以一個普通公民身份，擁抱與他完全平等的勞動大眾。在此，究竟是什麼力量使得這些信奉西方文化的自由派知識分子最後心悅誠服地接受了馬克思主義，認同了新的政法傳統？今天，不少人認為下放勞動、「反右」、「文革」摧毀了一代知識分子的自由心靈，由此將這些運動看作是權力和暴力對自由和真理的扼殺。我們不能否認其中的暴力，但僅僅將之歸於暴力其實包含了對一代中國自由派知識分子的道德侮辱，彷彿由於他們害怕死亡而屈從於暴力。正是基於這種理論暗示，海外教授大談特談「士與中國知識分子」，吹捧「士可殺不可辱」，隨之出現了比「誰的骨頭硬」的問題。顧准、陳寅恪因此一度被捧上神壇，而馮友蘭、費孝通則被看作是反面。事實上，今天自由派知識分子根本就沒有走進老一代自由派知識分子的精神世界，相反能夠進入他們精神世界的人並不承認他們是自由派，就像顧准的兒子高梁從來不認為他父親是自由主義的代表人。

這種「暴力論」實際上包含着對中國共產黨最深的誤解。中國共產黨從建黨的那一天起，就不是一個暴力組織，而是一個信仰組織，是一個對實現人人平等的共產主義理想懷着崇高信念的精神共同體。正是對共產主義的信仰使得共產黨從一開始就是一個超階級、超民族甚至超國家的政治組織，這就是「同志」這個稱呼的含義，一種類似宗教精神信仰認同的含義。如果我們能理解馬克思主義與歐洲烏托邦思想、基督教清潔派、中世紀諾斯蒂主義的內在聯繫，就明白中國共產黨首先不是依賴暴力，而是依賴最強有力的精神道德感召力量。因此，中國共產黨一刻也不能離開思想鬥爭，必須與時俱進地發展出開展思想鬥爭的理論武器，其目的不是通過暴力在肉體上鎮壓人，而是通過行動的道德感召力和理論的說服力來爭取人心，這就是「思想改造」塑造「新人」。正是依靠這種道德感召力和理論說服力，建國以後，中國共產黨成功地「改造」了日本戰俘和國民黨戰俘，也成功地「改造」了妓女和土匪，也差不多成功地「改造」了一代自由派知識分子。

如果我們認真閱讀金岳霖、馮友蘭、汪子嵩、朱光潛等一大批正派的自由知識分子接受「思想改造」的回憶錄，就會發現他們之所以心悅誠服地接受馬克思主義和共產黨的領導。一個共同點就是他們都是民族主義者，懷着強烈的經世濟民的愛國情懷，新中國成立實現了他們追求國家獨立和民族解放的理想，只不過實現理想的方式不是他們曾經幻想的資產階級多黨議會制度，而是他們所陌生的馬克思主義。換句話說，在西方的自由理念與「經世濟民」「救國救民」這些傳統士大夫情懷發生衝突時，民族大義超越了個人自由，國家利益超越了個人私利，一代自由派知識分子就這樣在儒家傳統倫理的指引下正心誠意地接受了新的政治傳統，社會主義的傳統和政法傳統。可見，不是共產黨通

過暴力征服了一代自由派知識分子，而是共產黨實現了國家獨立和民族解放的事業，以及共產黨人身上體現出來的崇高的道德力量和無私的奉獻精神獲得了他們的認同。從根本上說，是這一代知識分子根深蒂固的儒家倫理傳統促使他們從西方的傳統轉向了社會主義的新傳統，轉向了政法傳統。正是由於儒家傳統的存在，才使得社會主義新傳統得以確立起來。儒家傳統是社會主義新傳統和西方傳統在中國得以生長的根。

如果說北大校長蔡元培先生是這種新政法教育的開創者，那麼，後來的毛澤東將這種政法傳統發揮到極致。這種新政法傳統的核心思想就是法律的治理化，即法律要承擔起政治革命和社會革命的職能。毛澤東運用政策與法律徹底改造了中國，一方面他通過婚姻法和土地法奠定了人人平等的社會經濟基礎，另一方面他通過一系列政治運動將「國家」概念烙在了每個人的心靈上，將一個「一盤散沙」多民族王朝打造為一個統一的現代民族國家。新中國的政法傳統就直接服務於對中國傳統的社會結構和人心秩序的革命性改造。正是在革命建國的意義上，我們需要重新審視新政法傳統中的批鬥、運動、暴力等要素。而建國之後的「共產主義新人」的塑造就像柏拉圖在《理想國》中塑造着理想的「護衛者」一樣，雷鋒式的共產主義新人護衛的乃是人人平等的人間天國。

今天來看，這種「人間天國」的塑造似乎失敗了，中國文化傳統奠定的是一個世俗化國家而非人間天國。李澤厚之所以不斷強調中國文化是「樂感文化」，甚至將儒家思想比喻為「吃飯哲學」，實際上是看到了儒家傳統文化與西方基督教傳統中諾斯底主義之間的張力。如果說，儒家文化傳統曾經奠定了社會主義政法傳統的正當性，那麼也正是儒家文化矯正並馴化了這個新政法傳統中的極端主義的精神衝動，從而推動中國共產黨從革命黨轉向執政黨，懷着共產主義的理想信念但卻扎

根中國大地，完全以大多數人的利益為依歸的政黨。可以說，正是在儒家傳統以及經過儒家傳統馴化的新政法傳統基礎上，我們才能在改革開放之後重新吸收西方法律傳統。

無論如何，由於國家政治的全面轉型，法律教育中強調對新型法律人才的培養，而喪失了對法律一般原理的學術探索，由此導致的結果就是法學研究開始走向衰落。隨着社會主義改造運動的進行，民商法、經濟法等法律知識喪失了學習和研究的意義。我們的法律必然變成「單向度的法律」，即法律僅僅是執行階級鎮壓職能的刑法，而少有保護平等基礎上的公民權利的法律。這種「單向度的法律」與整個國家制度的建構密切相關。儘管如此，這個時期的北大法律系聚集了一批精通馬克思主義原理的新式法律精英。法理專業的沈宗靈、憲法專業的龔祥瑞、法律史專業的張國華、民法專業的芮沐、國際法專業的王鐵崖、刑法專業的楊春洗，他們成為法學研究和法律教育的棟梁，是他們在國家政治最動盪的歲月中，將法律的星星之火保存下來，成為70年代末期法律復興的動力。

四

隨着「文革」的結束，政治革命也告結束，從此國家進入了和平穩定的經濟建設時期。國家政治任務的轉型也帶動了法律轉型。隨着國際大格局的變化與改革開放推動的市場經濟發展，中國的法制建設和法學研究迎來了前所未有的繁榮增長。在建設社會主義法治國家的政治背景下，法律開始成為國家治理的「金質紐帶」，把中國逐步帶入法治國家。這意味着法律必須被用來重新建構國家與社會之間的關係。

正是這個背景上，北大法律教育進入了恢復時期，法律思想、法律理念、法學方法和法律知識都有了全面提升。法律從作為履行社會職能的工具發展到保護公民權利的手段，由此帶動了民商法和國際經濟法的大發展。這種發展意味着法律的主要目的在於制約國家權力、保護公民的權利，由此在規範社會生活的同時，也在規範國家與社會的關係。如果從全球格局看，我們常說的「改革開放」實際上意味着中國從政治經濟到文化思想意識形態全面轉向英美海洋世界。曾經源於蘇聯模式的政法傳統逐漸讓位於移植的西方法律傳統，法律教育也隨着從大學的人文教育發展為職業教育，並試圖與美國法律教育進行對接，甚至模仿美國法學院的 J.D. 模式創辦了法律碩士學位。

法律教育的職業化對法學研究產生了巨大影響。首先，法學的學科結構發生了重大變化。曾經理論學科的主導地位開始讓位於新興的法律適用的技術學科。最熱門的專業不再是法理學、法史學和憲法學，而是國際經濟法、金融法、證券法、財稅法、房地產法、知識產權法、民商法等等，而且北大始終引以為傲的是在國際化的法律學科領域保持着領先地位。其次，與這種法律職業化趨向相適應，法理學也開始遠離政法傳統，變成了「法律人的法理學」，即圍繞法律職業技術展開其法學思考，無論是法律現代化理論，還是權利本位論、法條解釋學和法律教義學等等，都不過是這種法律技術的衍生物而已。中國法治和法學的發展方向也迅速「奔向遠方」，開始與西方的法律制度、法律職業和法學理論進行「接軌」。如果說中國政治法律傳統依然包含着古典的儒家傳統和社會主義的政法傳統，但在專業化的法學研究領域中，源於西方法學理論和技藝主宰着中國的法律教育。

在這樣一個「奔向遠方」的時代中，我們逐漸喪失了追問法律正

當性的能力，以至於形成只要是西方的就變成正當的。如此，我們的法治建設可能面臨法律移植越多距離法治越遠、距離法治越遠法律移植更多的死循環。可以說，我們的法律制度和法學研究在這場「奔向遠方」的現代性加速運轉中迷失了方向。為此，新一代北大法律學人蘇力提出了「秋菊的困惑」這個問題，實際上在追問：法律何為？法學可為？我們的法律傳統何在？面對這些問題，北大法律人責無旁貸地承擔着對民族命運的思考，由此造就了新一代偉大的法學家。北大法律系畢業的詩人海子就像先知一樣，在中國大規模法律移植還沒有開始的時候，就已經在遇見到其未來命運。

正如盧梭所言，「真正的法律不是寫在紙上的，而是刻在人們的心靈上的。」不同於職業法律人忙於註釋寫在紙上的法律，海子關心的是中國人心靈上的法則，關心的是中國人的心靈秩序。在 1980 年代，一代人曾經集體朗誦他的詩篇《祖國》。這首詩可以看作是 1980 年代的精神宣言。如果說奠基共和國的前輩曾經是高貴的「烈士」，那麼他們的後人是不是已經變成了追求商業利益的「小丑」，因此，新的一代要繼承先輩的偉業，就必須像「以夢為馬的詩人一樣」，甘願做「遠方的忠誠的兒子和物質的短暫情人」。

然而，「遠方」是哪裏？在海子的詩歌裏，「遠方」是一個反覆出現的追問，它意味着與眼前物質生活相對的一個遙遠的精神理想世界。在 1980 年代的語境中，主流思想將「遠方」理解為「西方」，理解為整個西方文明的精神世界。甚至「五‧四」運動以來，一代又一代的中國人將自己的精神力量和理想寄託在西方文明這個「遠方」，改革開放再一次牽動中國人內心中迷夢般的「遠方」。「遠方忠誠的」集中反映了 1980 年代中國人的精神世界，反映了一代中國人對西方自由和民主的

狂迷，這種狂迷發展為今天的全球化下的全面與世界接軌的心靈秩序。

海子準確地把握到整個時代「奔向遠方」的脈搏，然而他更深地感受到了中國人在這個過程中經歷的孤獨和痛苦。整個海子的詩被一種巨大的孤獨感所籠罩，這孤獨來自海子的內心，來自整個民族在「遠方」驅使的命運下湧動的深層內心世界。在「奔向遠方」中，我們每個人在靈魂深處都是孤獨的陌生人。中國的歷史傳統文化無法提供意義，而我們正在推動實現的現代化，包括市場經濟、法治憲制、物質財富等等，就像房子一樣建起來，可是依然空空蕩蕩，缺乏靈魂和精神意義。而問題的關鍵在：「是什麼人掌燈，把你照亮」，誰來為中國人點燃照亮生命意義的、溫暖的、光明的燈盞？正是在反思中，他像一個古代的游吟詩人，或者一個先知，給我們預示了「奔向遠方」的後果：「遠方除了遙遠，一無所有」，「更遠的遠方，更加孤獨／遠方啊，除了遙遠，一無所有」，「遠方的幸福，是多少痛苦」，甚至「遠方只有死亡中凝聚野花一片。」

因此，海子的詩歌可以說為迷信西方邁向現代化的中國人探尋生命的意義，他一方面讚美「村莊」，那是中國傳統文明的基礎和生命意義所在，另一方面以巨大的熱情謳歌社會主義對獨立自主的現代化道路的探索，尤其這種探索在第三世界引發的巨大反響。但更重要的是，他寄希望於中國文明的復興和漢語所承載的文化思想意義的復興，而這才是海子心目中的「遠方」。在這個意義上，同樣是「奔向遠方」，海子選擇了和他的同時代人截然決裂的立場，甚至選擇以自殺的方式與時代決裂。

無論對傳統的「村莊」深情，還是意識到對「遠方」「一無所有」的空虛，無論對「在金角吹響的秋天走遍祖國和異邦」的自豪，還是對「中國的稻田和周天子的雪山」的嚮往，海子的詩歌展現了中國人在改革開放時代的心靈秩序的內在張力，這種張力只有放在現代中國文明

的三個傳統（古典傳統、社會主義傳統和自由市場傳統）的內在張力中才能真正理解。當西方移植而來的現代法將村長抓走的時候，秋菊的內心無疑空空蕩蕩。「大地茫茫，河水流淌／是什麼人掌燈，把你照亮。」這不就是一個普通的中國婦女秋菊在面對現代法律的疑問嗎？這樣的疑問其實不就埋藏在我們每個人的心底嗎？

因此，蘇力用法律語言將海子的追問通過「秋菊的困惑」傳達出來。正是從中國人面臨的法律多元衝突，蘇力對依賴國家強制力推行西方法治的變法思想進行了學術批判。《法治及其本土資源》這部蘇力的早期代表作，就是從法學方法論上對「變法」、「法律現代化」和「與世界接軌的法律移植」思潮展開的總體批判，這可以看作是從社會科學的角度回應了海子對「遠方除了遙遠一無所有」的質疑。在後現代思想的解構下，西方的法治、自由、民主不就是蘇力所批評的「空洞的大詞」嗎？不就是海子所說的「死亡中凝聚野花一片」嗎？

同樣基於對「奔向遠方」的否定，蘇力回到了海子的「村莊」，他關注的是中國社會變遷中「村莊」的法律秩序。《送法下鄉》描述的是現代法律傳統進入「村莊」之後的局面。在該書中蘇力一方面展現了在現代文明的衝擊下，傳統的東西如何分崩離析，變成海子所描述的「廢棄果園的村莊」「憂傷的村莊」「無人居住的村莊」「炊煙散盡的村莊」「沉默孤獨的村莊」，另一方面展現了傳統文明（即所謂的非正式制度或習慣法）對現代法律的抵制以及由此展現出來的權力技巧和實踐邏輯，從而改造現代法律並將其納入傳統秩序中，這無疑是在展現海子所牽掛的「雨水的村莊」，「野花的村莊」以及「和平與情欲的村莊」，甚至是「詩的村莊」。由此，北大法律人在積極推進建構中國法律秩序的過程中，從來不滿足於簡單淪為法律技術的工匠，而是始終保持着對人

231

文精神的關懷，對國家文明未來走向的關懷。

五

法律的生命不在於法典，也不在於法庭，更不在於監獄和刑場，這一切不過是法律的物化載體，它們在歷史上曾經的顯赫，最終會成為供人憑弔的遺跡。法律真正的生命在於法學思想和法律智慧，正是藉助這理性的光芒，人類才能安排自己的生存秩序。法學院更是孕育和傳播法學思想和培育法律智慧的聖地，通過法學教育，法律在每一代法律人的頭腦中生根發芽。

今天，在北大法律教育百年之際，就像在 100 年前一樣，我們的民族再一次處在一個關鍵時期。國家與社會的新型關係意味中國進入了用法律來重建國家政治生活的重要歷史時刻。法律再次回到重建國家政教紀綱的崇高地位。法律如何被用來建立一個強大的民主法治國家，不僅依賴對理論的思考和人類法律制度的考察，而且來自對中國政治現實的理解。黨領導國家的制度、多黨協商的民主政治、民族區域自治、一國兩制、複雜多變的台灣問題和中國在多極世界中的崛起等等，所有這些現實的政治問題意味着法律的思考必須擺脫司法職業的思考，而變成一種對未來重建文明國家的思考，由此通過法律來重建文明國家的紀綱。

這樣的思考必然對北大法學院的法律教育提出新的挑戰，這意味着我們不僅要把培養司法職業的法律人才作為自己的任務，而且更要把培養偉大的思想家、法學家和法律人政治家（lawyer-stateman）作為自己的任務。在北大法律教育發展 100 年之際，法律教育與國家重建再一次成為新一代北大法律人不可迴避的主題。

法制轉型中的法律教育*：
評《中國法律教育之路》

　　《中國法律教育之路》（賀衞方［編］北京：中國政法大學出版社，1997）是一本論文集，所收集的 8 篇論文（此外還有兩篇散記作「補編」，以及文獻目錄等等）被分為兩部分：「對現實的觀察」和「中國傳統與近代變局」。

　　從這些論文所討論的主題看，《中國法律教育之路》大體上說的中國法律教育在過去走過的歷程和未來可能或者應當要走的道路，討論後者的論文有很強的政策導向，相比之下，討論前者的論文學術味道更濃一些，尤其是三篇討論中國法律教育歷史的論文。張偉仁的「清代法律教育」（下稱「張文」）、康雅信（Alison W. Conner）的「培養中國近代法律家：東吳大學法學院」（下稱「康文」）和方流芳的「中國法學教育觀察」（下稱「方文」，這裏的「觀察」不是對當下現實的「觀察」，而是對法律教育史尤其是 50 年代以來的法律制度的觀察）。這三篇文章基本上為我們提供了中國法律教育的發展線索。唯一遺憾的是缺乏一

---

*　原載《中國學術》，2005 年第 5 期。

篇描述朝陽法學院的文章，因為近代中國法律教育中「北朝陽，南東吳」的說法體現的不僅僅是法律教育在地理上的差異，而且體現了兩種不同的法律教育模式，即朝陽法學院採取的是大陸法系的教育模式，而東吳法學院採取的是英美法系的法律教育模式。

一

　　史學研究對歷史的書寫從來不是對「歷史真相」的簡單再現，其中肯定包含了對歷史的理解、解釋乃至於必要的取捨。因此，在三篇論文中，我們發現不僅是中國法律教育發展的歷史線索，而且還包括他們看待這種歷史的不同方式和視角，其中體現出不同的學術傳統和理論範式等等。比如「張文」更多地體現了傳統歷史學家的風格，即對材料的詳盡佔有和細緻分析，儘可能展現事實而不作過多的評論。「康文」則提供了一個理論範式，明確地將東吳法學院的法律教育放在中西文化的背景下來理解，將東吳法學院看作是近代西方法律文化對中國產生巨大影響的一個案例。而「方文」則將法律教育與法律職業的專業化聯繫在一起，將法律教育放在法律職業化與大眾化（或者說「黨化」）的衝突的理論框架下，描述了法律教育近代以來的發展，尤其是在 50 年代以來的突變以及由此導致的法律教育體制演變，從今天的眼光看，這種制度的弊端也越來越明顯。

　　由於「方文」所討論的問題（新中國的法律教育）和所採用的理論框架（法律教育與法律職業之關係）與當代中國法律教育現實密切相關，以至於「方文」實際上構成了《中國法律教育之路》一書的軸心。所有後面其他針對現實或者針對政策的論文都是在新中國法律教育的歷

史基礎上和法律教育和法律職業的理論框架中展開的。比如蘇力的「法學本科教育的研究和思考」強調的法律教育中培養學生「解決問題的能力」，「強化職業訓練」，王健的「中國的 J.D. ——評『法律專業碩士學位教育』」一文直接針對中國引進美國法律職業教育的 J.D. 學位所面臨的問題。賀衛方的「法律教育散論」明確提出將「大學法學教育」與「法律職業訓練」區分開來，建立直接針對法律職業培訓的「司法研修」制度。

但是，在法律教育與法律職業這樣的思路或理論框架中，我們依然不能解釋法律教育在中國所發生的重大變遷。在「康文」和「方文」中，這種變遷仿佛來自法律教育之外的力量，比如西方世界與中國的撞擊或者共產黨組織採取的全面監管法律教育的制度等等。正是在這種理論框架的解釋中，我們喪失了對法律教育本身的獨特性或者說法律知識本身的獨特性的關注，因為法律教育與其他的政治經濟文化現象一樣，在近代中國經歷了同樣的從中西撞擊到共產主義中國的全面勝利。正是這種「整體化」的理解，使我們喪失了對現代性在中國展開過程中的複雜性的敏感，即法律現代化未必遵循經濟現代化或政治現代化的邏輯，它應該有法律自身的獨特邏輯。這就需要我們從法律教育本身的獨特性出發，來重新理解法律教育在中國歷史上的展開以及未來發展的走向。

二

對於社會行動者個人而言，教育僅僅是一種增加人力資本（human capital）的手段。但是，資本的收益依賴於相應的市場的存在。因此，

人力資本僅僅是資源的積累，這種資源要轉化成帶來收益的資本，必須要獲得社會制度的認可。這正是社會學家 Gouldner 對強調「人力資本」的經濟學家的批評。正是在教育作為知識資源的積累向一種人力資本甚至文化資本的轉化的制度性中介那裏，我們看到了扭結在法律教育上的國家與社會關係的祕密，即國家通過控制這種資本轉化的機制，從而改變、引導和控制着人們積累人力資本的方向，從而使法律教育本身展現出不同的面貌。正是在國家與社會爭奪人力資本的控制權的過程中，我們才能真正理解法律教育在中國進展。

就中國古代而言，國家通過控制科舉制度安排、引導着人們積累人力資本的方向，因此，四書五經成為教育的核心內容。法律教育在清代的興起與 18 世紀以來的人口壓力有着密切的關係，正是人口的迅速增加導致官員與治下人口之間的比例增大，在國家正式官僚機構不做大規模擴張的情況下，官員如何應對越來越增加的訴訟糾紛就成為一個必須面對的難題。而國家的司法事務增加必然對法律知識的運用、傳播乃至法律教育提出新的要求。然而，國家正式制度中並沒有提供相應的法律制度和知識的供給，法律教育在當時並沒有進入正式的制度，以至於法律制度和知識的供給只能以非正式制度的方式來提供。因此，國家雖然沒有正式的法律教育，但社會上必然興起非正式的法律教育，那就是民間訟師採取師徒制的受業模式開始興起（參見「張文」）。在這種背景下，晚清的官吏體制使得處理稅收、司法等方面的人員都屬於國家正式官吏的私人僱用的人員，他們是通過這種非正式的關係網絡發展起來的，我們在費正清、張仲禮、瞿同祖、歐中坦和黃宗智等人的相關研究中充分地看到這一點。

晚清的新式學堂的發展與科舉制度的衰落與廢除有着極大的關

係，而法政學堂的興起與盛行就在於它被看作是科舉制度的代替品，看作是人們步入政治領域的最佳門徑。這時，我們發現國家與社會關係的一個重大轉折。在此以前，教育基本上屬於社會自由處置的自治領域，國家通過對科舉制度的安排控制和指導者民間教育的方向。但是，晚清以來，隨着國家政權建設（state-making）的發展，國家不斷地將權力的觸角深入到社會領域，教育成為國家直接控制的核心。因此，從晚清法律改革以來，國家壟斷着法律教育，嚴禁私人設立法律學堂，明清以來訟師非正式的師徒授業模式遭受重大打擊。民國初年經過短暫的私人辦學，但國民政府最終壟斷了法律教育，排斥私立法律教育（參見「康文」、「方文」）。

正是在這樣背景下，我們才能理解東吳法學院的短暫繁榮。從某種意義上講，東吳法學院進行的人力資本投資的轉化機制並不依賴晚清政府或民國政府，而是依賴上海租借地內的法律制度。當時在不平等條約下的上海租借地無疑是一個獨立王國，它的法律制度是西方的法律制度，尤其是英美法律制度。因此，東吳法學院的教育模式也是普通法的教育模式，當時確實養育了一批學貫中西的法學家，比如吳經雄等。但是，我們也發現，東吳法學院的學生很少從政，大多數在上海、廣東、南洋等地從事外商買辦經濟的商務法律活動，也只有在這些地方，他們的法律知識的積累才能轉化為人力資本。因此，儘管東吳大學院的繁榮給中國法律教育增添了光彩奪目的一筆，但是它高度依賴殖民主義的經濟政治體系和司法制度，隨着西方殖民體系在中國的終結，其衰落是注定的。1950 年代中國法律教育的變化乃至取消法律教育，同樣與國家對人力資本投資方向的控制是分不開的。由於新中國成立之後，法律制度的首要任務就是包圍新生的人民共和國。這對法律職業的

政治忠誠提出格外的要求。而在政治敵我依賴階級身份劃分的時代，家庭出身、政治覺悟取代了專業法律知識，成為從事政法中最重要的人力資本，同樣政治教育的意義也遠遠超過法律專業知識的教育。

如果用布迪厄（Bourdiue）的話來說，晚清以前存在着一個國家控制的科舉場域和民間控制的教育場域，晚清以來推行的國家政權建設過程使得國家逐步吞併了民間的教育場域，從而導致國家對人力資本積累的壟斷。那麼，為什麼晚清以來國家要吞併民間的教育場域？原因就在於科舉的衰落導致了原來同質的儒家知識分子的衰落，取而代之的是異質的知識分子，包括體制內、體制外和反體制的知識分子。與此同時，西學的引入使得知識本身具備了一種理性的獨立的批判力量，尤其是報刊、雜誌的出現和公共領域的興起，使得理性批判的知識本身具有了獨立的價值。也就是說，知識積累本身可以不通過考試制度而轉化為資本，因為「批判性話語文化」本身成為一種獨立的不同於人力資本的文化資本。由此在這種背景下，國家控制的不僅僅是引導知識向人力資本的轉化機制（比如考試、言論等等），更主要的是控制知識生產（教育）本身，使得「批判性話語文化」轉變為合乎意識形態的文化，從而將知識分子納入到體制中，使其構成剝削階級中「地位較低的合夥人」。由此，我們可以理解 20 世紀 50 年代以來人民大學的顯赫地位和蘇聯法律教育的引入（參見「方文」），全方位的教育體制改革以及後來的知識分子改造運動，使大學成為生產意識形態和知識分子體制化的場所。

可見，只有在國家與社會爭奪人力資本積累的背景上，我們才能夠理解法律教育如何在當前成為社會生活的重要話題，法律知識如何取代傳統的人文知識成為大學教育中的人力資本的重要組成部分。也只有

在這樣的理論框架中，我們才可以理解為什麼法律教育的改革成為當前法律教育的重要話題，實際上這種改革都是圍繞人力資本的不同積累方式展開的，只有理解國家與社會關係在當代中國的轉型，我們才能理解法律教育中的職業化努力。如此來看，《中國法律教育之路》一書中那些政策性很強的論文不僅對法律教育的現實具有重要政策性影響，它也成為當代中國社會轉型的歷史見證。

變遷時代的法律教育[*]：
面向法律碩士的教學體悟

一

從 2002 年北大法學院招收第一屆法律碩士研究生開始，我就一直給法律碩士上課，主要是上兩門課：《法理學》和《法學經典著作選讀》。在這過程中，我一直在探索上課的內容和上課的方法。此前，我給本科生上過課，也給碩士研究生上過課。背景不同，培養的目標不同，上課的風格也自然有所不同。

在給法律碩士學生上課的過程中，我發現這些學生普遍有兩個特徵：一是雖然已完成了本科教育，且來自不同的專業，但知識面相當狹

---

[*] 2005 年 1 月在北京大學深圳研究生院撰寫的教學經驗交流材料。附記：北京大學深圳研究生院是北京大學與深圳市政府合作在深圳創辦的產學研一體化的教學科研機構。從 2002 年開始，北京大學法學院招收的法律碩士學生中有一半學生集中深圳研究生院上學，一開始在深圳學習一年半，後來改為一年，直到 2008 年全部撤回北京燕園本部上課。我從 2002 年開始就一直在深圳上課並負責處理相關行政事務。這個小結反映最初幾年在深圳研究生院教學工作中遇到的問題和思考，後來這些問題慢慢就在實踐中得到解決。由於這些課程採取經典閱讀、大班授課和小班討論的通識教育模式，需要學生投入很大的時間和精力，以至於有同學戲稱法學院第一年進入了「法理學院」。

窄，閱讀量更是少得可憐，尤其對人文學科和社會科學的知識等缺乏起碼的了解。且不說理工科學生，他們做慣了實驗，習慣於計算，對於法律教育作為文科訓練所要求的閱讀、概念理解和記憶以及書寫訓練等心懷恐懼。然而，讓我驚訝的是那些文科專業學生。比如本科學經濟學的同學，竟然對科斯定理或新制度經濟學了無所知；學社會學專業的同學竟然沒有讀過費孝通的《江村經濟》；學國際政治的甚至不知道基辛格的《大外交》，更不用說閱讀《波羅奔尼撒戰爭史》了。至於政治學和行政管理學，對主權或民族國家之類的概念和理論，也缺乏系統地了解。這當然有一些具體的原因，比如說有不少通過考試入學的學生，往往為了準備法律碩士考試在大學二年學開始就自學法律，反而把本專業的課程荒廢了。也因為如此，我們的法律碩士招生不斷擴大保送名額，而且主要向一類大學開放。但即便在那些保送的學生中，情況也不樂觀。從我上課的經驗看，大學本科教育可以說非常失敗，既沒有通識教育所培養的視野，也沒有專業教育所要求的深度。

二是雖然年紀輕輕，已經喪失了智力挑戰和追求新知的動力，心智過早地進入成年甚至老年狀態。學生學習的目的或人生目標很低，很實用，僅僅要找一份比較好的工作，而所謂「好」的標準也只有金錢。因此，他們對有益於心智的思想或知識缺乏天然的興趣，恨不得今天學到的東西明天就可以用來賺錢。我記得前幾屆的一些學生對個別老師的講課很不滿，理由是他們聽不懂，課堂上老師講授的理論太多，對於他們的司法考試沒有幫助。他們甚至提出老師應當給他們進行司法考試輔導。當時，同學中甚至出現了法律碩士教育究竟要不要和司法考試輔導掛鈎的爭論。雖然這個問題很快就過去了，但足以說明法律職業對法律教育的衝擊，而且學生可以名正言順地說：他們交了錢，就要購買他們

想要的教育。

由於他們中的大多數想要的東西非常「低」，這使得法律碩士教育變得無所適從。究竟是從「高」的目標上來引導、培養和教育呢，還是在「低」的目標上滿足他們眼前最迫切的要求呢？這些年來，我們的法律碩士教育不斷調整，包括開設大量的實務課程以及細分專業方向，都是出於職業化的壓力。尤其每年上半學年，學生為了應付 9 月份司法考試，法學院不得不將學生逃課正常化，甚至在 8 月份一開學乾脆停課，等到司法考試結束之後才開始上課。結果三年法律碩士教育，變成第一年上課，第二年應付司法考試，第三年實習找工作的格局。國家的司法政策一方面強調法律的專業化，可自相矛盾的是，另一方面卻允許非法律專業本科學歷參加司法考試。這嚴重地干擾了正常的法律教育，違背了法律教育的基本規律。令人驚訝的是，在這漫長的七年中，各大學的法律教育機構保持了不正常的沉默，除了私下的抱怨，沒有哪一個法學院向司法部提出改革建議。

這種狀況近年來略有所改善，但並沒有根本性的突破。也由於這個原因，法學院的老師們大多數更偏愛本科生，因為他們心氣很高，尤其在北大更有一種天然的衝動去追求最高、最好的東西，這種衝動給了教育最好的土壤，使得老師願意將自己認為最有價值的東西傳授給他們。這些東西對他們未來職業不一定有幫助，但卻奠定了他們基本的人生品質。其實，正是這些追求卓越而不流於低俗的品質，使得他們與其他院校的學生區別開來。所以，在法律碩士學生中，流傳中「一北」「二北」和「三北」區分，分別指本科、碩士和博士三個階段中有幾個階段在北大度過，由此來區分學生心智和品性的高低。

然而，無論「一北」，還是「二北」，當北大學生被看成是精英，

而且法學院的學生被看成是精英中的精英，我面對這些法律碩士的學生，只能感到更加心虛。可是，想一想，如果北大法學院的學生都是這個樣子，其他院校的學生，尤其全國如此龐大規模的法律碩士研究生，是什麼樣子呢？我班上有一個學生，他愛人在另一個著名高校讀法律碩士，可她大多數時間在深圳的公司裏實習，因為他們學校一年就把課程學完了，剩下的就是自己實習找工作。而我了解很多院校的法律碩士，基本上處於放任狀態。這些年法律碩士專業教育的繁榮景象背後，其實是一片可怕的荒涼。國家、學校和學生通過司法考試這個環節將各自的利益糾纏在一起，國家通過司法考試調控着法律精英的利益分配，由此將眾多試圖從事法律職業的人員引導到學校，而學校在經濟利益的驅動下，催生了法律碩士這個專業並迅速擴招，而法律碩士學生面對職業壓力又在改變着法律教育，降低法律教育的品質。在這樣一個複雜的關係中，三方都被金錢套牢了，形成了法律市場利潤的初始分配格局。而在三方共同合謀追逐金錢必然推動法律教育向職業培訓發展的趨向。這種法律教育繁榮的背後，難以掩飾精神上空虛、蒼白和無力，情感上低俗、虛華和單薄。這其實是我們這個時代的普遍病症。

然而，讓我欣慰的是，在深圳的艱苦歲月中，我們的法律教育無論課程設置、教師配備和教學管理，還是教師上課、論文指導，無疑是最認真，最嚴謹、最嚴格的。這不僅是由於法學院強大的師資力量，而且是由於北大的傳統使得我們每個教師對教育有着特別的理解，對教師的職業倫理也有着特別的要求。比如著名的刑法學家儲懷植老師，在深圳最初的創業歲月中，一呆就是整整半年。而在教學的過程中，我們的老師並沒有因為法律碩士的本科教育基礎差而降低要求，而是按照碩士研究生的標準來嚴格培養。比如鄧峰老師差不多把法律經濟學的最前沿

的理論帶入課堂。凌斌老師因為高強度的閱讀引發了學生的爭議。張雙根老師嚴格的德國法訓練使學生覺得法律課變成了邏輯課。他們都是法學院的年輕教師，更不用說其他中青年教師以及諸多法學名家的授課了。

從學生反饋的情況看，越來越多的學生開始喜歡上這樣的課程，儘管他們並不一定能完全理解這些理論。這首先歸功於法律碩士招生制度的變化，尤其加大保送力度和面試成績的比例之後，學生的素質明顯提高。這讓我感到很欣慰，我相信，追求卓越美好是人的自然天性，問題在於我們是否願意、是否有能力、是否有機緣引導他們追求這種美好。這種理論訓練的意義在於為他們理解社會與人生提供了新的鑰匙，而不僅僅是有益於他們未來的職業生涯。

二

這些年，我一直在思考什麼是教育。在一個開始被金錢敗壞的時代中，課堂究竟意味着什麼。「師者，傳道，授業，解惑也」，這一直是我們做老師的箴言。可在金錢主導的商業社會中，在價值觀念急速變遷的社會中，在面向法律職業的法律碩士教育中，我們傳的是怎樣的「道」？究竟是讓學生如何順應商業社會，還是儘可能給他們築起抵禦商業社會的堡壘？我們的法律教育無疑要培養學生的職業技巧，讓他們在這個商業社會中謀生。我們強調法律教育的職業特徵，也源於此。學生們認為他們掏了錢，就是要學到能夠賺錢的本領，也是源於此。但這只能算作是「法律之術」，而非「法律之道」。如果我們的法律教育以「法律之術」為目標，我們的法學院和司考培訓班或職業訓練所有什麼

不同呢？我們作為「老師」與職業場上「師傅」或「老闆」有什麼不同呢？然而，讓我們驚訝的是，在大學，甚至在文科領域，一些「老師」也漸漸變成了「老闆」，他們影響學生的也許不再是知識、心靈世界和精神氣質，而是課題、項目、發表、出國之類影響學生未來的工作、職業之類的東西。

我相信，所有老師都希望贏得學生發自內心的尊敬，而不是獲得學生的畏懼。老師與學生的關係應當是來自心靈深處的情誼，而不是圍繞職業生涯形成的潛在利益交換。這意味着我們必須在知識、心靈和精神上給予學生更多的東西，而不是僅僅讓學生找到一份容易賺錢的工作。我們必須傳授「法律之道」，而不僅僅是「法律之術」。在此，我認為，我們必須將法學院與法院和律師事務所區分開來。法律職業的技能不應當在法學院來學習，而應當在律師事務所和法院跟着「師傅」來學習，這也是法學院學生「實習」的真實含義。法學院毫無疑問應當是「大學」的一部分，它應當向文學院、社會科學院、經濟學院看齊，而不應當向律師事務所或法院看齊。我們法學院的教師是大學的有機組成部分，應當與其他領域的教師在一起探討學問之道、教育之道，而不能在大學中成為一個封閉的孤島，熱衷於與律師、法官、當事人混在觥籌交錯的酒桌上。因此，法學院的教授應當思考的是自己的研究對其他學科或專業有怎樣的智力貢獻，無論是思想理論，還是研究方法，而不是僅僅從其他學科能力批發販賣相關理論、概念和方法，然後滿足於在法律職業的小圈子中成為某個專家。而「大學」之所以稱之為「大學」，而非「職業學校」，就在於大學必須承載知識、心靈和精神這樣的東西，使其成為抵制商業社會和大眾民主的堡壘，使得我們能夠在急速變遷的社會中思考並把握着永恆不變的東西。在現代商業社會和大眾民主

的汪洋大海中，大學就要像島嶼一樣堅定地挺立，哪怕是座孤島，也絕不能像小船那樣隨波逐流，或被打翻在大海中。而老師就應當像這孤島上的燈塔一樣，持久地照亮人心，使人們在商業社會中保持清澈的心靈，保持積極向上的人生動力，保持高貴而偉大的追求。而這樣的人生動力絕不是「法律之術」所能承載的，而必須是「法律之道」。

那麼，什麼是「法律之道」呢？這無疑是一個「仁者見仁，智者見智」的問題，在我們這個時代，不少人把「法律之術」當成「法律之道」來傳授，以為「法律之道」就是法律概念和法律推理，把自由、權利、法治當作「法律之道」的根本教義，形成了「權利原教旨主義」或「法治原教旨主義」的思考方式。但是，法律、自由、權利、法治無疑是一套工具性的概念，我們要法律或法治，不過是要過上有秩序地生活，而不是無秩序的戰爭狀態，我們要自由，要權利，無非是要追求好的生活，而不是惡劣的生活，墮落的生活，不是處於無所適從的虛無狀態乃至墮入無政府主義的狀態。由此，「法律之道」一定超越於法律，成為法律追求的目標，成為衡量法律善惡的準繩。這樣的東西又是什麼呢？

因此，我們不能不承認，「法律之道」首先就是法律自身的批判，對法律工具主義及其所包含的工具理性的批判，其中自然包含對法治的批判乃至現代性的批判。我們必須理解，法律既是一種解放的工具，但也是一種壓迫性的工具。當我們看到劉燕文這樣的普通公民受到法律的保護時，也要看到法律給「秋菊」這樣的下層小人物的人生所帶來的困惑。當我們看到法律能夠保護公民的利益時，也要看到法律是如何被金錢、權力所操縱的。而我們所學的「法律之術」，往往變成掩蓋了這種操縱的正當藉口，生產出貌似客觀的公正，內心中其實認同「法律是強

者的利益」，即法律人所追求的乃是「正義之名」，而並不真正關係「正義之實」。這意味着我們法律人，處在金錢和權力的漩渦中，也能「出淤泥而不染」，有能力反思並批判這個世界，而不能簡單地變成金錢和權力構築的現代法治機器上的螺絲釘。

當然，我們必須認識到，這樣的批判不是讓我們試圖顛覆現代法治的機器。相反，這種批判旨在讓我們超越法條主義，超越法律，超越法治，而關注法律和法治鑲嵌在其中的更為廣闊的社會活動領域，包括國家與社會，歷史與人生。在這樣的背景上思考個人的命運和民族的命運，以至於我們雖然生活在現代法治的統治下，但依然能夠保有鮮活的生命。

在這些年的法律教育中，我一直給新生推薦卡夫卡的小說和描寫美國法學院學生生活的電影 Legally Blonde。在我看來，這恰恰是批判現代法律的兩條不同的道路。前者如同美國的批判法學道路那樣，給我們描繪了一幅法治壓迫下的陰鬱圖景，但後者試圖給我們指出了出路，即法律不僅僅是理性，而且一刻也離不開激情，這激情就包括對普通大眾的關愛以及對日常生活經驗本身的熱愛。正如霍姆斯大法官所言，「法律的生命不是邏輯，而是經驗」。如果說邏輯、理性是可以通過「法律之術」的訓練完成的，那麼激情的培育、愛心的擴展和經驗的積累必須引導學生閱讀社會和人生這本大書，因此文學與歷史、社會科學與政治哲學理應成為法學院的學生必須接受的教育。這樣他們不僅能體會歷史，洞悉人生，而且能認識現代社會的變化，主動地把握變化本身，並在變化中領悟不變的東西。

嚴格來講，這樣的教育顯然無法在法學院獨立完成。我們必須面對法律教育專業化和職業化的特徵，這樣的教育應當在大學本科的通識

教育中完成。但這並不意味着法律教育的職業化和技術化一定與通識教育變成相互隔離的兩種不同教育。相反，在我看來，法律教育的職業化和技術化恰恰是對通識教育的深化。我們必須把通識教育的思路貫穿到法律教育中。這首先就要強化通過法律對社會、經濟和政治的認識，在法律技術的運用背後包含着对政治、社會和經濟的總體把握。一句話，沒有自足的法律科學，法律必須放在政治、經濟、社會和文化之中才能理解，也沒有自足的法律教義學，法律教義指向的是法律在社會文化中的價值、功能和利益平衡。因此，法律人不僅要掌握法律技術，更應當具備清醒的政治意識。這意味着法律教育中必須拋棄充滿職業意識形態的「法律人的法理學」，而必須將「立法者的法理學」貫穿法律教育的始終。

這些年，我一直講授法學經典原著選讀課，甚至把美國憲法判例作為法學經典文獻引導學生閱讀。學生們稱這門課為「政治課」，這就對了。與大學生對「政治課」普遍存在的偏見和厭惡不同，我恰恰要把這門課變成「政治課」，讓他們理解真正的政治課是什麼樣子。對這些案例的分析和閱讀，不僅在於培養學生的邏輯推理能力和法律解釋技術，也就說培養法律人的「技藝理性」，更重要的是，通過每個案例的閱讀和分析，讓學生明白這些法律技術的運用是為了解決怎樣的政治難題。而在美國特殊的制度設置中，這樣的政治難題不僅由國會、總統來解決，而且也會由最高法院來解決。而美國最高法院必須理解為「政治的法院」，才能理解這些判例的意義。既然是「政治的法院」，我們必須明瞭每個案件糾纏着怎樣的政治難題，可能是種族的、階級的或文化意識形態的，而這樣的政治難題形成了聯邦黨與反聯邦黨、自由派和保守派之間的永恆的政治分歧。在對這些政治難題的理解中，我們必須

在文明意義上領悟美國政治面臨最大的難題。不是簡單地欣賞這些案件的精彩，而是領悟美國文明中「最深層的痛」。只有在這種文明的深度上，我們的法律人才能反過來理解中國政治社會文化生活中面臨的深層的痛。「政者正也」，真正的政治課程就是讓同學們學會在面對真實的國家政治法律問題來思考何「正」，何為「不正」。

這些年的教學過程，既是「教」，也是「學」。在我們還沒有形成自己的法學教育傳統的背景下，一切都要靠自己不斷摸索，不斷總結經驗。如果說我的教學有所成就和心得，那這點成就得益於與同事們就法律教育展開的不同討論，得益於學生們在課上、課下的不斷挑戰。這是與同事們的共同努力，才使我們能夠面對不斷變化的一代又一代新生。我們共同構成了大學，共同構築了大學精神，大學的精神和光亮正是通過教育播種在每個學生的心上。當他們畢業之後走向社會，面對社會的複雜、社會的艱辛和人心的險惡，在經歷磨難之後依然能夠保留這點精神的光亮，哪怕只剩下螢火蟲的光亮。這就是大學的意義，也是我們做老師的意義。

法學教育的改革 *

核心期刊與代表作

目前的考核評價就是發論文，由此期刊主宰着研究的方向。但不同的期刊決定了不同的學術方向，按照目前諸多核心期刊的學術標準，那不是鼓勵學術，而是摧毀學術。因此，不應該由期刊決定學術，而應該讓學術引導期刊。我同意大家的建議，我們法學院應該按照自己的學術標準來確定自己的核心期刊標準，樹立我們自己的「北大標準」，從而建構起真正的學術共同體。如果從這個角度看，應當將很多高質量的「以書代刊」的期刊也算作核心期刊。之所以出現這樣的期刊，恰恰是因為建制控制的期刊不能滿足學者對學術研究要求，尤其長篇的、有大量學術註釋的論文往往不能在正式期刊上發表。如果我們連學者自己按照學術標準創辦的刊物都不承認，完全屈從現在的核心期刊認定標準，尤其是以刊號為門檻的低級標準，那顯然沒有區分學術與非學術的標準。這些期刊可能政府不認，在學院獎金裏都不算，但至少在教授評定的時候可以把這些刊物考慮進去。我以前做過《北大法律評

* 2010 年 3 月在北大法學院組織的座談會上的發言。

論》，一開始很好，但後來因為被排除在核刊之外，《評論》就面臨稿源的壓力。因此，應當有一些靈活性的政策，尤其是法學院的很多虛體機構都創辦自己的「以書代刊物」的同仁刊物。

與期刊相關的就是論文。目前，我們完全按照論文的數量來確定學術優劣，導致學術研究變成計件工資，其結果必然是粗製濫造，發很多論文但缺乏真知灼見。如果按照這種數量化的考核標準，我們怎麼能夠出現類似科斯這樣的大學者呢？我們的學術不可能有真正的創造。因此，我建議採取代表作制度，即在滿足最低數量標準的同時，應該鼓勵提高學術研究的質量。每個老師在評副教授的時候，應該要求提交 3-5 篇代表作，我們要考核的是代表作的學術質量，評教授應該要求有代表性的學術專著，鼓勵在某個問題上展開系統深入的研究，而不能僅僅是目前的論文集或教材。目前，甚至一本書和一篇報刊文章一樣，都屬於一件產品，這樣的計件工資導致目前法學研究熱衷於搞學術寫作的工程學，即把一本書的內容分拆為很多論文，先發表論文然後結集出版。本來能够用一篇文章完成內容，却硬要分拆成多篇論文，導致「論文注水」非常嚴重。為了推行代表作制度，我建議我們的《中外法學》專門開闢一個專欄，由每個領域中的資深學者撰寫相關研究領域的研究綜述，從而將這些有學術貢獻的「經典論文」從眾多的論文中識別出來，從而指出一個學者在研究領域中做出怎樣的貢獻。這就意味着我們要關注學術史的研究，不是簡單研究國外的法學家，也應當研究中國法學研究的思想學術創見。如果沒有這樣的專業、公正的識別辦法，我們面臨不同的專業，很難對代表作本身的學術貢獻做出客觀公正的評價。這種學術史的研究作展開的文獻綜述也引導學者在已經展開的學術脈絡和傳統中有所創新和貢獻，從而建立我們中國自己的法學研究傳統。

新形勢下的法學學科調整

回顧過去三十年的法學發展思路，主要有兩個特徵：其一是從傳統學科思路走向越來越專業化的思路，而且越來越細緻，其二是面對公檢法的教育，滿足於培養法律職業人才。但是，目前我們面臨着兩個方面的挑戰：

一是中國進入了一個全新時代，社會面臨全新的問題，需要法學領域做出自己的研究和貢獻。比如最近政府提出關於未來社會治理體系的創新問題，其中許多問題我們目前的法學研究根本做不了。比如流動人口問題、戶口的問題，維持穩定等等。除此之外，目前國家面臨的醫療體制改革、低碳經濟問題等，也都涉及到法律問題。我們的教學和科研還是集中在專業化傳統和註釋法學傳統中，對這些問題缺乏真正深入的理解和思考。而對上述問題的研究必須結合法學、政治學、社會學、經濟學、人類學、傳播學乃至社會心理學的內容。換句話說，我們的專業傳統和註釋法學傳統無法面對社會提出的新挑戰。無論經濟問題、財政問題、稅收問題、人口問題、家庭問題、政治問題、文化價值問題，我們法律人要麼完全迴避不去回應，要麼就按照法定原則、程序原則、比例原則之類的話語來搪塞，要麼就淪入流俗的自由民主的「公知」話語。而要真正回應這些問題，需要我們法學研究和法律教育重塑自己的知識結構。

二是我們法學院的學生大規模參加公務員考試，進入政府，從事管理工作。政府管理工作和公檢法的司法工作無論在性質還是在思維上都很不同，法學院所傳授的法條主義和法律解釋技術在公共行政領域中基本上沒有用處。我們的法律教育訓練的思維模式是以法庭訴訟的控

辯為中心，而地方政治和行政管理中需要的不是辯論式的理性思維模式，而是如何解決問題的綜合思維方式，其中交往合作的實踐理性和我們所說的情商非常重要。這意味着我們的教學應作出適當調整，增加社會學、經濟學以及公共行政和管理學方面的課程。

面對上述兩方面的挑戰，哪個法學院抓住這個機遇，就能在未來的發展中搶佔先機。不過，眼望全國，也只有我們北大法學院才有可能承擔這個使命，因此，我建議法學院對未來的學科佈局和課程進行重新整合，改變目前越來越專業化的取向，通過一些切實的制度來鼓勵跨學科合作發展，促進法學院內部的資源互補和整合提高，並促進法學院與整個人文社會科學的外部合作，圍繞「大學」形成更大的法學院。

法學研究：從個體戶轉向協作大生產

目前，大家都說現在教師待遇低，希望院裏去找資源。我們每個老師都可以找到錢，但基本上是小錢，只有實現學術資源整合，研究一些開創性問題，我們才可以在學院層面上去尋找新的資源。比如中國司法改革問題，談了這麼多年，還是盯着法院的改革，而沒有放到更大的範圍內，考慮整個政法體系和國家治理體制的改革。如果我們能有這樣一些規劃，做這樣一些選題，就可以爭取到大型的項目支持。因此，要改變目前每個老師自己做研究的個體戶時代，搭建一些新的平台，把我們的科研、教學在一個新的方向上進行整合，形成一種工業化的大生產合作。比如法理學、法律史、憲法和國際公法實際上在問題意識上具有很多的共同性，思考的都是國家秩序乃至全球秩序的根本問題，應該整合在一個研究平台上共同研究和授課，而不是目前專業壁壘森嚴。同

樣，行政法、經濟法、財稅法、競爭法、社會法、環境法、衛生法等等實際上處理的都是法律與公共政策問題，理應當圍繞國家公共政策在一個平台上展開政策和法律的對話和研究。這並不意味着我們扼殺個人自由，而是把個人自由引導到一個共同的方向上，從而相互對話、相互批評、相互配合，形成自己的法學傳統，而不是各自為政，各說各話，問題意識不同，理論範式不同，相互缺乏對話、批評和交流，尤其是每個專業都與某個外國的制度或者理論展開對話，而缺乏我們自己內部的相互對話，無法形成中國法學的共同問題意識和理論話題，其結果就是我們依然未能建構中國自己的法學理論和法學傳統。

法理學乃是卓越法律人的高級階梯 *：
從大學教育和法律傳統看如何學習法理學

　　今天要講的題目是如何學習法理學。因為是「開學第一課」，在座的不僅有選課的研究生，而且有很多本科生同學來旁聽，還有一些外校來的學生。我就想從大學教育、法律傳統和法律教育這個角度來談談我們在什麼樣的環境中學習、思考和研究法理學問題，由此我們可以理解大學、法學院與國家社會之間的內在關聯。

　　很多家長常問一個問題，孩子高考填報志願究竟是選大學，還是選專業。我的建議往往是本科階段首先選大學，而在研究生階段再選專業，就像在座的法律碩士研究生，本科是從不同的大學、不同的本科專業考進來的。這個建議不是策略性的，而是涉及到本科教育與研究生教育、通識教育與職業教育的不同。大家只有理解了這兩種教育理念及其服務目標，才能自覺地按照這兩種不同的教育模式和教育理念來規劃和開展你們的學習。因此，我想給大家講三個問題。其一大學教育問

*　2018 年 9 月 19 日課程講座內容。本文是筆者給法律碩士開設的《法理學》課程第一
　　講，附錄中的閱讀文獻為課程中閱讀的部分文獻，該講座屬於法學院組織的「入門講
　　座」系列的一部分。感謝吳敞余同學和徐靜秋同學整理講課錄音。

題，介紹大學教育的三種教育模式。其二中國大學教育面臨的問題，尤其全球化背景下中國大學教育模式如何走向通識教育與專業教育相結合的教育理念，以及這種教育目前面臨的問題。其三回到法律教育問題上來，我們必須清晰地意識到不同的法律傳統、政制文化傳統會形成不同的法律教育理念和教育模式，甚至對法理學這門學科的理解也有所不同。這就需要從當代中國的法治傳統和法律教育圖景中來理解我們的法理學課程。

一、大學教育的三種模式

一般說來，現代大學的興起都會追溯到 1088 年的意大利博倫納大學（University of Bologna）。但是，如果把大學理解為一種對高深學問的共同探究並由此形成的一種老師與學生之間進行思想文化傳承的教育模式，那麼大學教育很早就存在了。可以說，孔子收徒講學和蘇格拉底的雅典學園都是最早的大學。這實際上創造了大學教育的第一種模式，也是影響最為深遠的模式，我們可以稱之為古典教育模式，也就說我們今天所說的博雅教育（liberal education）和通識教育（general education）。

1、人格養成的博雅教育

孔子和蘇格拉底開創的博雅教育之所以重要，就在於讓人類思想第一次擺脫了神學束縛，通過人的理性來探索自然宇宙和人類社會的真理。如果說此前的教育家乃是巫師，傳播一套神秘的知識，那麼我們所理解的大學教育在其開端就包含着理性思考對神祕的體悟或啟示乃至

於可以看成是哲學對神學的批判。蘇格拉底所開闢的哲學是在主張「人是萬物尺度」的智者學派的基礎上發展起來，而孔子的哲學思想則是在對巫師學說的理性化改造基礎上完成的。由此，哲學思想不是通過神祕的啟示所獲得或傳承的，而是通過理性化的討論、辯駁、切磋、琢磨而完成的，而這個老師與學生之間慎思明辨的過程就是教育的過程。柏拉圖生動記錄的蘇格拉底與學生們的對話辯論被稱之為「蘇格拉底教學法」，而《論語》中也生動地記錄了孔子的教育理念和教學方法，比如我們所熟悉的「有教無類」「因材施教」以及「不憤不啟，不悱不發」等等。

孔子和蘇格拉底所創造的這種教育模式被稱為博雅教育，就在於教育的重點在於人格的養成。「博」乃是博學，就是強調獲取客觀理性知識的重要性，知識廣博，知曉萬事萬物，「雅」就是文雅，相對於「野」，要超越沒有文化的粗野、野蠻，即人類因為知曉世界真理並通過文字建構起一個人文世界而變得文明。西方人把這種博雅教育也稱之為「自由教育」（liberal education）。關於西方自由教育及其發展我在後面還要專門來講。這裏我們將這種教育模式做一個簡單的理解，就是強調要培養出不同於野蠻人的文明人。文、野之別也經常被看作是人與野獸的區別，整個人類文明就是在這個基礎上才發展和繁盛起來的。孔子的教育始終強調「君子」與「小人」區別，就在於指出「小人」很大程度上未能完全擺脫野蠻人或者動物追逐利益的本能，而「君子」則必須將自己的靈魂從野蠻狀態提升到更高的文明狀態，從而用哲學的引導重新建構心靈秩序。由此君子和小人的區別就在於前者的心靈秩序不僅要接受哲學的內在審查，諸如「慎獨」「正心」「誠意」「明德」等等，而且要受到外在禮制的嚴格規範約束，禮制的約束比法律的約束更為嚴

格要求。由此，教育就意味着對思想和靈魂的培養和塑造，用哲學思想來培育君子人格，從而把人從野蠻人提升為文明人，由此我們才能理解為什麼君子人格和士大夫精神始終構成中國人普遍的精神追求。

蘇格拉底哲學固然和孔子的思想不同，但用哲學來引導並塑造人的靈魂而言，二者對教育的理解完全一致。蘇格拉底的教育始終強調哲學家與智者的區別。我們常說的「哲學王」並不是說哲學家來當國王，而是強調唯有培養出「護衛者」人格，即理性在激情的協助下成功地馴服欲望，這樣的護衛者才有資格掌握公共權力。這樣的國王不會為了私欲而用公共權力謀私，而是一心一意為人民服務。比較之下，「智者」就是今天在西方議會中看到的形形色色的政客，滿嘴仁義道德、公共利益，而實際上都是為了謀取個人的私利。因此，「哲學家」與「智者」的區別就類似「君子」與「小人」的區別。因此，柏拉圖的《理想國》其實也是一本論教育的著作，對哲學家教育中有很多內容和孔子一樣，都強調如何養成君子人格。如果你讀完《理想國》再來讀孔子，就會意識到孔子所說的「小人」不是我們通常所理解的普通的「平民百姓」，而恰恰是類似「智者」，學習了很多知識但卻完全用來謀取私利。今天我們的大學中培養出來的「精緻的利己主義者」不就是孔子所說的「小人」。

我們之所以強調人類教育的博雅教育模式源於哲學對神學的批判，不僅希望大家理解哲學與神學的不同，還希望大家注意二者的連續性。這個連續性就在於神學給了一個神與人的二元維度，就是讓人意識到自身的動物性，具有不可遏制的動物本能，因此人是不完美的，而神則超越了人的動物性，臻於完美，因而是更高的存在。對神的信仰就是讓人摒棄自己的動物性而趨於完美的神性。在這個意

義上，人類文明實際上是從神學開始的，巫師乃是人類的第一個教育家。哲學的興起就在於用理性的方法來實現神學所追求目的，即通過哲學的教育來取代巫術的信仰來塑造完美的人格，這就意味着將神學所主張的完美神性通過博雅教育而內化到君子人格之中。唯有理解這一點，我們才能理解為什麼儒家而非法家在中國教育文化傳統中獲得了主導性的統治地位，儒釋道之所以互補就在於都着眼於通過塑造人的心靈秩序來完善人格。

如果說孔子開創的博雅教育模式是私學，那麼從漢代開始這種博雅教育就變成了官方體制化的儒學教育。漢代設立「太學」並由經學博士專門研究和講授儒學，唐代設立了「國子監」，專門負責儒學的研究、講授和傳播。我們今天將中國大學教育的起源訴諸京師大學堂和北京大學，其實是在西學東漸背景下西方中心主義的產物。實際上，與西方博雅教育因為漫長的中世紀神學形成的斷裂不同，中國的博雅教育從漢代以來就形成了一個連續的傳統，其中既有官學又有活躍的民間書院甚至包括大量的鄉村私塾。今天我們所說的「大學」和「博士」這些概念其實都是從漢代來的。

我們今天講博雅教育，海報宣傳中最喜歡用的是中世紀拉斐爾創作的著名油畫《雅典學院》。但這不是真實的歷史，而是文藝復興時代對古典歷史的想像。西方經歷了中世紀漫長的文化斷裂，希臘文明被毀滅到文藝復興經歷了上千年，甚至今天書本所講的希臘文明實際上是 19 世紀歐洲對自己歷史的重構。因此，西方體制性的大學只能從基督教秩序崩潰之後開始講起，但這種體制性的力量也不是像中國漢代那樣的國家體制，而是源於封建行會。羅馬帝國崩潰之後，歐洲陷入了碎片化的封建時代。教會的權力、君主的權力、封建領主的權力、商業的

權力、行會的權力相互交織在一起。「大學」的拉丁文 universitas 的原意就是「行會」「法團」和「公會」，就是一種同業行會組織。博倫納大學就是由一羣有志於研究新發現的古羅馬法律條文的學者自發組織研究而逐漸形成的，因此這所大學一開始就有法學、醫學和聖經解釋三個專業。這一點大家一定覺得奇怪，法律如此專業化和職業化的知識竟然在現代大學興起的時候就已經存在了。這一點我們在後面會進一步解釋。後來，1215 年的巴黎大學又增加了人文學科，從而形成了人文、法學、醫學和神學四個專業，這種格局被後來的西方大學所普遍效仿，從而將巴黎大學稱之為西方「大學之母」。

　　巴黎大學新增加的人文學院講授被西方稱之為「自由七藝」的內容：邏輯學、語法、修辭、數學、幾何、天文和音樂等。這可以看作是後來西方大學本科教育中「文理學院」（liberal Arts College）的起源。我們所熟悉的哈佛、耶魯、劍橋、牛津等這些西方著名大學都是綜合性大學，尤其以研究生教育見長，而我們忽略了西方最好的本科教育往往在一些小型的文理學院中。最近一些年，隨着通識教育理念在中國的推廣和大規模的本科留學，人們越來越熟悉這些著名的小型文理學院。比如美國的威廉姆斯學院（Williams College）、阿默斯特學院（Amherst College），英國的伊頓公學（Eton College）等。這些小型文理學院就採取我們上面所說的博雅教育模式。我們北大的元培學院也希望採取這種文理學院的博雅教育模式。中國歷史上的民間書院體系，比如著名的嶽麓書院等，其實也是這種博雅教育模式，只是講授的科目有所不同，這在很大程度上是對博雅教育背後的哲學理念的理解有所不同，這些內容我們後面還會討論。

　　我們現在來看幾張西方最知名的幾所大學照片，有巴黎大學、牛

津大學、劍橋大學、哈佛大學、耶魯大學和普林斯頓大學。你們發現這些校園的標誌性建築有什麼共同特徵？（同學回答：都類似於教堂建築）為什麼大學建得像教堂一樣，中國大學能不能建得像寺廟一樣？（同學回答：因為中世紀教會控制着知識傳播）。雖然我們常說黑暗的中世紀，但必須理解在中世紀的神學背景下，教會既是知識的倉儲地，也是知識的發源地，教育也因此是教會的天職。西方基督教在近代中國的傳播就通過醫院和學校兩個重要渠道，很多有名的大學、中學都是教會學校。直到今天，教會對西方教育有着非常大的影響力。對今天的大學來說，保留這樣的建築不僅在保護歷史文物，更在於保持大學的理念。這種哥特式建築風格實際上表達了教會的神學思想與大學背後的形而上學理念之間的共同性，即都將心靈向上提升到上帝或絕對真理的高度。在這個意義上，諸位進入大學就像進入教堂一樣，要以虔誠的心打開自己，擺脫各種成見，面向真理，忘記塵世的浮華而去追求美好的東西。這個美好的東西在教堂中就是上帝，在大學中就是科學，就是哲學，就是知識，就是真理。大學以探索真理為天職，能否營造探索真理的文化氛圍乃是衡量大學好壞的基本尺度。

如果說現代大學的教育理念是探索真理，這與我們一開始所說的博雅教育培養君子人格有什麼關係？19世紀的紐曼（John Newman）在《大學的理念》中一方面強調大學的宗旨是以知識為目的，但另一方面強調知識的目的在於培養一種貴族人格。但仔細思考，二者可能沒有關係，比如探索自然科學的真理與培養人格是兩回事。這就是盧梭所提出的問題，即科學技術的進步是否帶來道德的改善？而這個問題實際上突顯了現代大學的內在張力，從而將大學教育導向第二種模式，也就是德國洪堡模式，即以知識創新為目標的教育模式。

2、知識創新的綜合性大學教育模式

無論是古典的形而上學，還是歐洲中世紀的宗教，對絕對知識的追求始終包含着按照這種絕對知識的指導過好的生活，這就意味着絕對知識本身包含了某種價值上的自然正當性。絕對知識也因此是善的知識。然而，現代科學的興起對這種形而上學－神學的道德生活內容進行了「祛魅」，形成了所謂「事實」與「價值」的分離。這就導致面對客觀事實的科學理性「知識」與面向好的正當生活的「道德」分離。這自然帶來了大學教育中「知識」與「美德」之間的分裂。實際上，紐曼正是看到了啟蒙時代以來科學理性知識對神學及道德風俗的衝擊，所以力圖在《大學理念》中調和這兩種因素。然而，一旦知識脫離形而上學和神學引導，完全受到科學技術的驅使，那麼蘇格拉底曾經所說的「知識就是美德」的信條就被新的信條所取代。這就是培根確立的新的信條：「知識就是權力」。

在這個背景下，我們可以理解整個西方大學教育實際上嵌套在整個西方社會歷史的大轉型中，即在自然科學和理性主義的引導下，知識開始服務於科學技術的發展，服務於主權國家崛起以及全球競爭，服務於新型的國家治理。反過來說，正是歐洲國家的全球爭霸刺激着科學知識的不斷發展，不斷出現的社會問題和國家治理難題刺激着社會科學知識的產生和發展。在這種背景下，大學教育就需要從古典的服務於人格養成的博雅教育模式轉向探索服務於國家競爭和國家治理所需要各種客觀理性知識。歐洲大學也因此陷入危機，要麼恪守傳統的通識教育理念無法適應商業化、工業化時代對客觀知識的需要，這種需要不僅是自然科學知識，還有現代國家治理所需要的經濟學、社會學和政治學等社會

科學知識，要麼完全變成一種以職業技術和實用為目導向的培訓學校而忽略博雅教育的理念。正是在這種背景下，德國哲學家洪堡在柏林大學創立的新型教育模式，將博雅教育的理念與對知識的探索熔為一體的新型教育模式，這就是以知識創新為中心的綜合性大學模式。

眾所周知，蔡元培將德國的洪堡教育模式引入北京大學。北京大學是從京師大學堂發展起來的。如果我們看《京師大學堂章程》，就會發現京師大學堂的綱領是致力於「造就通才」的「全學」，特別強調「中國聖經垂訓，以倫常道德為先，外國學堂知育、體育之外，尤重德育，中外立教本有相同之理，今無論京外大小學堂於修身倫理一門視他學科更宜注意為培植人才之始基。」顯然，京師大學堂的目標就是博雅教育，強調修身為本。而蔡元培雖然強調教育對於人格養成的重要性，但其根本依然突出洪堡模式的知識探索，強調大學「為研究高深學問之地」。我們都熟悉蔡元培所提倡的「兼容並包，思想自由」的教育理念。但我們要注意，蔡元培引入的洪堡教育模式的自由理念與古典博雅教育中的自由理念是有所區別的。古典教育中的自由理念注重於道德人格的養成，而洪堡的自由教育理念更強調的不受任何外在約束、自由地探索科學真理、自由地創造思想等。這其實是啟蒙時代以來的自由理念。因為在科學理性的指導下，唯有心靈和思想的自由才能發現宇宙世界的祕密，才能創造出真正的科學知識。要知道當時歐洲強國的大學教育由於受到全球航海、貿易、工業化的現實影響來研究解決現實問題，政府對大學的要求和干預越來越突出，大學出現了技術化趨勢。然而，當時落後的德國沒有這些現實需求的推動力，洪堡恰恰反其道而行之，不是着眼於實用性知識和專業技術，而是着眼於純粹的科學研究。大學的自由理念就與純粹科學知識的探究聯繫在一起，追求知

識、探究學問也成為洪堡教育模式的核心。因此，洪堡教育模式強調的大學的學術自由和大學自治，就是強調學者根據自己的興趣自由探索真理，不能整天圍着商業或政府的實用目標轉，由此大學教育中的重心也就從博雅教育的蘇格拉底教學轉向了科研，強調教學和科研的相結合，興起了 senimar 這種共同探討的學術研究傾向的討論會，實驗教學方法也隨之興起。

洪堡所開創的這種研究型大學模式取得了舉世矚目的成效，尤其是基礎科學的飛速發展推動了技術創新和進步，以至於 19 世紀的歐洲科技創新中心也隨之轉移到了德國，科學技術的發展也推動了德國經濟崛起和思想文化的繁榮。因此，諸如美國、日本和中國等這些新興國家紛紛學習的洪堡教育模式，甚至連英國、法國這些擁有悠久教育傳統的老牌工業化國家也開始學習洪堡教育模式。由此，在歐美國家中形成了本科階段採取博雅教育模式，而研究生階段則全面學習洪堡教育模式。過去我們之所以推崇哈佛、耶魯、牛津、劍橋這些知名大學，其實都關注其研究生教育，看培養了多少科學家、思想家、諾貝爾獎獲得者和各個領域的學術大師等，這其實要歸功於學習洪堡教育模式。

3、全面專業化和職業化的蘇聯教育模式

如果說近代中國作為積貧積弱的半殖民地國家，採取洪堡研究型大學模式有利於通過對現代知識的探索、研究和創新來提升整個國家的知識水平、科技進步和治理能力，那麼我們就需要重新理解為什麼 1949 年之後的中國甚至廢除了洪堡教育模式，而採用蘇聯教育模式。一般說來，最流行的解釋就是按照政治的意識形態劃分，認為洪堡自由傳統與國民黨及其背後的美國自由主義傳統有關，而蘇聯教育模式與

共產黨的政治理念和計劃經濟模式有關。這個理解不無道理，但如果進一步思考就會發現，蘇聯教育模式不過是在洪堡教育模式強調的「知識」道路上繼續向前邁了一步，即對「知識」做出了更為細緻的專業化分工，從專業知識的自由探索轉向了專業知識的普及運用，從而將現代化、工業化國家所需要的「知識」分工通過教育完整地鑲嵌在後發達國家崛起戰略中。

我們可以設想一下，一個落後國家如何實現發展和崛起。若採取洪堡教育模式，那麼這個大學的自由理念必然要求與西方國家進行文化思想上的對接，可能在思想自由的基礎上培養出一些科學家和思想家，但這個國家無法實現完成工業化的任務，也不能完成從傳統國家向現代國家的轉型，因為這個國家的大學根本就沒有培養出工業化所需要的各種專業知識的人才，沒有培養出現代國家治理所需要的各行各業的人才。正是由於缺乏這樣的專業知識和專業人才，這些國家無法實現工業化和崛起，只能繼續作為西方的殖民地而依附於西方。這其實是拉美、非洲等後發達國家無法成果轉型的重要原因，其實也是近代中國的一個縮影。

然而，採取蘇聯教育模式就意味着這個國家從知識領域對自己進行了全面的佈局，基於專業分工的現代國家可以在每個專業領域都培養出所需要的專業人才。1952 年中國大學的院系調整學習蘇聯模式，將原來綜合性、研究性大學都分拆為各種專業性大學和專業學院，更重要的是將原來沿海口岸與西方進行知識接軌的綜合性大學進行專業分拆，併入內陸腹地進行重組，創辦了一系列內陸的大學。經過這樣的院系調整之後，大學的知識專業分工完全與國家的工業化戰略、國家治理的現代轉型以及沿海內陸空間平衡相匹配。比如經過院系調整後，工

業化的院系就有 39 種。我們熟悉的航天航空大學、鐵道學院、交通學院、石油學院、郵電學院、地質學院等等，幾乎每個工業化的專業部門就應對一個院校。再比如普通話教育，中國人天南地北的方言根本無法進行語言溝通，只能依賴文字溝通，這就是「書同文」的重要意義。然而，1950 年代我們通過遍佈全國的師範學院培訓中小學普通話老師，僅僅一代人時間就實現了普通話的推廣普及。我們站在今天的立場上，當然可以批評 1952 年的院系調整過分專業化和技術化，但如果歷史地看問題，不得不承認這場改革的直接效果就是從沿海到內地、從現代國民經濟的各個領域到現代國家治理的各個領域，每個細微領域都有相關的大學和專業院校提供了相應專業知識和專業人才。這就意味着中國可以擺脫在全球資本主義體系中處於殖民地狀態所形成的專業化分工的不利局面，為中國建立獨立的工業體系、國民經濟體系和國家治理體系提供專業知識的必要支撐。這種分門邊類的專業化知識的傳播和累積迅速推動了中國實現邁向了工業化、現代化的道路，也使得改革開放後中國迅速從沿海到內地實現了全面的發展和提升，並形成了進行所說「中國製造」。今天中美貿易戰，我們突然意識到中國擁有完整產業鏈的重要性，如果追問完整產業鏈的發端，那必然追溯到 1952 年的院系調整，每個產業、每個專業技術都培養出了人才，先擁有了各種產業知識和技術積累才能形成完整產業鏈，才出現了後發達國家的「彎道超車」。可以說，蘇聯教育模式在洪堡模式的基礎上向前邁出一大步，將「知識就是權力」的理念發展到了極致，這對於後發達國家的轉型和發展無疑具有重要的借鑒意義。

總而言之，中國歷史上既有與西方一樣的博雅教育模式，也學習了研究性大學的洪堡模式，更是全面複製了將專業化發展到極致就是蘇

聯模式。改革開放之後，我們走的道路就是從蘇聯模式返回到洪堡模式。一方面是專業合併、院系合併、大學合併，許多專業院校紛紛合併到綜合性大學中，另一方面是大學的重心從本科生轉向研究生，研究生教育迅速擴張，這就是 1990 年代開始強調的「研究性大學」，科研項目和論文發表的重要性遠遠超過教學。2003 年北京大學的教學改革就是以西方研究性大學的模式為藍本，圍繞知識生產形成一種可以量化考核的公司治理方式來確定教師的去留。然而，這些年我們教育教學改革又重新回到本科教育，強調博雅教育或通識教育，開始學習美國的博雅教育模式。可以說，改革開放四十年也是大學教育不斷改革的四十年，而這條改革就構成從蘇聯模式轉向洪堡模式這樣一個去專業化過程，然而又從強調知識教育轉向強調德性培養和個性自由的通識教育模式。今天這場教育教學改革依然在進行中，而要理解這場不斷引發爭論的教育教學改革就必須理解我們今天所面對的全球化挑戰。

二、全球化與中國大學教育改革

1. 全球化與資本主義體系

「全球化」這個概念是美國在後冷戰時期提出的，簡單說來就是全球每個地方都已經連為一體，人們意識到全球所有人是一個相互聯繫的共同存在。從這個角度看，地理大發現就是全球化的開端，中國人精英階層意識到全球化更多是從 1840 年開始。而對於每個普通人的生活體驗來看，全球化就是從 1990 年代甚至 2000 年之後才開始。互聯網形成的便捷的信息文化傳播、大規模的商業流動和人員往來，尤其出國留

學和旅遊不限於少數精英，普羅大眾也加入到這個浪潮中，甚至中國大媽的廣場舞都跳到國外了。那麼，全球不同的文明、不同的民族、不同的國家如何緊密聯繫在一起的？全球化究竟意味着什麼？馬克思在《共產黨宣言》給出了最為精闢的解釋：

「美洲的發現、繞過非洲的航行，給新興資產階級開闢了新天地。市場總是在擴大，需求總是在增加。蒸汽和機器引起了工業生產的革命……世界市場使商業、航海業和陸路交通得到了巨大發展。

……資產階級在它已經取得了統治的地方把一切封建的、宗法的和田園詩般的關係都破壞了。它無情地斬斷了把人們束縛與天然尊長的形形色色的封建羈絆，它使人和人之間除了赤裸裸的利害關係，除了冷酷無情的『現金交易』，就再也沒有任何別的聯繫了。它把宗教虔誠、騎士熱忱、小市民傷感這些情感的神聖發作，淹沒在利己主義打算的冰水之中。它把人的尊嚴變成了交換價值，用一種沒有良心的貿易自由代替了無數特許的和自力掙得的自由。總而言之，它用無恥的、直接的、露骨的剝削代替了由宗教幻想和政治幻想掩蓋着的剝削。

資產階級抹去了一切向來受人尊崇和令人敬畏的職業神聖光環。它把醫生、律師、教士、詩人和學者變成了它出錢招僱的僱傭勞動者。資產階級撕下了罩在家族關係上的溫情脈脈的面紗，把這種關係變成了純粹的金錢關係。資產階級……第一個證明了，人的活動能夠取得什麼樣的成就。它

創造了完全不同於埃及金字塔、羅馬水道和哥特式教堂的奇蹟；它完成了完全不同於民族大遷徙和十字軍東征的遠征。」

可見，「全球化」的真實含義就是將全球所有的國家、民族和個人捲入到資本主義經濟體系中，是資本主義體系將全球所有人聯繫在一起。那麼，資本主義究竟是什麼？這個問題有很多理論爭論，但最基本的理解就是資本無限的積累和擴張將世界上的一切存在都編織在資本的網絡中，一切具體的、有實質意義的事物都在資本體系中變成了抽象的存在，資本成為衡量世界萬物的尺度，由此成為一種「主義」。全球化乃是資本主義的產物。然而，資本主義抽象化的興起也伴隨着現代知識的興起，離開現代知識的支撐，資本主義一天也維持不下去。如果沒有抽象的貨幣規則和法律規則，就很難產生今天這種全球資本主義。可以說，現代知識體系就是圍繞如何理解、駕馭資本主義這個巨大的抽象機器展開的。這些現代知識的探尋、積累和傳播就在出現在大學中，以「知識」為目標的現代大學教育模式的興起與全球資本主義體系的形成緊密結合在一起。

西方興起並推動的資本主義全球化必然形成了西方對非西方的支配，這在表面看起來的船堅炮利的軍事征服、商業貿易和不平等條約，但其實質乃是在「知識」領域中的降維打擊，即傳統社會依賴的是宗教、道德以及相關的實用性知識體系，而現代社會依賴的科學技術以及科學化、理性化基礎上形成的現代知識的知識體系。地理大發現以來西方在全球的擴張實際上是這種新型的現代科學「知識」的擴張。由此引發「李約瑟之謎」，為什麼中國古代科技成就非凡但卻沒有催生工業革命？這和西方社會理論家追問為什麼中國未能出現資本主義一樣，其

重要原因就在於中國沒有出現現代的抽象化的科學知識和專門生產現代知識的大學。我們在 1840 年遭遇西方船堅炮利的打擊，並開始學習西方知識，而直到六十年之後才明白我們西方的差距乃是整個知識體系處在不同維度上，這就意味着必須系統、徹底地改造我們的知識體系，由此才有「新文化運動」，才有蔡元培引入洪堡教育模式。全球化帶來的不僅是商業競爭、軍事競爭，從本質上乃是知識的競爭、人才的競爭，由此變成了大學的競爭、教育制度競爭乃至體制和文明的競爭。

正是由於西方工業革命和船堅炮利的不斷打擊，中國人對現代科學知識的重要性有了刻骨銘心的記憶，新中國採用蘇聯教育模式就是全面向自然科學和工程技術知識傾斜，服務於工業化的戰略目標，形成了「學會數理化，走遍天下都不怕」的知識局面。改革開放後，我們重新融入到全球資本主義體系中，那就意味我們需要治理現代國家的知識以及駕馭全球資本主義體系的知識。由此，經濟學、社會學、法學、計算機、工程技術等這些現代治理知識甚至一度被看作是「顯學」。而在法學中，北大法學院向來重視帶「國際」字頭的專業，國際經濟法、國際金融法、國際商法等等都是最熱門的專業，這些專業知識直接涉及到如何治理全球資本主義經濟體系。全球資本主義經濟體系乃是基於規則治理的體系，這些法律知識之於全球資本主義經濟的運行就像軌道之於火車的運行。可以說，改革開放後我們的大學知識的轉型實際上服務於國家戰略的轉型，即我們要從一個工業化的國家轉向融入全球資本主義體系中的全面現代化的國家，我們今天講國家治理體系和治理能力現代化要是要從知識入手。由此，對於今天的中國大學而言，關於市場經濟的知識、關於法治的知識，關於全球商業貿易和金融體系的知識和自然科學領域知識一樣重要。

2. 全球人才競爭與大學教育改革

全球化帶來的不僅是資本和產品的全球流動，也帶來知識和人才的全球流動。由此國家、民族乃至文明之間的競爭也就自然轉向了知識和人才的競爭，而這些競爭必然反映到大學裏。全球體系是建立在一個龐大的知識底座上，以至於科技領域、軍事領域、政治文化思想領域的每一項競爭都變成知識的競爭和人才的競爭。這種知識和人才的跨國流動也推動了跨國公司的進一步發展，於是整個世界體系似乎由一些巨型的超級城市連接起來。

我推薦大家看一下《超級版圖》這本書。這本書強調在全球化進程中，重要的不是國家而是城市，恰恰是這些城市成為將整個全球連接起來並產生巨大輻射的樞紐。我想大家在腦子裏一下就會想到紐約、洛杉磯、倫敦、巴黎、柏林、莫斯科、北京、東京、上海、深圳、香港、新加坡等等。這屬於全球資本、商業流動的樞紐，也是人才和知識流動的樞紐，全球重要的跨國公司就寄居在這些城市。由此我們看到這樣一個由超級城市所鏈接起來的網絡金字塔，而每個超級城市又輻射很多地方，鏈接着下面的大城市，而大城市再連接這個中小城市，將全球化網絡的神經和毛細血管升入到廣大鄉村。現代社會形成的城鄉二元結構，在全球化時代變成了從世界級大城市層層傳遞到鄉村的多元格局，資本、資源、產品、文化、知識和人才就通過各種毛細血管的網絡在全球進行流動。如果從這個角度看，從小學、中學到大學各類教育就是在促進知識流動和人才流動。而衡量這些學校教育的重要指標之一就是你培養和輸送的人才最終進入怎樣的城市中，不同等級的學校就和不同等級的城市形成了某種潛在的對應等級關係。而能夠為這些全球超級

城市輸送治理人才的大學也往往被看作是世界一流大學。世界上絕大多數人的生活局限甚至固定在某個地理區域中，而唯有那些這個全球超級城市樞紐中的科學家、企業家、銀行家、律師、藝術家等才可以在全球網絡中自由流動。

今天，這些超級城市所鏈接起來的全球資本主義體系是由西方所主導的，這很大程度上是由於支撐這個體系的知識生產的發源地依然處在西方的大學中。現代大學所提供的知識創新乃是現代社會的發動機。全球化不斷推動西方大學吸引全球最優秀的人才，這反過來進一步鞏固西方大學在全球知識創新和生產體系中的卓越地位甚至壟斷地位，這無疑也會鞏固西方國家對全球化的主導地位。借用弗蘭克的話說，西方正是藉助地理大發現擠進東方文明所主宰的全球貿易體系，並在這個體系中反超東方。而西方在東方體系獲得的不僅是財物，更重要的是以「四大發明」為代表的東方知識，從而實現了對東方的反超。近代以來，我們被迫納入西方主導的全球資本主義經濟體系，雖然遭受了殖民苦難，但從知識角度看，我們作為這個體系的後來者也是其受益者。我們實際上省略了很多艱苦的知識創造過程，直接學習和掌握西方發現的現成知識，自然科學知識如此，社會治理知識也如此。我們的企業家進入世界各地投資、創業，只要掌握了英文就可以迅速掌握對該地區的各種知識。我們不需要付出西方探險家、航海家、傳教士、商人、地理學家和人類學家等等這些早期全球化的締造者們所付出的艱辛，也不要付出對這些地區的扎實研究，只要掌握了英語就可以進入西方所締造的全球體系中。正是西方大學締造的知識支撐着全球化，我們重新融入西方主導的全球化就必須引發留學潮，學習西方大學生產的知識，推動中國的知識更新換代和經濟發展。所以，從建設「985」開

始，中國大學改革的目標就是盯住美國的綜合性大學，改革蘇聯模式過分的專業化傾向，開始強調研究生教育和研究型大學，由此科研項目、發表論文和研究報告在大學中重要性遠遠超過專業知識的傳授。整個大學重科研而輕教學，重研究生而輕本科生，重知識而輕思想品德，重國際化而輕本土化，而這種趨向愈演愈烈，今天不僅要求發英文論文，而且職稱評審都要求有國際同行評議。這種導向不僅強化了中國大學的留學潮，而且很多地方政府引入西方名校來中國本土辦分校的格局。中國大學教育這種美國化趨向迅速向中小學傳導，加速了導致中小學教育的國際化，很多中小學都開始辦國際部，有條件的家長甚至在中小學階段就直接送孩子到國外留學。在全球經濟體系和知識體系的分工結構中，中國在很長時間裏要扮演着學習者的角色，消化幾百年來西方大學所積累起來的現代知識。大家經常把北大清華看作是中國最好的大學，其中一個重要指標就是畢業生很多進入西方的名校留學，並把這些人才輸送到鏈接全球化的超級城市網絡中。

當然，地球並不是平的。資本主義體系的全球化始終存在着中心與邊緣劃分，全球化加快了資本、產品、技術、知識和人才的全球流動，也加劇了全球的競爭並加劇全球的不平等。全球化速度越快就會越發激起世界各地的反全球化浪潮和民粹主義思潮。美國特朗普就是這種民粹主義的產物，代表了在全球化中處於底層鄉村和中小城市的民眾對在頂層超級大城市的精英階層的反抗。中美貿易戰就是全球化引發中美兩國在各個領域中的激烈競爭。正是在兩國展開激烈科技競爭的背景下，美國開始限制高技術和高技術產品向中國的流動，限制學生在美國的留學，實際上就企圖始終保持美國對中國的技術和知識代差，以維持在全球經濟體系中對中國的優勢和支配地位。而中國要在技術上有所

突破，就必須從過去的知識引進轉向知識創新，就像我們的工業產品從「中國製造」轉向「中國創造」一樣。

可以說，近代以來中國就始終處於這種「物競天擇，適者生存」的激烈競爭中，這必然引發「錢學森之問」：為什麼中國大學就培養不出傑出人才？為什麼從近代一百多年來我們始終處於留學狀態？什麼時候我們才能結束留學，或者讓別人來中國大學留學？這種關於「世界一流大學」的焦慮意味着我們的大學必須能夠培養出引領未來的創新人才，大學的重心不應當是經濟學、商學、法學、計算機、工程技術之類的這類應用型專業，而應當回到支撐這些技術進步的基礎學科，培養出數理化生這些基礎領域的科學家和人文思想領域的思想家。而這些基礎學科領域中的科學家、思想家的培養完全不同於工程技術人員和社會治理人才的培養，無法依靠單純專業化分工的知識訓練，而必須激發學生的生命熱情、潛能和好奇心，發現其靈魂深處的熱愛，唯有如此才有可能進行知識創新。這就意味着大學教育不僅要重視研究生教育，更應當重視本科教育，不僅關注教師的論文發表和課題申請，更應當關注教書育人，大學不應當像公司那樣進行科研項目制管理，而更應當營造一個自由討論、教學相長的文化空間。

2003 年北大教育改革大辯論實際上就是這種「世界一流大學焦慮」的產物。大家可以看一下張維迎老師的《大學的邏輯》和甘陽和李猛老師編輯的《中國大學改革之道》，無論支持還是反對，都集中在中國大學如何培養創新人才。張維迎老師將問題集中在大學治理問題上，希望通過改革大學的治理模式，讓教授們追求卓越從而培養更好的人才，而反對意見認為大學不能採取公司化的治理模式，反而主張大學改革要維護大學的學術傳統，調動教授們的教學自覺和文化自覺，培養一種能夠

促進學術自主發展和教學相長的學術傳統。這就意味着大學改革的重心不能局限於洪堡模式，僅僅關注如何「教授治校」、科研自主的這些自由傳統上，而更應該在通識教育的思路上探索如何激發學生探索世界的自由天性，如何在傳承文明基礎上展開創新，如何培養學生的公民品德等等。而這爭論的背後無疑觸及到中國大學的國際化和美國化問題，由此我們看到在《中國大學改革之道》中，將討論的起點定在胡適 1914 年在「非留學篇」中痛陳留學乃「國之大恥」，主張「留學當以不留學為目的」。為此，甘陽明確提出中國大學要成為「世界一流大學」而非留美預科學校，必須立足於本土，立足於教學體系改革，從培養學生的讀書熱情和探索興趣開始，中國的人才培養不可能依靠留美或留美博士進入中國大學來完成，大學的目標要從發表論文和科研項目轉向教學，這就是以培養學生為目標的通識教育。

正是在這場辯論的基礎上，甘陽老師從 2005 年開始全力推動中國大學的通識教育，成為中國大學通識教育的倡導者、推動者、組織者和實踐者。不同於大學管理的體制改革，通識教育雖然需要大學管理層的推動，但更多是大學教師內部形成了一個廣泛的教育自覺和文化自覺，即中國大學不能僅僅滿足於給西方大學提供留學生，不能滿足於在西方大學主導的全球知識分工體系中成為簡單的知識傳播者，不能像殖民地大學那樣過分追求英文論文和英文教學這些所謂的「國際接軌」，而必須立足本土的文化傳統來培養卓越人才。可以說，張維迎老師和甘陽老師的目標都是一致的，都是培養一流人才，但路徑有所不同，張維迎老師着眼於大學管理制度，尤其是人事聘任制度，引入美國的教師聘任制度，而甘陽老師的着眼於大學教師的教育自覺和文化自覺，改變大學的教學模式和教學心態，從而在教與學的過程中培養起一個代際傳承

的文化共同體。由此，要理解通識教育的在中國的興起，既要看到全球化引發的「世界一流大學」的文化焦慮，也要看到這種文化焦慮的背後乃是一種教育自覺、文化自覺和政治自覺。關於全球化與中國大學改革的討論，推薦大家閱讀甘陽老師的《國家·文明·大學》，看看大學教育如何涉及國家走向和文明未來這樣的核心問題。

正是在這種思潮的影響，中國大學開始自下而上地興起了通識教育大改革，北大、復旦、南大、復旦、中山等等，不僅 985、211 學校在推動通識教育改革，甚至在很多專科學校也開始搞通識教育，一時間遍地開花，形成了各種各樣的辦學模式。這種自下而上的推動也獲得了中央的認可。2014 年 5 月 4 日，習近平總書記在北大座談中明確提出大學是「探求真理的地方」，大學教育要回歸到「教書育人」「立德樹人」這些樸素的常識上，尤其是把教育教學的重點放在本科教育，「扎根中國大地辦大學」。這實際上意味着中國大學教育改革思路的大調整，即從原來強調研究生教育、強調科研論文和知識創新轉向了強調本科教育、強調立德樹人的理想信念。從 2010 開始，我在教務部負責推動全校的通識教育，對中國大學這種自下而上轉向的體會非常深。儘管學校管理上、教師職稱評定上把論文數量和科研項目作為考核標準，但依然有一大批老師在通識教育上傾注了大量心血，不少老師在教學上投入太多精力以至於無法完成要求的科研任務和論文發表數量，長期處在副教授崗位上。而這種個人代價付出的背後就是對教學的熱愛、對學生的熱愛、對培養學生的熱愛，而這恰恰是通識教育的精髓，一種基於熱愛和信念形成的教師共同體。這才是大學的靈魂。

當然，這麼說並不是要否定專業教育，但我們必須認識到大學專業教育必須建立在通識教育的基礎上，如果沒有通識教育所奠定的對探

究真理的興趣和熱愛，沒有對宇宙和生命的敬畏，沒有做人的理想和信念，專業教育很容易產生「精緻的利己主義者」，不可能產生偉大的科學家、思想家和藝術家。可以說，今天的中國大學實際上是三個模式的混合體，在蘇聯教育模式形成的專業分工體系基礎上，重建了洪堡模式的研究生教育，而在本科教育又開始引入美國的通識教育理念和模式。而這恰恰是中國大學歷史發展所形成的獨特傳統，與其相互否定，不如相互包容。我們北大提出「通識教育」與「專業教育」相結合的改革思路，就是因為北京大學有強大的專業院系傳統，不可能推倒重來，像美國那樣辦本科學院。而國內很多大學在本科階段試圖推倒專業院系辦專門的本科學院，帶來的很多問題，也不利於人才培養。當然，在原來專業院系的基礎上推動通識教育一開始會遇到專業院系的抵制。就像法學院的本科生，一上來就要學民法、刑法這些技術化的職業課程，根本沒時間學習人文學科和社會科學課程，更不用說自然科學的課程。北大的通識教育最初搞元培學院試點，學生在一年級之後可以自由選擇專業，但很多院系就是不讓轉入，原因是學生一年級沒有修夠本專業的基礎課程。因此，從學校層面推動通識教育就會覺得北大院系就類似封建的「土圍子」，把學生固定在自己的院系中，導致學生無法隨着自己的興趣進行專業流動。然而，隨着改革的深入，越來越多的院系喜歡元培學院的學生。這與其說是學校的制度推動，不如說是各專業院系的老師也在慢慢接受通識教育理念，也看到自己專業中培養卓越人才面臨的困境。因此，北大的通識教育改革實際上一場靜悄悄的看不見的改革，我們是從改革通選課，推出通識教育核心課程入手，一門一門建設課程。隨着改革的深入，我們終於要在全校範圍內推出本科一年級自由選專業。這就意味着本科一年級實際上是學生進入大學自由探索的過

程，也是一個認識自我、尋找興趣和愛好的過程，而這種以學生的成長為中心，圍繞教與學展開的教學改革和體制改革才是通識教育的核心所在。

3. 通識教育與法律職業教育

在這裏，我混用博雅教育和通識教育這兩個概念，但實際上二者是有區別的。在座的法律碩士都有一個本科學位，但絕大多數都是從一個本科的專業院系進來的，可以說並沒有接受過西方意義上的博雅教育。那我再簡單講一下博雅教育的精髓究竟是什麼。你們可以對比一下自己接受的本科教育，如果你們沒有經歷這樣的教學訓練，那麼希望你們在研究生時期乃至未來更長的時期自己完成對自己的博雅教育。

博雅教育在西方大學中通常放在「博雅學院」（liberal arts college）中，這個英文名字直譯過來可以稱之為「自由技藝學院」。人生而自由，博雅教育就是要告訴大家，人生而「自由」不過是野蠻人的自由，這種自由可能是為所欲為的動物本能或任性，這種野蠻人的本能和任性只有經過博雅教育的訓練之後，才能勉強作為一個合格的自由人。這就意味着大學就是將一羣生機勃勃的野蠻人訓練成能夠踐行自由的自由人和文明人。在這個意義上，從小學到中學的教育都屬於這樣的教育，不同的是中學之前這種教育和訓練是不自覺地，是未經你的理性所反思的，而上大學正是你獲得獨立思考能力的時候，很容易懷疑你曾經的教育，而博雅教育恰恰要在你理性審查、懷疑和反思基礎上重塑你的世界觀、價值觀和人生觀。比如從小父母和老師都教育我們要做一個「好人」，你也一直深信不疑。可高中到大學這個年齡，你有了獨立思考能力，對社會生活有自己的觀察和思考，看到好人受氣，壞人受益，就會

懷疑要不要做一個好人，究竟是要真正做一個好人，還是要好人的名聲來博取更大的利益呢。就像你們來北大，多大程度上是熱愛北大的思想學術，多大程度上是熱愛北大的名聲所能帶給你的利益。如果你不能在理性的基礎上讓自己真正做一個好人，你就很容易變成「精緻的利己主義者」，追求好人的名聲卻不願意做一個好人。這恰恰是孔子所說的君子和小人的區別所在，也是柏拉圖所說的愛智慧的人與智者的區別所在。而博雅教育恰恰是通過閱讀這些偉大的經典著作，基於理性思考來重塑我們的心靈秩序，讓我們思考何為真、何為善、何為美，讓我們的心靈朝向求真、行善和為美。這才是大學博雅教育的真諦，它成為一切創造的開端，是知識、科技和文明的源頭活水。

如果說博雅教育是將野蠻人訓練為文明人，那麼人與動物、文明與野蠻的重要區別就在於人是思維動物，是語言的動物，是符號的動物，人類通過語言符號累積可以迅速學習祖先積累下來的知識和經驗並在此基礎上進行創造，從而使人類生活發生飛速變化。這樣語言符號有能力讓我們思考一個問題，什麼才是「好的生活」？怎樣才能過上好的生活？科學技術帶來生活方便是否有助於個人德性的養成和社會風俗的改善，是否有助於我們心靈感受到充盈和幸福。大家千辛萬苦考進北大，都想過上好的生活。那麼什麼才是「好的生活」，你想要怎樣的「好的生活」。比如你想要好的物質生活，可是如何設計住所，家裏裝飾什麼樣的畫，用什麼品牌的奢侈品等等，這一切都在器具意義上展現「好的生活」理念。看看今天中國精英的高檔住宅小區的設計風格，始終在標榜其歐洲風情，甚至名字都要模仿歐洲，不是塞維利亞，就是羅馬小鎮，更不用說今天流行的奢侈品主要是歐洲的。這就意味着歐洲人掌握着對我們想要怎樣「好的生活」的定義權，你可能很有錢，但如

果想擺脫動物式的物質需要，而在文明意義上追求「好的生活」，要想擺脫土豪暴發戶身份，顯示出文明高雅和體面，那就必須按照西方人提供的關於「好的生活」的尺度來生活。物質生活如此，我們的公共生活和文化精神生活不也如此嗎？我們的電影、音樂和繪畫等藝術文化追求不是一直在努力爭取獲得西方的認可嗎？我們大學教育強調國際化、強調發表英文論文不也是如此嗎？在這個意義上，西方人成為了我們的主人，為我們設定了關於「好的生活」的標準，並為我們樹立了好的生活的榜樣和典範。

然而我們都知道，這些「好的生活」標準其實是西方人歷史文化傳統中自然形成的。同樣，幾千年中國文化自然塑造了我們自己的生活習俗和文化傳統，「情人節」變成了時尚，「七夕節」為什麼就不是呢？近代以來，中國人喪失了對「好的生活」的定義權，無疑導致中國人在精神層面始終存在難以克服的焦慮和緊張。中國人的物質生活越來越豐富，但精神生活缺越來越分裂，越來越貧乏，越來越焦慮。中國大學教育的國際化、美國化和留學化進一步加深了這種焦慮。這就意味着我們的大學教育不能僅僅關注「知識」，還必須思考究竟什麼是「好的生活」，如何理解和定義「好的生活」，以此重建中國人的心靈秩序以安頓人心。大學中的博雅教育就是要通過閱讀討論經典著作中來思考人生的永恆主題。如果你們在大學中沒有閱讀和思考這樣問題，等你們畢業工作成為光鮮亮麗的成功人士，突然會在日復一日的體面生活中感受到生命的虛無，那時你只能在機場書店裏買一本關於「幸福人生」「美麗人生」之類的心靈雞湯來安慰自己。

如果把圍繞「好的生活」所形成的真與偽、善與惡、美與醜、幸福與不幸看作是衡量人生的尺度，那麼所謂「自由」就是人可以在這個

巨大的尺度內找到自己的位置。博雅教育作為「自由的技藝」首先就在於透過這些偉大經典著作確立起這種衡量宇宙世界、人類社會和個人生活的「好」的尺度，從而把個人生活從「自我」的牢籠中解放出來，在羣體、國家、民族、文明乃至整個世界和廣袤宇宙的完整秩序把握自我的生命意義。這種「自由的技藝」所塑造的人才是一個「完整的人」，而不是專業教育所塑造的某一類職業人士。至於這個廣袤世界的完整尺度是哲學還是神學提供的，是柏拉圖所說的洞穴之外的光明，還是中國思想中的天道，還是宗教所提供的上帝或佛陀，還是現代思想所提供的科學尺度，這恰恰是博雅教育中需要討論和辨識的。因為人類文明思想的經典就是圍繞「好的生活」展開的。文明不是器物，而是一種生活方式，這種生活方式就體現在器物、制度、文化觀念和日常生活中，展現這個文明所嚮往的最高精神追求。而對這種好的生活方式的闡釋和論證最終就凝聚在偉大的經典作品中。在這個意義上，任何一個國家或民族，唯有為人類留下思考「好的生活」的偉大經典作品，我們才能稱之為「文明」。有了這些偉大的經典作品，即使一個文明衰落甚至死亡了，也會因為這些偉大作品所凝聚的思想能量和精神能量而再次復興。因此，大學的博雅教育首先就是閱讀經典教育，通過閱讀人類歷史上的偉大經典而汲取其中的思想和精神能量，在每個人心上播下文明的種子，為人的生命提供向上生長的動力，避免人心萎靡而向下墮落。

如果博雅教育能夠幫助每個人確立起這種「好的生活」尺度，那就意味着一個人要真正成為自己的「主人」，就要知曉生命意義並由此自主地安排自己的生活，從中獲得真正的幸福。博雅教育實際上就是「主人」教育，一個人可以擺脫圍在物質財富和欲望的束縛而獲得精神上或

心靈上自由，一個人不再渴望獲得別人的肯定或者承認，而是通識教育所理解的「好的生活」尺度自主地生活。一個人唯有自己成為自由的「主人」，才能成為國家的「主人」，將國民引導向好的生活。由此，自由教育就是一種主人教育，就是我們常說的精英教育，是對國家統治者的教育，是對社會各行各業中引領者的教育。柏拉圖所說的「哲學王」就是在這個意義上的，孟子所說的「勞心者治人」也是這個意義上的。今天，勞動人民之所以能夠當家作主，成為國家的「主人」，是因為舊的精英階層日益墮落為精緻的利己主義者，他們要好人的名聲、正義的名聲來攫取利益，但不想做一個真正的好人。相反，我們在雷鋒、黃繼光、邱少雲這些普普通通的人民大眾身上，看到對好的生活、正義的生活、善的生活的德性追求。正是人民能夠超越動物式的欲望和私利，追求公共德性，人民才有資格成為現代社會的「主人」。

如果說古典博雅教育作為一種「主人」教育與奴隸制和貴族制聯繫在一起，那麼隨着商業資本主義、大眾民主時代的到來和教育的普及，大量的平民子弟進入了大學，而他們更願意學習計算機、商學和法律，希望掙更多的錢，商業的力量超過了德性的力量，大眾的力量超過了精英的力量，這就是現代社會面臨着從古典德性向現代知識的轉型。這樣，擁有現代專業知識的平民比傳統擁有德性的貴族更具有力量，從而更能佔據在社會和國家的統治地位。這也意味着社會上關於「好的生活」定義權從精英轉向了大眾，而大眾會覺得有錢的生活就是最好的生活，甚至對美好的生活採取一種相對主義的定義，現代社會由此陷入精神危機。正是面對社會和大學的大轉型，原來的針對少數人博雅教育就不得不與時俱進，轉向面對現代大學中的大多數人，回應商業社會和大眾民主時代的多元主義、相對主義對「好的生活」的定

義的挑戰。由此古典的博雅教育也就轉變為現代的通識教育（general education）。1945 年出版的《哈佛通識教育紅皮書》就是面對現代民主社會和大學招生制度變化而對古典博雅教育傳統提出的一個系統而全面的改革計劃，這個報告的副標題就是「民主社會中的通識教育目標問題」，思考傳統的精英教育如何面對大眾民主的挑戰。

《哈佛通識教育教育紅皮書》所推出的通識教育實際上要面對兩個張力：一個就是古典德性與現代知識的張力，往往表現為古典人文哲學藝術與現代自然科學和社會科學的張力，另一個就是平民大眾與國家主人的張力，平民大眾要成為國家的主人可他們在精神上是否擁有主人應有的自由德性。因此，通識教育在美國就是要回答現代社會能不能繼續保持其人文傳統和文化精神的問題，具體而言就是面對大量移民進入美國帶來對「好的生活」理解的多元化和文化相對主義，民主時代的美國能不能繼續保持西方文明的傳統，成為西方自由精神的傳人，這無疑需要通過大學教育來統一思想，樹立西方文明傳統的正統地位。在這個意義上，通識教育課程實際上就是西方大學中的思政課，是培養西方文明接班人的政治教育課程，只是這種思政課不是依靠強制的、教條的概念灌輸，而是通過理性探討和反思來引導學生自覺地接受西方文明的價值觀。由此，通識教育並不是要反對現代社會形成的專業教育，而是要將通識教育和專業教育結合起來，一方面通識教育為專業教育奠定一個思想精神的底座，另一方面通識教育的理念依然要貫穿到專業教育中，從而將關注具體知識的專業化教育提升到創造知識、駕馭知識的能力培養中。這種能力顯然超出具體的專業知識教育，而是轉變成一種心智教育，一種思維方法的教育，一種人生態度和品格的思想教育，一種着眼於心靈世界的德性教育，一種能夠用人心的力量來駕馭知識和整個世界

的主人教育。擁有這種駕馭能力的人就能夠成為自由人，成為現代社會的主人。為此《紅皮書》中提出了很多具體的能力培養，包括思考能力、交流能力、判斷能力和辨識能力等等。這些能力其實都是我們法律人所應當具備的。我先舉兩個關於思考能力的例子。

比如關於邏輯思維能力，這種能力乃是理性的能力，它能夠將我們從迷信解放出來，從而藉助邏輯理性的力量來把握世界，探索宇宙世界的真理。這種能力首先體現在科學教育中。通識教育所理解的科學，不是專業教育通常所要求大家掌握的定理、原理這些知識，而是培養一種發現科學原理的思維方法，也就是我們所說的科學精神。比如講牛頓定理，不是告訴牛頓定律是什麼，而是要講牛頓定律發現之前種種認識把握宇宙世界的方法和途徑，牛頓是如何運用理性來質疑、挑戰這些不同的方法，從中發現新的理解宇宙的方法。這個方法構成了如何以科學眼光看世界的基本方法。這種方法不僅僅自然科學的方法，也很快會運用到對社會、政治現象的觀察和思考中。比如霍布斯就是從運動的眼光來理解人的思想和行動從而挑戰了傳統形而上學，構建起社會契約論的理論大廈，整個西方啟蒙哲學就是將數學、物理學這些自然科學的邏輯思維方法運用到對人類社會的認識中。同樣，在法學院的教育中，這種邏輯理性思維能力會得到前所未有的強化，因為我們的民法學、刑法學都會假定法律是一門科學，都是按照一個大前提、小前提式的三段論來根據法律的抽象規定來處理具體案件，而案例研習課程就變成這種邏輯思維的訓練，如何透過複雜的案件糾紛來釐清其背後的法律關係，而基於各種複雜的法律關係就形成法律原則、規則和概念所建構起的法律大廈。這種思維方法的訓練也就形成「法律人思維」這樣一個獨特概念。因此，法律教育也可以被理解為一個格式化的教育，刪除你

原來各種專業學科所形成的思考模式，而給大家安裝上法律思維的軟件。然而，真正科學理性的邏輯思維實際上還要帶領大家思考為什麼刑法和民法要這麼規定，可不可以有更好的規定或處理方式，怎樣的方法和方式才能更有效地解決社會問題，甚至要思考這種法律工具最終要服務於怎樣的目的或價值，怎樣的法律規定才能體現「好的生活」。因此，在法理學課堂上，我不會給大家具體介紹每個法學流派的具體觀念，這些知識你們可以在教科書和網絡上找到。我想和大家一起討論每一個學派是如何思考問題的，是針對什麼具體社會現象來提出怎樣的問題。我們會看到不同法學流派實際上針對不同的具體社會問題而提出自己的命題、概念和理論。不理解法學家關注的現實問題，不理解法學家如何思考、如何提問，記住他們的概念和理論除了用來考試，對大家觀察社會和思考問題的能力沒有什麼太大的幫助。

再比如想像力。這不僅體現在文化、藝術作品中，而且偉大的思想和科學發現都與這種想像力有關。大家都看過《三體》，首先就要關注其中的想像力。對三體世界的想像無疑超出了我們的生活範圍，但誰能說這其中就不包含有宇宙和未來世界的真諦？對我們普通人來說，這是虛構的想像，但對於作者而言，這個三體世界就真真切切出現在他的大腦中，是非常逼真的存在。因此，想像從來不是胡思亂想，而是懷着敬畏之心閱讀偉大的經典，閱讀自然宇宙的過程中慢慢讓這個美妙的世界呈現在自己的腦海中。你把自己心目中或腦海中這個真實的世界說給我們這些沒有體會到的人來聽，就成為一種美妙的想像。而科學家的偉大發現、思想家的偉大思想、藝術家的偉大作品都源於這種真實的想像。如果我們的大學教育不能在學生心目中培養起像康德那樣對頭頂燦爛星空和內心道德法則的敬畏之心，世界的祕密又怎麼可能對你敞開一

絲縫隙呢？因此，想像力不是來源於知識的堆砌，也不是來源於知識增長，而是來源於懷着敬畏之心和感激之情閱讀偉大經典、閱讀自然宇宙、閱讀人類歷史滄桑所獲得靈感。正是這些靈感將現有的知識重新組合起來，形成科學發現、思想創造或知識創新。

從這個角度看，我們的大學為什麼不能培養出偉大的科學家和思想家，一個重要原因就在於我們從高中到大學的教育都是以如何掌握專業知識的教育，因此我們可能成為很好的工匠、工程師，我們可以很快成為世界工廠，把這些專業知識運用得淋漓盡致，但我們的教育中缺乏創造的種子，不注重培養起一種科學家和思想家思考問題的方法和習慣，不注重培養科學家和思想家所具有的對宇宙、人生充滿敬畏並因此產生熱愛和獻身的心靈品質。我們的心靈被各種具體知識所佔據，而這些知識本身缺乏自己的方向，很快會被欲望誘導上如何利用這些知識在社會中爭奪名利。因此，今天大學教育中無論教授還是學生，缺乏的不是「自由」，而是缺乏引導自由的偉大目標和方向，沒有能力把握自己的自由，沒有能力為自己作主，成為自由的主人。如果不經過這種對人生品格的培養和人生信念的養成，教授的「自由」和學生的「自由」就很容易像自由落體一樣，被社會生活中各種名利所吸引，甚至變成了「精緻的利己主義者」。因此，很多學生說我的法理學課程是思想政治課，這只是有意識地希望給大家補上通識教育這一課，看看我們在偉大法學經典著作的閱讀中，如何在一個完整的宇宙世界圖景中理解我們的法律、理解我們的法律職業，理解外在的法秩序如何與我們內在心靈的法秩序產生共鳴。

如果說本科教育應當是通識教育，那麼研究生毫無疑問是專業教育，是一種面向職業的專業教育。美國大學對這一點的定位非常清

晰，法律、商學、公共管理、甚至醫學都是具有明確職業目標的研究生教育。因此，本科生中不設立法學、商學、管理這樣的專業。然而，中國大學是幾種教育模式的混雜，在專業和學院設置上就顯得非常混亂。比如北京大學的經濟學本科專業就有三個學院：經濟學院、光華管理學院和國家發展戰略研究院，相互重疊非常嚴重。而在法律教育中，有法律本科、法學碩士、法律碩士，近些年又搞了個「法本法碩」，這些專業培養目標和方向大同小異。而經濟和法律這兩個專業方向與市場經濟的追逐私利息息相關，如果沒有經過通識教育的薰陶，高中生一畢業就進入這兩個專業，很容易在專業思維薰陶中把專業看問題的方法當時人生世界觀的尺度，要麼強調理性人的自利原則，要麼強調法律不關心道德，那就很容易變成「精緻的利己主義者」。因此，在中國大學的通識教育中，始終有一種主張就是取消大學本科中的商學專業和法學專業，然而這似乎已經形成一個龐大的體制性利益集團，根本無法改變。

既然如此，如果你們是法律本科生，希望你們儘快適應從高中生活到大學生活的轉變。能不能成為好學生往往取決於你轉變的速度有多快，簡單說來高中知識有一個高考的天花板，限制了你的思考和發展，而進入大學知識、思考和想像都是向你開放的，生活各種可能的自由選擇也是向你開放的，問題在於你如何利用好這種無限可能的自由，閱讀經典著作，思考宇宙人生的大問題，從而打開你的視野和胸懷，激發自己的潛能，尋找內心中的熱愛，並將這種熱愛引導在一個未來專業乃至職業的目標和方向上。

至於法律碩士同學，除了補上通識教育這一課，更重要的是儘快確立自己的職業導向。作任何一種未來職業規劃，要在「認識你自己」

的前提之下做適合自己的工作。通識教育假定每個人的天性和稟賦雖然不同但都具有發現真善美的能力，教育一方面培養強化這種發現真善美的能力，但另一方面也要讓每個人的天賦展現出來，呈現出千姿百態，而這正是我們要面對的社會生活，讓不同的人來解決不同的問題。無論有何不同，從性情傾向看，大體是三種的心靈狀態，形成三種職業選擇：

其一，就是追求享受欲望。這種人是社會大多數，行動的精神驅動是欲望滿足。你們從小學一路走來，就會發現不少同學被欲望所左右而無法在學習上付出辛苦的努力，最後未能考上理想的大學。然而，在座的同學經受了欲望的誘惑而進入了北大，但並不意味着你們未來的人生就有能力擺脫欲望的糾纏。滿足生存需要是人類最低的欲望，我們不可能脫離這個最基本的欲望需求。我們都要謀生，要找一份工作來養家餬口。但是，如果我們僅僅為此而努力，就會發現心靈的驅動力量不是對幸福的追求，而是對不幸的恐懼，擔心沒有工作怎麼辦，生病沒有錢怎麼辦，想到畢業留北京工作可學區房和子女輔導班很費錢，這樣想着就不得不去找能夠賺錢的工作。如果這樣，那就意味着從小到高中拒絕欲望的誘惑恰恰是為了實現養家餬口、避免生活不幸的基本欲望，當然這樣的欲望中實際上包含着對好的生活的理解，北京的文化氛圍和受人尊重的體面工作等等。當然，更高的、積極主動的欲望滿足就是想要生活在紐約、上海、北京、香港這樣的國際化大都市，進入到全球化最上層網絡中，過各種時尚雜誌所能描述的奢華生活。這種心靈稟賦雖然有消極狀態和積極狀態的區別，但都會推動大家去選擇最能夠賺錢的行業。而法學院畢業最好的機會大約就是去頂級律所、跨國公司、金融機構等等，為此大家就準備出國留學，選經濟學雙學位，甚至早早就開始

在律所和金融機構實習。如果有同學要進入律師行業，那就要注意留心這些行業的變化。比如大律師事務所的興起使得擁有管理律所的能力比做法務的能力更重要，關於這個問題推薦大家閱讀《中倫的祕密》，這是第一本關於中國律所成長、探索大律所管理的著作。再比如沃頓商學院和法學院合作設立一個三年同時修 JD 和 MBA 的項目，這意味着法律職業與商業管理更密切的合作。而智能機器人的出現已經完成初級律師的大多數工作等等。關注這些行業的未來變化有助於大家提前做一些準備。

其二就是我們通常所說的事業心，就是想超越別人，幹一番事業。這種事業心需要將自己的幸福建立獲得社會的認可和讚揚之上，名聲和榮耀遠遠比物質享受更重要，而這就意味着他要投入公共事業中，服務於社會大眾，創造出更多的社會財富和價值才能獲得社會的認可。在北大，大多數學生都具有這種心靈稟賦，都有遠大的抱負和事業心。而這種事業心可以驅動大家進入各種各樣的領域，即使進入律所和企業，也是希望做到高級合夥人甚至全球頂尖大律所的合夥人。中國的經濟飛速發展，為大家在經濟領域成就事業提供了便捷的途徑，甚至不少人就直接進入金融機構，甚至選擇創業，成為偉大的企業家。然而，在中國最能展現「為人民服務」的職業無疑就是進入公務員隊伍從政。這些年，法學院的畢業生越來越多地選擇考公務員。如果沒有這樣一個全心全意為人民服務的政黨領導公務員隊伍的辛勤付出，就不可能有今天中國的崛起。

其三，就是熱愛讀書思考，希望探索這個世界的祕密。這可以是一個家庭主婦，也可以是成功的企業家和政治家。但是，在職業化的今天，大多數人都會選擇讀博士，畢業之後進入大學從事學術研究。

在座的同學都想一下自己究竟是哪一種類型的人，自己的性格稟賦和心靈趨向更喜歡、更適合做哪一類工作。當然，我們必須認識到，每個人都是這三種心靈傾向的綜合體，內心中都有這三種心靈傾向之間的矛盾甚至鬥爭。重要的不是外在的職業，而內在的心靈秩序。很多同學考公務員不是因為服務公共利益的事業心，而是求個職業安穩，其心靈傾向更接近第一種。而不少同學選擇考博士，是覺得當大學教授很有社會地位，其心靈傾向乃是第二種。因此，究竟選擇哪個職業並不重要，重要的是我們以怎樣心靈狀態和倫理精神來做事，並從中找到自己的幸福。若為了滿足個人欲望來從政那就會非常危險，要麼變成野心家，要麼變成貪官。我們在後面的課程中會討論韋伯的所說的「依賴政治而活着」和「為了政治而活着」，就是討論以怎樣的倫理精神來從事未來的職業。

如果我們從大家未來的職業選擇角度看，大家必須清楚地意識到我們法學院的法律教育和你的未來職業之間並不是完全匹配，很多法律課程和法律教育對你未來的職業選擇可能是一種奢侈的浪費，而你未來職業所需要的知識和課程可能不在法學院。這就意味着你需要根據未來職業規劃充分利用整個北大的教育資源來完成所需的知識結構。

三、法律傳統、法律教育與法理學

法律教育是法律傳統的產物，而法律教育又在不斷地再生產這種法律傳統。因此，世界各國法學院的法律教育的不同模式、不同學科設置和不同職業趨向，其實是不同法律傳統的表現。這個法律傳統也就是

我們所說的「法系」（legal families）。比較法教科書會列出很多法系。但在今天最有影響力的是源於歐洲的大陸法系和英美法系，又被稱為民法法系和普通法法系。

前面講過第一個現代大學是波倫納大學，其中就已經有了法學院。注意，不是第一個現代大學創辦了法學院，而是法學院成就了現代第一所大學。羅馬帝國創建了一個龐大的法律體系，其中大量的市民法（civil law），許多就是今天我們所說的民法，這種法律與當時以地中海為中心的帝國商業貿易息息相關。這些法律在帝國晚期在查士丁尼安皇帝的主持下進行了系統化的學術整理和修訂，從而形成了《查士丁尼法典》。羅馬帝國崩潰之後，這些法典也隨之消失，歐洲進入了黑暗中世紀的封建時代。直到 11 世紀，這些遺失的羅馬法被偶然發現之後，有一大批人懷着類似研究聖經的學術熱忱開始整理研究這些寫在羊皮紙上的羅馬法，他們採取研究聖經的註釋方式，試圖找到散亂的法律條文本後的內在邏輯，這就是我們常說的註釋法學派（glossators）。這些人因為研究和註釋羅馬法而形成了社團，而這些社團慢慢結合起來形成現代大學，可以說羅馬法研究推動了現代大學的興起，伯爾曼甚至在《法律與革命》這本書中主張註釋羅馬法所採用的這個邏輯推理方法推動了西方現代科學的興起。

無論如何，法學院關於羅馬法的研究在歐洲不斷傳播，形成了 12 世紀的「羅馬法復興運動」。在宗教改革、主權國家的興起和啟蒙運動的大背景下，羅馬法復興運動推動了歐洲國家的法律理性化運動，「法律科學」成為一種被普遍接受的信條。制定系統化的法典就與現代主權國家的興起和資本主義經濟的發展緊密地結合在一起，從 18 世紀法國的《拿破崙民法典》到 19 世紀的《德國民法典》，由主權者來制定法

律的法律實證主義思想與理性化、科學化、體系化的法典編纂運動緊密地結合在一起，成為歐洲大陸國家普遍選擇的法律道路，這就形成了所謂的民法法系和大陸法系。然而，當羅馬法通過現代大學中的法律教育傳播到歐洲各國的時候，唯有地處歐洲邊緣的英國沒有接受這一套法律理念。相反，英國形成了自己的普通法傳統，即法官才是法律的制定者，法官作出的判決才是真正的法律。而這樣的傳統又隨着英國的海外殖民地帶到了世界其他國家和地區，今天前英國殖民地地區都普遍採取普通法。由於美國是一個最強大的普通法地區，甚至將這種普通法思維引入到憲法中，形成了全世界獨特的由法院來解釋憲法並宣佈國家立法與憲法相牴觸而無效的司法審查制度，由此這個普通法法系也就被稱之為英美法系。

這裏我用最簡單的語言描述兩個法律傳統的形成和發展，這些內容你們將在法律史的課程中可以詳細學習。我這裏不是要重複法律史，而是希望將兩個法系做一個對此，看看一個國家在起文化傳統和政治制度如何塑造其法律傳統，而這些法律傳統塑造了怎樣的法律教育模式和法律職業模式。為了簡單，我製作了這張表格，做一點簡單說明，更詳細的理解我們在法理學和法律史的課堂上展開。

	民法傳統	普通法傳統
法律制度	成文法、法典化	不成文、判例法
	法學家和立法者	法官和律師
	官僚主導型裁判	獨立第三方仲裁人
	判決基於絕對真理	判決基於理性辯論和公共選擇

續表

思想基礎	法律乃科學	法律乃藝術
	科學主義／唯理主義	經驗主義／實用主義
	教條主義／頂層設計／統一性	工具主義／基層實驗／多樣性
	中央集權體系	分權制衡的體系
法律教育	法學家主導法律知識	法官和律師主導法律知識
	自然理性：學	技藝理性：習
	知識體系	心智培養
	邏輯思維能力	想像力和關聯能力
	法學乃封閉的體系	法學須開放：法律與交叉學科—— ABL
	本科生／Law faculty	研究生／law school
法理學	分析法理學和法律教義學：律學	法律與交叉學科：法學

　　我們先從法律制度看，大陸法系在法律制度中強調制定法、成文法和法典化的主導性地位，而法官僅僅是法律的適用者和解釋法，最理想的角色就是「自動售貨機」這樣執法機器。因此，法官的判決書僅僅是對法律在具體案件中的適用，而不是法官個人對法律規則內在理性的把握，因此判決書僅僅具有參考價值，而沒有法律效力。這種法律制度看起來扼殺了法官個人的創造力，但法官卻成為主權意志的代理人，從而獲得了行使主權意志的權威，法官也因此屬於政府公務員的一部分，法院判決書中的「本院認為」就代表着主權意志和國家權威。比較之下，普通法系中雖然制定法越來越重要，但法官的法院判

決始終佔據着司法舞台的中心，法律條文不過是有待法官理解和解釋的材料。法官對這些法律條文的理解和解釋以及由此形成的法律判決才是「活的法律」（living law），比如美國憲法條文固然重要，但美國最高法院大法官對憲法條文與時俱進的解釋才構成「活的憲法」（living constitution）。因此，在普通法中法律的解釋者就變成了真正的立法者，這就意味着法官必須對自己所做出的解釋給予理性說明，而不同的法官對同一個法律條文的不同理解就必須展開學理上的說明和辯論。通過法律解釋，法官像立法者那樣給出與時俱進的修法、變法和立法的理由。由於法官扮演着立法者的角色，面對當事人所代表的衝突利益和衝突價值就必須處在居中仲裁的位置上，而這個時候律師就發揮巨大的作用，他們成為社會利益集團的代言人在法庭上闡述其理由，法官如果接受他們的觀念就會把他們的理據吸收到法官判決書的論證推理過程中。由此，法庭辯論過程也就變成了一個公共辯論的政治過程。

這兩種不同的法律傳統實際上是兩種不同文化傳統和政治制度的產物。大陸法系中根深蒂固的立法權威源於強調法律乃是一門科學，科學就具有一種絕對正確的真理性，因此司法判決一定有唯一正確的標準答案，同一個案件所有法官都應該給出同一個唯一正確的判決，由此實現「同案同判」就成為司法判決的理想。而這個法律科學的理想也隱含着哲學上的唯理主義，即相信人類理性能夠發現這種普遍絕對的法律真理。而能夠發現這種真理的人就是絕對的主權者。主權者也就是絕對真理的掌握者，也是唯一具有權威的立法者。這種將科學真理與政治權威結合在一起就形成中央集權的政治體制，強調國家整體的統一性、立法和制度的頂層設計，而這種唯理主義的哲學思想發展到極端就變成了教條主義。比較之下，普通法之所以強調法官在司法過程中的主導地

位，就在於主張法律來自長久歷史中形成的解決問題的習慣和慣例，習慣法比制定法擁有更加權威的地位，各地的經濟社會條件不同、文化環境不同、習慣和慣例也不同，同樣的案件在不同的社會環境中就會形成不同的判決。而這種對習慣和實踐理性的強調哲學源於一種經驗主義傳統，即一切知識都是經驗的累積。法律不是科學，乃是一種藝術，一門把握生活實踐經驗的藝術。法律乃是解決具體問題的工具，司法過程乃是從複雜的社會關係中尋找到合情合理的解決辦法的藝術。這種經驗主義強調社會生活的多樣性、特殊性，在政治上不僅鼓勵封建主義的地方分權，而且強調對主權權力的制約，英國和美國的憲制體系就是這種普通法精神的體現。比較之下，歐洲大陸法國、德國強調的中央集權乃是民法精神的體現。

這兩種不同的文化傳統、制度傳統和法律傳統對法律教育產生了重大影響，因為兩種法律制度中法律知識的生產體系和法律知識生產的主體有很大的差異。在大陸法系中，立法主導就使得法律職業共同體中擁有顯赫主導性地位的乃是法學家和立法者，因為立法過程都是學者專家參與法律起草的過程中，他們是法律知識的權威生產者。大學的部門法教授，尤其是著名的民法教授和刑法教授在法官和律師面前擁有很大的知識主導權和話語權，法官和律師在司法過程中也會參考這些學者撰寫的著作。因此，法學院教授尤其渴望參與到立法過程中，誰參與立法起草誰就可以成為知名法學家，因為法律的起草者比較容易把握立法原意以獲得法典註釋的權威地位。法學家羣體是法律知識的生產者，而法官和律師往往是法律知識的消費者。這種知識生產的權力結構決定了大陸法系中基本不大可能產生偉大的法官和律師，不是他們缺乏雄心抱負和知識才華，制度決定了他們的知識和抱負不能獲得這個特殊的法律知

識生產體系的認可。相反，大家會發現大陸法系的法官和律師樂於撰寫法學理論著作，按照法學教授的標準和尺度進行知識生產，而很少有法官和律師因為經典判例中的法理闡述而成為法學家。而在普通法法系下，法官和律師主導着法律知識的生產，法學教科書首先就是法學教授編輯、整理和研究法官們做出的經典判決，解釋和闡述這些判決背後的法理學說。而法學家的經典之作也往往基於對法院判決所形成的政治法律傳統及其背後問題展開深入研究。因此，在普通法法系中，大法官們往往也是偉大的法學家，他們的名聲不是依靠法學著作，而是倚賴一系列經典的司法判決。這一點在美國最高法院的憲法判例和香港法院解釋基本法的判例最為典型。

這兩種不同的法律知識生產體系導致兩個法學院的定位不同。大陸法系的法律教育是作為傳授科學知識的一部分放在本科教育，從而將法律看作是一種知識體系進行學習，法律畢業生必修很多部門法，以便完整地理解整個法律體系。同樣，刑事案例課程和民事案例課程都是「以案說法」，通過案例來說明法律科學和法律推理的內在道理。教學中的典型案例剛好說明某個法律原理和法律學說。然而，在普通法教育中，重要的不是「學」這些法律原理，而恰恰類似學習一門手藝，重要的是「習」，通過真實的案例和現實生活展現大法官是如何解釋法律來解決問題。所謂經典案例都是出現了現有的法律條文或案例難以涵蓋的新情況，法官在其中發現了例外的因素，並對法律條文做出了新的解釋，甚至推翻了先例，創造了新的判決。因此，在普通法教育所關注的不僅是系統的法律知識、原理或方法，而是一種在不斷練習中培養「心智」（mind）的教育。這就是英國大法官柯克（Sir Edward Coke）所說的「技藝理性」，需要在司法實踐的操作中形成的思考問題方法，這甚至被

稱為「普通法心智」，即如何在具體案件和具體的歷史情境中以一種就事論事「決疑術」的方式解決問題，而不一定要把這個問題上升到哲學層面以求得在普遍合理性意義上來處理。這種「心智」固然需要法律專業的訓練，但更具有人情世故的常識和對社會文化民情的體察。由此，「普通法心智」恰恰是一種經過訓練的「常人心智」，這就意味着法律人不是以哲學家或者知識分子掌握科學真理和絕對權威的姿態凌駕於社會大眾之上，以一種所謂的「法律人思維」來排斥法盲或社會大眾，而恰恰以一種謙卑的心態體察社會大眾所遵循的習慣、常規中所包含的常理。

這兩種法律傳統和不同的法律教育方式就導致大陸法系的法律教育是一種知識體系非常封閉的專業教育，而其要旨就在於圍繞法條形成的法教義學，民法和刑法變成了整個法律科學的典範，從這兩本學科中成長起來的法學家往往是法教義學家。這種法律教育實際上是「律學院」的教育，法律教育圍繞如何理解國家制定的律令展開。然而，在普通法法系中，法律教育始終是一個知識開放的體系，不僅在美國的研究生教育中本身就包含本科不同的知識傳統，更重要的是司法過程要變成一種與時俱進的立法過程，就必須把握社會變化。由此，法學院的教育就會傾向法律與社會科學，尤其是經濟學、社會學、政治學、人類學、心理學等社會科學以及行為科學進行交叉，這就意味中法律教育培養的不僅僅是一種邏輯思維能力，更重要的是一種想像力和關聯思維能力，即從社會科學乃至自然科學中如何獲得解決法律問題的想像、關聯和啟示。這樣一種法律教育是一種真正的「法學院」的教育，法不僅體現在為國家的律令中，而且體現為經濟、社會與政治的內在法則或規律中。「法律」（law）和「規律」（law）在中文是兩個詞，可在英文中卻是一個詞。

我用最簡單的語言給大家介紹大陸法系和普通法法系兩種法律傳

統、文化政制傳統對法律教育傳統的塑造，這種簡單化有一點像韋伯所說的「理想類型」，而在實踐中，兩種傳統實際上是相互混雜、變化和發展的，這一點在全球化時代尤其明顯。比如普通法法系中立法發揮的作用越來越大，而在大陸法系中也開始廣泛引入美國的違憲審查模式，比如台灣地區的司法院大法官會議就採用美國的司法審查模式。英美雖然同屬於普通法法系，但英國採取了法律本科教育，而本科畢業之後要從事法律職業，則需要經過專門的職業培訓學位教育，而美國則採取了法律專業的研究生教育。而在法律教育中，美國後來特別強調法律與社會科學，交叉學科的教育，尤其是美國法學院的教授越來越從哲學博士（Ph.D）中產生，可見法律教育如何從其他學科中汲取影響。相比之下英國更為傳統一些，以至於美國的波斯納大法官認為普通法思維在英國已經差不多死亡，反而美國這種法律教育更符合普通法思維方式。

　　如果我們放到全球範圍內看，那麼就會發現大陸法系國家的法律思維很容易將經濟社會生活納入到既定的法律框架中，從而窒息了社會發生的生命和活力，而普通法的靈活性、常識性更容易與社會生活變化息息相關。由此，英美法學界往往強調普通法是有效率的，甚至有學派主張世界金融中心都在普通法地區是因為普通法更有利於保護金融交易。這些觀點不一定完全能夠成立，若從大規模的立法運動來推動社會進步來看，大陸法也具有其更大的革命性功效。可以說，在一個革命、變法運動的時代，大陸法有其迅速推動社會變革的效率，但是從相對穩定社會來觀察，一個簡單的道理就在於法律人共同體中，誰最先感受到社會生活的變化，誰最先感受到法律規則已經落後於社會生活的變化，制約着社會生活的發展？毫無疑問是每天接觸社會生活的律師而非坐在書齋中的法學教授。這就意味着讓法官在律師的推動下推動法律適

用社會生活的創新，比法學家通過法律知識推動的立法創新更能適應社會的發展，更具有效率。今天世界範圍英美世界主導全球經濟，多大程度上與普通法體系的這種不斷創新有關。由此，大陸法系往往通過大規模的革命、立法或修法來適應社會變革，而普通法系往往通過司法推動的社會改良來避免大革命。如何將大陸法的立法的積極性和普通法中法官造法的積極性結合起來，才是我們需要進一步研究的。

讓我們回到我們中國的法律教育上來。就像中國大學是三種教育模式的混合，我們的法律傳統和法律教育也是不同法律傳統之間的混合。古典中國有一套獨立的法律傳統，那就是禮法合一、出禮入法的中華法系傳統。晚清以來面對西方的衝擊，我們開始通過修律變法而引入大陸法傳統，從此禮制隨着君主制和貴族制走向沒落，律令隨着現代國家的建構而獲得強化，從晚清沈家本推動法律改革到民國時期制定「六法全書」，現代中國的法律制度基本上以歐陸的大陸法系為基礎，當然在香港以及上海等地也有普通法的影響，比如國民黨時期的東吳法學院就在美國影響下實行普通法教育。新中國成立之後到改革開放，我們繼續在大陸法系傳統中加強法治建設，展開了長達三十多年大規模的法律移植運動，尤其是加入 WTO 之後，我們的法律制度要實現與國際「接軌」就必然受到美國法的影響，法律教育、法學研究和法律知識傳播必然受到美國的巨大影響。如果說我們的法律本科教育是大陸法系的產物，那麼在座的法律碩士學位實際上是美國法律教育影響下的產物。這種特殊的歷史背景下，我們法學院的法學研究傳統和法律教育呈現出多種法律文化並存的多元格局，不同的法律傳統在不同的法律專業領域中以不同的方式影響着的法律教育和法律傳統的形成和發展。

比如說在民法和刑法領域這些傳統法律領域基本上是大陸法系的

傳統，因為我們有刑法典和正在緊鑼密鼓制定中的民法典。如果你想研究刑法和民法，那就想着去日本留學、去德國留學甚至去意大利留學。晚清修律以來的「六法傳統」就是從日本引入的，而日本又是從德國引入的，而德國是從法國和意大利的羅馬法而來的。要在民法和刑法理論和知識上追根溯源，那就要順着這個譜系去留學。在這方面，德國和日本對中國的巨大影響就不用提了。但是，我們要注意，意大利對中國的經濟和政治影響並不大，但意大利非常具有文化輸出意識。幾十年前專門設立基金來吸引中國學者留學意大利並用意大利語來翻譯羅馬法。這顯然比從法語和德語翻譯羅馬法更具有優勢，由此在中國民法學界已經有一大批精通意大利語的民法學家。比較之下，法國雖然是一個有着政治和經濟影響力的文化大國，在歐洲民法傳統和國際法的形成中發揮了重要作用，但也許是法國在文化上太過傲慢自信，至少在法律領域中並沒有主動向中國輸出其影響力，因此在刑法、民法和國際法領域中，留學法國而將法國法傳統引入中國的法律教授比較少，相關學術著作的翻譯和研究也比較少，這一點遠遠比不上德國。因此，在民法和刑法領域中的權威語言就是德語，其次就是日文和意大利文，英文是排在後面的，以至於我們民法學、刑法學都是「德國版本」「日本版本」「意大利版本」，這兩個專業內部也往往難以對話。

然而，在國際法、國際經濟法、金融法、證券法和知識產權等這些新興法律領域，無論法律制度上還是在法學理論、法律教學和法律知識生產方面主要受到美國的影響。這個領域中的教授基本上都是留學英美的，尤其是留學美國的，甚至不少老師有在跨國律師事務所執業的經驗。在這個領域中，法律經濟學、法律社會學的研究方法很常見，尤其普通法中沒有專門的「民法」概念，法律經濟學方法尤其體現對合同法

和侵權法的研究中，早些年這些方法對中國民法的研究有所影響，但現在這些領域中法律經濟學的影響微乎其微。這些領域的學者視野都比較開闊，知識和閱讀面也非常廣泛，對法律交叉學科的研究有興趣。而憲法、行政法和訴訟法領域可以說是兩大法系的交叉地帶。在制度設計上無疑更多受到歐陸傳統的影響，但改革開放之後這些領域在法律知識和法律教育方面卻受到美國的影響最大，因此在這些領域的法律知識與法律制度形成張力甚至衝突，需要二者之間不斷磨合調試。

總而言之，我們必須理解法律教育和法律職業鑲嵌在一個國家政治法律制度和歷史文化傳統中。但無論是歐洲的法律教育模式，還是美國的法律教育模式，都是以訴訟為中心的培養模式，即按照訴訟律師的職業要求來培養的法律人。歐洲大陸法系國家中，法律人主要進入司法機構和職業律師。但在英美普通法中，尤其在美國，訴訟律師會成為未來的法官，而且可以通過選舉進入國會，甚至未來競選總統。法庭辯論的訓練和面向陪審員的演說與他們的競選演說和國會辯論融為一體，尤其是美國的憲法問題就通過訴訟來解決，政治問題很大程度上要變成法律問題。可以說，這種訴訟為中心的教育模式嵌套在美國政治制度和社會文化中，法律人的培養就變成政治家的培養，這就是美國法律教育中的「法律人－政治家」（lawyer-stateman）的教育。我們的法律傳統和法律制度其實也是歐洲這種模式，進入法學院就老老實實要準備做法官、檢察官和律師，然而，中國法律人在接受了美國模式的法律教育之後，不免有一種政治衝動，像奧巴馬、希拉里那樣成為政治家。這就導致中國法律教育所培養出來的法律人階層與我們的政治法律制度在觀念和知識上形成一種緊張、甚至對立。

當然，更重要的是，我們法學院的法律教育是以訴訟為中心的，

但是我們的畢業生中有很多同學考公務員進入黨政機關。對於這部分同學而言，法律教育與職業選擇之間存在着需要克服的張力，因為這種訴訟職業訓練出來的思維方式和能力不符合公務員從政的思維邏輯和人格性情。比如我們的法律教育着力培養出一種巧言善變的能力，一種公共演講的能力，培養了一種愛演講、愛辯論衝動，然而，公務員需要一種「訥於語而敏於行」的體察能力和行動能力。法律教育訓練以一方當事人的立場和觀點中心來全面反駁另一種觀點和立場，從而分出勝負，而公務員更需要一種平衡和綜合不同利益和觀點的能力，重要的不是勝負，而是利益平衡。更為重要的是，法律不過是經濟社會政治生活的表像，是對經濟社會政治生活的內在規律和法則的形式化表達，要真正搞懂任何一個部門法，首先應當了解這個部門所對應的經濟社會生活的內在規律和法則。而這恰恰是經濟學、社會學、政治學所研究的內容。由此，我們法律人畢業進入社會，在公檢法的訴訟領域中無疑佔有職業優勢，但進入整個黨政機關公務員體系中往往處於起草法規的邊緣部門。同樣，在涉及到經濟、稅收、住房、醫療、土地和教育等重大改革的政策辯論和政策形成中，我們幾乎聽不到來自法學界的聲音，因為我們以訴訟為中心的教育模式，缺乏公共政策的教育，缺乏對經濟學、社會學和政治學問題的關注和研究，以至於面對這些真實的社會生活，法學家只能提出所謂「合規範性審查」問題或法規起草的文字格式問題。如此來說，僅僅就知識儲備而言，我們的法律教育模式所培養出來的法律人無法承擔起立法者的重任，法學家參與到立法過程中不是因為他們對立法所針對的經濟社會領域的問題有研究，往往是因為他們熟悉外國的法律對這個問題的規定，更有能力把立法者所希望制定或者修改的法律通過符合法律規範的語言寫出來。因此，如果同學們想將來加入公務

員隊伍，那就必須自覺地超越法律教育的訴訟模式，轉向公共政策模式，廣泛閱讀經濟學、社會學和政治學的著作，成為解決經濟和社會問題的行家裏手。我們法學院不同專業領域的老師在法律碩士中設立了「法律與公共政策」方向，並每年組織「政治、法律與公共政策」的學術年會，就是希望在法律教育中推動這種公共政策的研究和教育。

最後回到我們的法理學課程，中國法理學一方面受到歐陸傳統影響，分析法學和法律教義學在一些法學院很盛行，另一方面也受美國影響，法律與社會科學比較發達，尤其法律經濟學、法律社會學和政法法學比較發達。我們北大法學院始終希望學生能夠更多地受到經濟學、社會學和政治學的薰陶，從而更希望培養立法者。因此，我們的法理學教學和研究究竟走法律教義學道路，還是法律與交叉學科的道路，關鍵在於我們希望培養什麼樣的法律人。若我們培養普通的律師法官，那麼把法律教義學掌握好就夠了，圍繞法庭訴訟致力於研究「法律人的法理學」，但是，如果我們希望培養視野開闊、心靈超拔的立法者和政治家，那就必須超越「律學」而真正進入「法學」，把法律看作是對經濟社會政治和文化精神問題的形式化表達，那就意味着我們必須研究法律的形式化表達與經濟社會的運行、政治和政策過程和歷史文化價值之間的內在關聯，從而研究「立法者的法理學」。

在法理學課堂上，我希望把通識教育與專業教育結合起來，嚴肅認真地對待「法理學」三個字：第一就是要知「法」。在中文中，「法」和「律」是兩個不同的概念。我們既然是「法學院」而不是「律學院」，那麼就意味着我們的研究對象不僅僅是國家律令，而且要關注大前世界內在的法則。正如孟德斯鳩所言，法是客觀事物的性質所產生的必然關係，任何事物都有其內在的法，我們往往稱之為規律和法則。如果我們

不能把握社會發展的法（規律），怎麼可能用「律」來推動社會發展呢？法學流派之所以不同，就在於對法的理解不同。從哪個角度、哪個高度上來理解「法」恰恰取決於我們如何理解這個世界。

第二就是明「理」。「法」的背後乃是「理」，知法必須明理，法理學就是要把法的「理」展現出來才能理解「法」，法律教義學試圖闡明國家律令的文字表達所展現的「理」，而法律與社會科學更希望解釋法律文字表達所指向的客觀事物內在的「理」，從而發現法律表達所展現的「理」和客觀事物性質的「理」可能不是一個「理」。法律的普遍性有其「理」，法律的地方性也有其「理」，就像法庭上當事人彼此都講自己的「理」。當然，我們的法理學課堂不是法庭，我們的課程不是對各種「理」的辯論進行誰是誰非的裁判，反而是讓各種「理」展現出來，展現出每一種「理」的限度，從而為每一種「法」劃定自身的邊界。由此，我們就會注意到這種形形色色的「法」如何形成一個法律多元主義的秩序，而恰恰是這個「法 - 秩序」構成了我們生活於其中的完整世界。

第三就是問「學」。「學」意味着關於「法」的「理」是一套我們可以掌握的知識，是每一代人長期累積的結晶。其中有「小學」，也有「大學」。各個部門法中的法律概念、法條知識都屬於「小學」，法理學教科書中的各種具體知識也屬於「小學」，有了這些知識你們可以通過司法考試，成為合格的法律職業者。然而，「大學」在於把握其「道」，把握其普遍規律，我們唯有將法律知識和法理學說放在其形成和累積的歷史長河與人類歷史變遷中，才能看到各種法理學說的歷史性和局限性，更能看到各種法理學說如何試圖突破歷史的局限性而追求普遍性的努力。由此，法理學實際上是對宇宙大千世界內在法則和人類歷史演變法則的回聲，而每天社會生活的變化和我們正在面臨的全球經濟政治的

大變局，尤其是你們進入法學院就會感受到的中美貿易戰的大變局，恰恰為我們的法理學開放出新的未來可能性。

最後，法理學的「學」既是一個名詞，也是一個動詞。我們的課堂就是一個相互學習的過程。我們採取通識教育的方式，大班授課，小班討論。我們都共同面對法理學的經典文獻，我所講的內容也是我從這些經典文本中「學」來的。你們也學習一遍，然後大家在小組討論中相互交流，看看同樣的問題大家所學的內容有什麼不同，這也是一個相互學習的過程，向你的同學學習不亞於向老師學習，每個同學的不同理解恰恰表明每個同學都是學習的主體，將你們的知識背景、生活經驗以及你們對法的理解和對這個世界的理解帶入到對經典文本的研讀中。在小班討論中，最展現你的想像力、關聯能力和邏輯推理能力，鼓勵大家提出各種各樣的問題，同時也希望大家培養起尊重別人、認真傾聽別人的習慣和美德，尤其尊重讀書比你差的同學，努力理解別人為什麼這麼去想，反思自己這麼想的出發點是什麼，由此大家才能真正成為平等的同學友伴，成為平等的共和國公民。最後在課堂上，我會講我的理解，你們由此可以比較我們的理解有什麼不同，這是一個教學相長的過程，我們隨時討論。

「知法、明理、問學」這六個字不僅是學習法理學的要求，也是學習任何其他知識的要求，不僅是讀書學習的要求，也是為人做事的要求。在這個意義上，「法理學」三個字可以伴隨大家成為一生的座右銘。我們的課程會比較艱苦，對大家是個考驗，尤其理科生缺乏人文社會科學的基礎。但是，與偉大經典相遇本身就是幸運，而能夠讀懂偉大經典更是一種幸福。法理學乃是成為卓越法律人的高級階梯。讓我們在此啟航，一如霍姆斯大法官所言：「靈魂的欲望是命運的先知」。

附錄：閱讀指引

一、法律思想史著作

　　學習法理學首先要了解法律思想史。這些偉大的思想家已經思考過了關於法律的諸多經典問題，從而奠定了我們對法律問題的基本看法。

1、高鴻鈞、趙曉力主編：《新編西方法律思想史》，清華大學出版社，2015 年

　　理由：這是目前國內最好的一本教材，對很多思想家的法律思想有深入研究，是一本具有學術品格的著作。

2、塔瑪納哈：《一般法理學》，鄭海平譯，中國政法大學出版，2012 年。

　　理由：帶着法理學問題來看法律思想史，不同的流派不再是自說自話，而是針對某些共同問題展開的對話，其中「鏡像命題」這個概念形象地概括了自然法、實定法和習慣法之間的關係，從而為理解西方法律思想流派奠定了基本框架。

二、經典著作

西方法理學經典著作非常多，但以下幾種是我在法理學課堂上重點講述的。

1、霍姆斯：《霍姆斯讀本：論文和公共演講選集》，劉思達譯，上海三聯書店 2009 年。

理由：精彩演講，展現了法律現實主義的思考路徑，對法律教育、法律職業的看法至今依然具有指導意義。「靈魂的欲望就是你命運的先知」這句名言就出自這本書。

2、卡爾·施密特：《論法學思維的三種模式》，蘇慧婕譯，中國法制出版社 2012 年

理由：思想銳利、入木三分的著作，有了西方法律思想史的基礎，通過歐洲三種法律思維方式再來反觀西方法律思想史，會有更深入的理解。法律人往往不能理解他所說的秩序思維，那是因為法律人往往缺乏社會學、政治學和歷史學的視野。

3、孟德斯鳩：《論法的精神》（上），許明龍譯，商務印書館 2007 年版

理由：法律社會學的經典著作。有利於打開法律人的視野，看到大千世界各種各樣的法則，地理的、氣候的、經濟社會的、思想文化的、政治體制等，整個世界就是不同的法之間的互動關係。這是一本人人提到但卻很少人耐心閱讀的著作。如果沒有人指引，這本書就像迷宮，你會迷失在看起來雜亂而瑣碎的論述中。

4、卡爾‧施密特：《陸地與海洋：古今之法變》，林國基、周敏譯，華東師範大學出版社 2006 年。

理由：據説是施米特寫給女兒的讀物。一部重新審視西方歷史的洞見之作，顛覆大多數主流著作中敍述的西方歷史。唯有如此才能理解地理大發現以來的全球秩序，以及這種秩序中誕生出來的現代法律。

5、麥金德：《歷史的地理樞紐》，林爾蔚、陳江譯，商務印書館 2010 年。

理由：地緣政治學的奠基之作。讓我們意識到地理才是持久不變的法，理解一個國家的法律首先要了解其地理，大國與小國不同，陸地國家與海洋國家不同，今天中國法治建設首先需要放在中國的地理空間中來理解。

6、托克維爾：《論美國的民主》（上卷），董果良譯，商務印書館 1988 年版

理由：今天的法律人差不多言必稱美國，言比稱民主。這本書會讓你對「民主」這個概念有完全不同的理解。民主不是政體，不是選舉，而是人人平等的社會結構，這是在特定的地理和漫長的歷史傳統和社會風俗習慣中形成的。而在人人平等的民主時代，法律人何為？這本書的論述幫助你重新審視自己的心靈秩序和人格塑造。

7、亨廷頓：《變化社會中的政治秩序》，王冠華、劉為等譯，生活‧讀書‧新知三聯書店 1989 年版

理由：托克維爾的著作描述的是 18、19 世紀的民主，亨庭頓描述的是 20 世紀的民主，從政治秩序和政治衰敗的視角重新審視 20 世

紀的全球民主運動的得失，就會看到中國民主制度在奠定政治秩序中的重要意義，對於理解中國改革成功和中國崛起具有重要的理論參考意義。

8、霍布斯：《利維坦》，應星、馮克利譯，商務印書館 1986 年版

理由：奠定了現代政治法律理論的哲學基礎，是理解現代政治法律秩序不可逾越的奠基之作。今天關於人性、自然權利、社會契約、戰爭狀態、主權等概念的理解依然需要這本著作中找到相關依據。

9、韋伯：《法律社會學》（韋伯作品集），康樂等譯，廣西師範大學出版社 2004 年版。

理由：現代法律如何从傳統法律的母體中脫穎而出。法律理性化和形式理性法的論述就源於這部著作。

10、韋伯：《以政治為業》，載《學術與政治》，馮克利譯，生活·讀書·新知三聯書店 1998 年版。

理由：需要與霍姆斯、托克維爾的文本放在一起比較閱讀，看看法律人的人格和韋伯所説的政治家人格有什麼共同的地方。法律人要注意區分「為了政治而活着」與「依賴政治而活着」這兩種人格結構，從而思考自己的人生意義。

11、柏拉圖：《理想國》，郭斌和、張竹明譯，商務印書館 1986 年。

理由：這是一本人人都會提起的經典，也是本很好讀的著作，但也是一本不容易讀明白的著作。這本書將哲學、政治、法律和教育交織在一起，提供一個完整的世界圖景，尤其看到心靈秩序與政治法律秩序之間的內在關聯。我們唯有將法律放在這個完整的世界中，

才能理解法律如何成為建構美好政治秩序的力量，才能理解個人幸福如何與這種美好政治秩序的建構緊密聯繫在一起。

三、中國學者的法理學著作

1、蘇力：《變法、法治及其本土資源》，中國政法大學出版社，2004 年。

　　理由：改寫了中國法理學，成為中國法律社會學的經典之作。已成為法律本科生的入門必讀書。

2、梁治平（編）：《法律的文化解釋》，生活·讀書·新知三聯書店，1994 版。

　　理由：與蘇力的著作對照起來閱讀，從文化闡釋的角度來理解法律，是中國法律社會學中的經典著作。

3、強世功：《立法者的法理學》，生活·讀書·新知三聯書店，2009 版。

　　理由：為什麼我的法理學第一課從教育問題入手，為什麼我的法理學課推薦閱讀大量與法律專業似乎沒有關係的著作，那是因為我講的法理學是「立法者的法理學」。

後記

　　本書收錄了圍繞大學通識教育和法律教育等話題撰寫的演講、評論、訪談、隨筆和會議發言等。這些問題實際上都是圍繞法律人培養展開。法學院是培養職業法律人的地方，但法學院又嵌套在大學中，一刻也離不開大學教育的整個環境，而大學通識教育又是法律教育的前提和基礎。

　　如果說《法律人的城邦》關注的是如何將法律人引導向國家建設的「政治」領域，那麼《法律人的守護神》關注的是如何將法律人引導向大學教育的「文教」領域。正是「政治」與「文教」相結合所形成的政教傳統才真正塑造了我們所謂的「文明」。「政者，正也。」如果沒有「文教」所提供的文明尺度，我們如何才能區分「政治」中的「正」與「不正」呢。法律人雖然是建構城邦的力量，但建構怎樣一個理想的城邦，這恰恰是法學院乃至大學教育的「文教」傳統所提供的。正是在「政治」與「文教」互動的文明傳統中，我們能夠深切地體會到在一個全球化的時代，在「文教」全球化與「政治」本土化之間面臨的巨大張力，即經濟全球化在推動西方文教傳統中的自由、人權、法治、憲制和民主作為現代性的普遍概念在全球的擴張，而這種西方的文教傳統必然影響到非西方國家的政治建構和文教傳統，尤其對於具有古老文明傳

統的國家，西方的文教制度與本土的文教傳統之間形成了前所未有的張
力，甚至達到了「文明衝突」的高度。

然而，無論怎樣的價值和觀念，都需要以文明的尺度來衡量其究
竟是「正」還是「不正」。面對全球新冠疫情的肆虐，恰恰為我們提供
了一個機會來審查「正」與「不正」的機會。西方高調宣揚的「羣體免
疫」導致幾百萬人死亡的人道主義災難，這究竟是「正」還是「不正」？
同樣是面對疫情擴散，中國政府採取強有力的措施來封控必然影響到個
人自由，這究竟是「正」還是「不正」？如果說西方人用其自由至上的
文教傳統為其放任傳播的「羣體免疫」政策辯護，那麼，中國人生命至
上、克己奉公的集體主義精神是不是意味着一種不同於西方的價值觀念
和文明尺度。何為「文明」，何為「野蠻」，在涉及文教的根本問題上，
每個文明都必須給出自己的回答。而人類文明的多樣性意味着價值觀念
的多樣性，那必然形成政治制度多樣性和生活方式的多樣性。然而不同
的文明之間不是相互隔絕的體系，價值觀念的流動和文化的交流就像大
自然界花粉的交叉傳授一樣，不同文明之間也會相互學習和模仿。就像
在疫情期間，假如一開始病毒最嚴重的時候，西方世界能嚴格封控，肯
定能挽救很多人的生命，但假如中國能夠更早地適時解封，也能挽救不
少人的生命。在這個意義上，每一種文明都應當尊重其他的文明所形成
的文教觀念和政治制度，相互學習，取長補短，這大概就是我們中國人
的「美美與共，天下大同」的文明理想吧。

然而，問題在於我們中國人是否有足夠的文化自信來捍衛這種「美
美與共，天下大同」的文明理想，我們的政治制度是否有能力踐行並捍
衛這種「美美與共，天下大同」的文明理想，而這一切的關鍵在於我們
大學的文教傳統究竟想要捍衛怎樣的文明理想。西方通識教育中的「經

典」之爭，閱讀西方文明經典還是多元文明經典的爭論，以及近代以來的古典與現代之間的經典之戰（the battle of books），實際上都在討論一個國家應該確立怎樣的文教傳統，怎樣的文教傳統才能稱之為「文明」。然而，這樣的問題並沒有成為中國通識教育的爭論主題，柏拉圖的《理想國》和孔子的《論語》同樣作為通識教育的經典大書來閱讀，我們的目標是將中西文明經典融為一爐，致力於建構新的現代文明。

在這場經典之戰中，法律教育和法律人扮演了重要角色，因為法律教條的技術化操作很容易生產一種「非政治化」或「去政治化」的普適主義幻覺，而法律移植以及法律職業的全球化更容易強化這種普適主義，而未能反思所謂法律全球化甚至法律職業全球化實際上服務於美國建構世界帝國的政治戰略。因此，所謂法律全球化乃是全球法律美國化，尤其美國的普通法制度和法律教育在以大陸法系著稱的歐洲國家也變得越來越流行，法律職業全球化實際上是法律職業的美國化，美國的全球大律師事務所主宰着全球法律服務。正是在這種世界帝國的背景下，中國法律人很容易以法律全球化的名義，用美國法律體現的文教觀念來摧毀本土文教傳統和政治傳統。這不僅是中國法律人面臨的問題，而且是所有具有古老文明傳統的非西方國家的法律人所面臨的共同問題。這就意味着我們的法律人必須有其文教精神的守護神，確立中國文明傳統奠定的中國人的生活方式以及這種文明傳統和生活方式所產生的「正」與「不正」的價值尺度，並推動這種價值與全球化時代的現代社會相融合。唯有將法律教育置於大學通識教育的生態環境中，我們的法律人唯有確立「正」與「不正」的文教傳統之後，才能將全球法律技術的器用服務於文教傳統確立的正道。唯有這種文教傳統的守護和創新，我們的法律人才能夠立足中國大地，從中國文明的土壤中建構出理

想的國家憲政法治秩序。這大概就是《法律人的守護神》的要旨所在。

　　本書中的很多內容都是和學生、法律人共同體、法學院同行、大學和學界的朋友們在一起交流討論的產物，其中不少內容曾經引發廣泛爭議。而這種爭議恰恰有助於我們共同思考中國文明建構中「正」與「不正」這個文教的根本問題。這些文章在寫作和發表都具有特定的情景性，收入本書只做適當的文字修訂，儘可能保持了原貌。我要感謝約稿的朋友們，感謝和我一起思考對話的同學和朋友們，每篇文章我都能回憶起和大家在一起的情景，本書既是對大家的感謝，也是對美好時光的紀念。

　　最後，要特別感謝我的愛人孫酈馨，書中許多關於教育的想法來自她的啟發。她對教育的熱忱源自對人生意義的思考。一個好女兒、好妻子、好母親，就是一個好老師。

2020 年 12 月 21 日冬至日於北京五道口寓所

2023 年 5 月 2 日於北京大學法學院陳明樓

法律人的守護神：
通識教育與法律教育

強世功　著

責任編輯　李茜娜
裝幀設計　譚一清
排　　版　黎　浪
印　　務　周展棚

出版　　開明書店
　　　　香港北角英皇道 499 號北角工業大廈一樓 B
　　　　電話：（852）2137 2338　傳真：（852）2713 8202
　　　　電子郵件：info@chunghwabook.com.hk
　　　　網址：http://www.chunghwabook.com.hk

發行　　香港聯合書刊物流有限公司
　　　　香港新界荃灣德士古道 220-248 號
　　　　荃灣工業中心 16 樓
　　　　電話：（852）2150 2100　傳真：（852）2407 3062
　　　　電子郵件：info@suplogistics.com.hk

版次　　2024 年 1 月初版
　　　　© 2024 開明書店

規格　　16 開（230mm×160mm）

ISBN　　978-962-459-331-0